Das Buch

Sie blockieren die Notaufnahme im Krankenhaus mit Lappalien, diktieren der Schulmensa den Speiseplan oder fordern vorgewärmte Klobrillen für ihre süßen Schätzchen in der Kita. Helikopter-Eltern kreisen über ihren Kindern und fliegen ihnen sogar bis in die Uni hinterher. Sie sind ängstlich, ehrgeizig – und vor allem nervig. Wie sie ihren Kindern und dem Rest der Welt das Leben zur Hölle machen, davon erzählen Lena Greiner und Carola Padtberg in ihren Büchern *Verschieben Sie die Deutscharbeit – mein Sohn hat Geburtstag!* und *Ich muss mit auf Klassenfahrt – meine Tochter kann sonst nicht schlafen!* Die beiden Bestseller jetzt im Doppelband.

Die Autorinnen

Lena Greiner, geboren 1981 in Hamburg, studierte Politikwissenschaft und Internationale Beziehungen in Hamburg, Berlin und Washington, D.C. Seit 2013 ist sie Redakteurin bei SPIEGEL ONLINE und leitet dort das Ressort Leben und Lernen.

Carola Padtberg, geboren 1976 im Rheinland, studierte Englische Literatur und Politik in Bonn und London. Sie volontierte bei ZEIT Online und ist seit 2005 Redakteurin bei SPIEGEL ONLINE, aktuell im Ressort Kultur. Die Mutter von drei Kindern lebt und arbeitet in Hamburg.

Von den Autorinnen sind in unserem Hause bereits erschienen:

Nenne drei Nadelbäume: Tanne, Fichte, Oberkiefer.
Die witzigsten Schülerantworten

Nenne drei Hochkulturen: Römer, Ägypter, Imker.
Neue witzige Schülerantworten

Nenne drei Streichinstrumente: Geige, Bratsche, Limoncello
Neue witzige Schülerantworten & Lehrersprüche

LENA GREINER
CAROLA PADTBERG

Verschieben Sie die Deutscharbeit — mein Sohn hat Geburtstag!

—

Ich muss mit auf Klassenfahrt — meine Tochter kann sonst nicht schlafen!

DAS GROßE BUCH ÜBER HELIKOPTER- ELTERN

Mit Cartoons von Hauck & Bauer

Ullstein

Besuchen Sie uns im Internet:
www.ullstein-buchverlage.de

Hinweis der Autorinnen:

Rechtschreib-, Grammatik- und Zeichensetzungsfehler in den Anekdoten wurden von uns korrigiert. Die meisten Gesprächspartner baten um strikte Anonymität; wenn Namen vorkommen, haben wir diese geändert. Um Geschlechterstereotype so weit wie möglich zu umgehen, verwenden wir das generische Maskulinum. Begriffe wie »Erzieher«, »Schüler« und »Lehrer« stehen also für Personen beider Geschlechter.

Sonderausgabe im Ullstein Taschenbuch
1. Auflage November 2019
Verschieben Sie die Deutscharbeit – mein Sohn hat Geburtstag!
© Ullstein Buchverlage GmbH, Berlin 2017
In Kooperation mit SPIEGEL ONLINE, Hamburg
Ich muss mit auf Klassenfahrt – meine Tochter kann sonst nicht schlafen!
© Ullstein Buchverlage GmbH, Berlin 2018
In Kooperation mit SPIEGEL ONLINE, Hamburg
Umschlaggestaltung: zero-media.net, München
Titelabbildung: © FinePic®, München
Cartoons und Abbildungen im Innenteil:
Hauck & Bauer, www.hauckundbauer.de
Satz: KompetenzCenter, Mönchengladbach
Gesetzt aus der ITC Berkeley Oldstyle
Druck und Bindearbeiten: CPI books GmbH, Leck
ISBN 978-3-548-06145-0

Verschieben Sie die Deutscharbeit —
mein **Sohn** hat **Geburtstag** !

Inhaltsverzeichnis

Einleitung

Liebe Leser,

hier soll niemand beleidigt werden. Also nehmen Sie dieses Buch bitte nicht persönlich. Wir wissen: Wenn es um Kinder geht, spinnen alle ein bisschen rum. Schließlich sind Kinder das Wertvollste, was es gibt. Und aus lauter Liebe zu ihnen möchten Sie, möchten wir alle das Leben der Kinder so schön und einfach und glücklich machen, wie es nur geht. Das verstehen wir.

Trotzdem: Wenn Sie in den folgenden Kapiteln lesen, wie andere Eltern vom ersten Tag der Schwangerschaft bis zum Studium ihres Nachwuchses abgehen, werden auch Sie sich vielleicht ein bisschen ertappt fühlen. Einen Teil von diesem Quatsch hat jeder wahrscheinlich schon mal gemacht. Geballt zusammengetragen sind die Anekdoten von Über-Vätern und Super-Muttis jedoch einfach nur unglaublich. Häufig sind sie sehr lustig und manchmal auch beängstigend.

Wir sprechen hier von den sogenannten **Helikopter-Eltern**, die jederzeit wie Hubschrauber über ihren Kindern kreisen, alles überwachen, was diese tun, und bei jeder Kleinigkeit landen, um zu helfen. Manche sprechen auch von **Schneepflug-Eltern**, die ihren Kindern jedes Hindernis aus dem Weg räumen. Und von den ebenfalls häufig so genannten **Curling-Eltern**, die den Boden vor den Füßen ihrer Kinder so glatt schrubben, dass diese ohne Anstrengung durchs Leben gleiten können. Sie sind diesen überängstlichen, kontrollierenden und sich in alles einmischenden Leuten garantiert schon begegnet – im Supermarkt, im Kindergarten, in der Schule, beim Ballettunterricht, im Bus – oder vor dem Spiegel. Man fragt sich angesichts dieser Überbehütung manchmal, wie die Menschheit bislang hat überleben können – die meiste Zeit ganz ohne Helikopter-Eltern.

Bei uns kommen sie alle vor: Schwangere, die sich von einer Agentur den perfekten Babynamen kreieren lassen. Junge Mütter, die am Kinderbettchen eine Infrarotkamera installieren. Eltern, die minutenlang durchs Schlüsselloch der Kita spähen. Väter, die vors Verwaltungsgericht ziehen, weil sie unbedingt beim Klassenausflug dabei sein wollen. Mütter, die auf dem Spielplatz die Augenbrauen hochziehen, weil die Mama des heulenden Kinds weder Arnica-Globuli (gegen kurzfristige Schmerzen) noch eine halbe Zwiebel (gegen Insektenstiche) aus der Handtasche hervorzaubern kann. Väter, die beim Fußballspiel der 5. G-Jugend beinahe dem jugendlichen Schiedsrichter an die Gurgel gehen. Eltern, die von Ärzten aus dem Behandlungszimmer gebeten werden müssen, weil sie das Kind mit ihrer eigenen Angst verrückt machen. Mütter, die mit ihren erwachsenen Söhnen in die Uni gehen, um bei den Vorlesungen mitzuschreiben oder mit zum Bewerbungsgespräch kommen.

Unzweifelhaft ist es schlimmer, ein Kind verwahrlosen zu lassen, als es zu sehr zu verwöhnen. Und die meisten Eltern wuppen das mit ihren Kindern sicherlich goldrichtig. Dennoch darf über diejenigen, die maßlos übertreiben, auch mal gelacht werden. »Da ich selbst Mutter bin«, schreibt eine Lehrerin aus Baden-Württemberg in einer E-Mail an SPIEGEL ONLINE, »kenne ich die Ängste von Eltern und den Wunsch, das Beste für sein Kind zu erreichen.« Trotzdem, so die Frau, »gibt es manchmal Situationen, die sich auch meinem Verständnis entziehen«.

So können Eltern die Lehrer ihrer Kinder in den Wahnsinn treiben mit ihren dreisten Forderungen, absurden Wünschen und aberwitzigen Anliegen, die nicht nur unrealistisch sind, sondern auch nicht im Interesse des Kindes sein können – jedenfalls, wenn man möchte, dass es sich zu einem eigenständigen Erwachsenen entwickelt. Auch Erzieher, Fußballtrainer, Kinderärzte oder Studienberater finden an ihrem Beruf häufig am anstrengendsten: die Eltern. Sie alle erzählen in diesem Buch von ihren schlimmsten Erlebnissen.

Zusammengetragen haben wir die Anekdoten, Sprüche und Geschichten aus persönlichen Gesprächen mit Betroffenen sowie Einsendungen von SPIEGEL-ONLINE-Lesern, die wir aufgerufen hatten, uns von Helikopter-Eltern zu berichten. Außerdem kommen überbehütete Kinder selbst zu Wort – ebenso wie Eltern. Und ein Psychiater erklärt im letzten Kapitel, mit welcher ungewöhnlichen Methode Helikopter-Eltern sich selbst heilen können. Übrigens: Mit kaum etwas kann man sich so unbeliebt machen wie mit Kritik an hysterischen Eltern. Deshalb haben unsere Einsender Wert darauf gelegt, nicht mit ihrem Namen und Heimatort genannt zu werden oder anderweitig identifizierbar zu sein. Wer will schon, dass seine Verwandten, Nachbarn, Lehrer etc. lebenslang sauer auf einen sind. Wir als Autorinnen garantieren Ihnen, dass alle Zitate echt sind. Im Übrigen haben wir auch die Wahrscheinlichkeitsrechnung auf unserer Seite: So einen Wahnsinn kann sich niemand ausdenken.

Unter den Helikopter-Müttern und -Vätern gibt es die Ängstlichen, die Ehrgeizigen und die Extravaganten – und alle haben eines gemeinsam: Sie kennen keine Grenzen. »Ich bin die beste Freundin meiner Tochter. Wir teilen alles, sogar den Kleiderschrank«, teilte zum Beispiel eine Mutter beim Elternabend mit. Was sie außerdem verbindet: Diese Eltern vertrauen niemandem mehr – keinem Arzt, keinem Lehrer und keinem Erzieher. Und ihrer eigenen Intuition am allerwenigsten. Das führt dann zu einem verkrampften Umgang mit ihren Kindern und allen, die mit ihnen zu tun haben.

Und es führt zu widersprüchlichen Verhaltensweisen, die die Eltern selbst natürlich nicht bemerken: So packen sie einerseits ihre Kinder in Watte und andererseits deren Tage so voll wie die eines Topmanagers. Sie verbitten sich einerseits jegliche Kritik der Lehrer am eigenen Nachwuchs, überlassen ihnen aber zugleich die unangenehmen Seiten der Erziehung, weil sie selbst sich nicht unbeliebt machen wollen. Und am Ende verklagen sie Lehrer wegen schlechter Noten oder überhäufen sie mit Geschenken für ein gutes Zeugnis. Kurzum: Ihnen fehlt das richtige Maß. Und Gelassenheit. Und der Arsch in der Hose, ihre Kinder selbst mit der Härte des Daseins und ihren charakterlichen Defiziten zu konfrontieren.

Wir hoffen, Sie mit diesem Buch zum Schmunzeln zu bringen. Viel Spaß beim Lesen – und nicht vergessen: The kids are alright!

Achtung, Baby! Wie normale Menschen in 40 Wochen zu Hubschraubern werden

Oh ja, wir verstehen das: Es ist so wahnsinnig aufregend, ein Baby zu bekommen. Man könnte fast durchdrehen vor Freude auf das, was kommt, oder aus Angst vor dem Ungewissen. Und zwar ab Tag eins der Schwangerschaft. Und mit jeder Woche, in der der Babybauch anschwillt, wird der Wirbel heftiger. Wie im Film »Transformers« verwandeln die Eltern sich allmählich in Helikopter – bis die Rotoren glühen. Aus Angst, etwas Falsches zu essen, verzichten einige werdende Mütter auf praktisch alles und sind kurz davor, die Katzen aus der gesamten Nachbarschaft ins Tierheim zu geben, Stichwort: Toxoplasmose. Sie überwachen ihren Fötus stündlich mit modernster Technik und frieren für viel Geld Blut aus der Nabelschnur ein, für den Fall, dass das Kind später einmal an einer Blutkrankheit leidet. Sie planen das Leben des Ungeborenen bis zur Hochzeit durch – schließlich muss bei der Namenswahl beachtet werden, in welchem Sprachraum sich das Kind später bewegen wird. Und ist das Baby dann auf der Welt, fangen die Sorgen erst richtig an. Wer sich ein wenig unsicher fühlt in den ersten Wochen, lässt sich da von Werbung, die Ängste erst schürt, um dann die sichere Lösung zu versprechen, offenbar schnell beeinflussen. Nur so kann der Einsatz von intelligenten Schlafsäcken erklärt werden, von Sensormatten und Infrarotkameras am Babybettchen, falls der Kirschsauger-Schnulli aus Naturkautschuk mal verlorengeht. Doch lesen Sie selbst.

Volle Kontrolle im Mutterleib – wie die Angst der Eltern zu Geld gemacht wird

Sind die Hormone schuld? Aus Angst, in der Schwangerschaft könnte etwas schieflaufen, lassen sich Eltern etliche Produkte andrehen, die die Welt nicht braucht. Eine große Baby-Industrie schlägt aus der Verunsicherung werdender Eltern Kapital, wie etwa die Hersteller von Mini-Ultraschallgeräten, die die **Herztöne ihres Fötus** übertragen. Sie sollen die Sorgen nehmen, das Baby könnte im Mutterleib sterben.

Empfohlene Anwendung: täglich. Faktische Anwendung: minütlich.

Doch nicht alle werdenden Mütter beruhigt das:

»Ich habe während der Schwangerschaft jeden Tag die Herztöne meines Krümels gehört. Einerseits war es toll, das Herzchen klopfen zu hören, und es hat mich dann auch beruhigt. Andererseits bin ich fast durchgedreht, wenn Lea ungünstig in meinem Bauch lag und ich die Herztöne einfach nicht finden konnte.«

»Wer sowieso unsicher ist, kann sich da schnell verrückt machen. Immer, wenn ich ein ungutes Gefühl hatte, bin ich sowieso lieber zum Arzt gegangen, anstatt weiter selbst nach dem Herzton zu suchen.«

Der arme Arzt!

Mehr Panik also als Entspannung. »Ein privates Ultraschallgerät führt oft zu maximaler Verunsicherung«, so die Erfahrung von Frauenarzt Dr. B. Er rät deshalb von den sogenannten Dopplern ab, denn: »Wenn Ihr Kind einmal auf der Welt ist, werden Sie es ja auch nicht dauerhaft mit einem EKG herumlaufen lassen.« Auch eine Studie im Auftrag der Bertelsmann-Stiftung aus dem Jahr 2015 kommt zu dem Schluss, dass werdende Mütter in Deutschland eher überversorgt sind. Schwangerschaft und Geburt seien ein Geschäft für eine große Branche. Dies führe jedoch nicht zu mehr Sicherheit, sondern zu noch mehr Angst, so das Fazit der Autorinnen.

So bieten etwa etliche Firmen in Deutschland an, Stammzellen aus dem Nabelschnurblut von Neugeborenen für Jahrzehnte einzufrieren. Ein Münchener Unternehmen wirbt auf seiner Webseite zum Beispiel damit, einem Baby damit das »beste Geschenk für eine gesündere Zukunft« machen zu können. Es handele sich um die »nachhaltigste Gesundheitsvorsorge« für das eigene Kind. Wer will das nicht? Ob jedoch die medizinische Forschung jemals so weit sein wird, Krankheiten mit den eigenen eingelagerten Stammzellen zu heilen, ist völlig ungewiss.

Ein Vater berichtet stolz:
»Wir haben bei der Geburt das Nabelschnurblut unserer Tochter für 25 Jahre einfrieren lassen. Die 2600 Euro haben wir über eine Ratenzahlung finanziert. Ich würde mir nie verzeihen, wenn sie später mal eine Krankheit bekäme, die man mit diesen Stammzellen heilen kann, und ich hätte die Möglichkeit nicht genutzt. Und ich habe gehört, dass in den USA damit tatsächlich auch schon Kinder geheilt wurden.«

Leben bedeutet immer auch Risiko. Helikopter-Eltern fliegen jedoch der Illusion einer Rundum-Versicherung hinterher.

Toxoplasmose lauert hinter jedem Salatblatt

Auch in Sachen Ernährung sind viele werdende Mütter ängstlich. Ein Katzenbesitzer beschwert sich, er habe seine damalige beste Freundin während ihrer Schwangerschaft kaum mehr zum Essen einladen können. Die Bekannte habe zu viel Angst vor Toxoplasmose gehabt – einer Infektionskrankheit, die von Katzen übertragen wird und die zu Schäden an ungeborenen Kindern führen kann.

»Ich wurde von den Helikopter-Eltern mehrfach darauf hingewiesen, dass die Toxoplasmose sogar im Topf der Yucca-Palme lauere. Ich sollte nicht über Rasen laufen, denn da könnte ja Katzenkot liegen. Sie sahen Todesgefahr in der Salami, Todesgefahr im Fisch, Todesgefahr überall.«

Eine Schwangere in der neunten Woche räumt selbst ein:
»Wir werden häufig zum Essen eingeladen, doch meist esse ich nur Brot, weil ich in allem eine Gefahr sehe. Ich weiß halt nie sicher, ob der Salat ausreichend gewaschen wurde, ob der selbstgemachte Kartoffelsalat mit pasteurisierter Mayonnaise gemacht wurde, ob der frische Rucola im Nudelsalat genießbar ist.«

Marie-Therese schlägt Kimberley: Beim Vornamen fängt's an

Während der neun Monate malen sich einige Eltern gerne aus, wie ihr Kind sein Leben verbringen wird und welche Vorlieben es zu haben hat. Das kann dann auch Auswirkungen auf die Namenswahl haben.

Friedrich der Große

»Sie wollte das Kind Emil nennen, er war für Friedrich. Der Vater setzte sich dann durch mit dem Argument: ›Emil heißt kein Abteilungsleiter!‹ Gleichzeitig wurde dem Bekanntenkreis noch vor der Geburt des kleinen Friedrich eingeschärft, dass sie den Kontakt zu den Leuten abbrechen würden, die es wagten, den Kleinen einfach Fritz zu nennen.«

Ein Maximilian hängt den Cedric ab, eine Marie-Therese schlägt jede Kimberley – werdende Helikopter-Eltern spüren sofort, dass mit dem Vornamen womöglich die ersten Weichen für ein erfolgreiches Leben gestellt werden könnten. Tatsächlich gibt es psychologische Studien, die belegen, dass Lehrer Vorurteile gegen Kinder hegen, die Justin, Kevin, Chantal oder Mandy heißen. Eine Schweizer Agentur bietet deshalb für gut 26.000 Euro an, **den perfekten Kindernamen** zu finden. Die Idee sei spontan entstanden, erklärt Inhaber Marc Hauser:

»Ein Kunde, für den wir ein Produkt benennen sollten, hatte sich mit seiner Frau wegen des Namens für ihr Baby gestritten und meinte dann: Könnt ihr das nicht übernehmen? Wir arbeiten eng mit den Eltern zusammen und besuchen sie auch zu Hause. Der Kulturkreis und die Werte der Eltern sind wichtig, genauso wie Phonetik, Rhythmus und Takt.«

Internationale Schule? Karriere in den USA? Eine Ehe in Frankreich? Für ein Premium-Kind muss vieles bedacht werden. Das findet auch dieser Leser:

»Die Namenswahl ist wichtig, wenn es international werden soll, was man den Kindern mit genug Geld ja ermöglichen kann. In den USA spricht man sich nur mit Vornamen an, dann ist es gut, einen ausgefallenen Namen zu haben, um nicht immer ›the other Joe‹ genannt zu werden. Und wird eine Ehe oder Karriere im französischsprachigen Raum angestrebt, sollte der Name nicht mit ›H‹ beginnen – wäre ja blöd, immer nur ›Olgèr‹ gerufen zu werden.«

Was ein ungeborenes Qualitätskind braucht

Und nicht nur der vermeintlich wegweisende Vorname des Babys beschäftigt fürsorgliche Eltern. Es gibt Menschen, die überzeugt sind, die Gebärmutter sei das erste Klassenzimmer des Menschen – deshalb spielen sie ihren Ungeborenen Geigenmusik vor und versuchen, mit Lichtimpulsen einer Taschenlampe erste mathematische Anreize zu setzen. Es gibt so vieles, was man schon vor der Geburt planen kann, damit das **Kind zum Statussymbol** wird: Womit wird das Baby spielen? Welche Hörspiele wird es hören? Oder: Wie soll seine Hebamme aussehen?

Planwirtschaft

»Ein befreundetes Pärchen hat bereits in der Schwangerschaft geplant, was das Kind in seinen ersten Lebensjahren bis zur Einschulung darf. Sie haben Pläne erstellt über Süßigkeitenkonsum, passend zu jeder Altersstufe, haben Kinderserien und Hörspiele rausgesucht, Vorgaben gemacht zum Kleidungsstil und eine Liste geschrieben, in der Spielzeug mit Pro und Kontra bewertet wurde. Natürlich durfte es nur Holzspielzeug sein.«

Alle, die bereits Eltern sind, grinsen jetzt, weil sie wissen, dass auch sehr viel weniger detaillierte Pläne in der Regel binnen Sekunden am Wesen und Willen des Kinds zerschellen, das man nun einmal hat. Aber der erwähnte Plan, so finden wir, ist so toll, dass er es immerhin verdient, schön eingerahmt zu werden, bevor er feierlich in die Mülltonne fliegt.

Schöne Geschichten können auch Hebammen erzählen:

Model gesucht

»Ich erhielt von einer Erstgebärenden in der 33. Schwangerschaftswoche eine Anfrage zur Nachsorgebetreuung. Ich hatte noch Kapazitäten frei und schlug wie üblich vor, einen Kennenlerntermin zu vereinbaren, der von der Krankenkasse bezahlt wird. Ihre Antwort kam zügig: Erst einmal solle ich ein Bild von mir per Mail schicken, denn ihr Kind hätte einen Anspruch auf Ästhetik, und zwar vom ersten Lebenstag an. Ich habe der Dame dann mitgeteilt, dass wir uns nicht auf dem Mailänder Laufsteg befinden und abgesagt.«

Prenzlauer-Berg-Mütter

»Die Frauen sind um die vierzig Jahre alt, top ausgebildet, super hip und wissen bereits alles, wenn sie zu mir kommen. Die haben eine riesige Checkliste dabei, was alles Schlimmes passieren kann. Sie wollen nicht nur Geburtsvorbereitung und Nachsorge im Wochenbett, sondern auch Akupunktur, Traditionelle Chinesische Medizin, Schwangeren-Yoga, Ernährungsberatung und Musik, die sie ihrem Baby im Bauch vorspielen können.«

Bitte nicht sprechen,
mein Baby schläft!

Der Schlaf eines Babys ist heilig – so heilig, dass überfürsorgliche Eltern gern mal die Welt ausschalten würden, wenn Prinz oder Prinzessin die Äuglein schließen. Sie stellen das Telefon auf lautlos, deaktivieren die Türklingel und bedienen selbst die Toilettenspülung erst wieder nach dem Mittagsschlaf. Dabei hat sich noch jedes Kind daran gewöhnt, wie laut oder leise es bei seinen Eltern nun mal zugeht. Geht ja auch nicht anders.

Alles so laut hier
»Bei jedem kleinsten Mucks sprang meine Freundin Kati auf und rannte zu ihrer Tochter. Den Thermomix durfte man nicht mehr anstellen – zu laut. Wenn die Kaffeemaschine mahlte, hielt sie trotz einiger Meter Entfernung dem Baby die Ohren zu und flüsterte: ›Es ist gleich vorbei.‹ Auch Spaziergänge mit dem Kinderwagen lehnte sie ab: ›Da rauscht dann ein Auto vorbei, und schon ist sie wach!‹«

Schließlich ließ sich die besorgte Mutter doch zu einem Ausflug mit dem Kinderwagen überreden. Unser Leser bot an, den Wagen zu schieben, doch die Mutter zweifelte: »Ich weiß nicht, wie die Kleine darauf reagiert, wenn sie mich dann nicht mehr direkt beim Schieben sieht.« Der Freund erklärte beherzt: »Weißt du was, das finden wir jetzt einfach raus«, schob die Kleine den Berg hoch – und sah ein pflegeleichtes, versonnenes Kind im Wagen liegen. Trotz vorbeirasender hochgiftiger Autos und einer über dem Kinderwagen kreisenden, hypernervösen Mutter.

Für besorgte Eltern hält die Baby-Industrie auch Folgegeräte für die Zeit nach dem Doppler-Ultraschall bereit: Einige **Babyphones** sind nicht nur simple Walkie-Talkies, in die das Baby plärrt, sondern eines 007 würdig: Sie kommen mit **Infrarot-Video und Temperaturüberwachung** sowie **Atem-Sensormatte** daher, die Alarm schlägt, wenn das Baby im Schlaf unregelmäßig schnauft. Damit wäre die Totalüberwachung im Gitterbettchen komplett – wie sonst sollten es Eltern aushalten, auf der Terrasse zu sitzen, während das Kind drinnen schläft? »Das Videogerät gibt mir großen Frieden, wenn mein kleiner Junge oben schläft und ich unten bin. Ich höre und sehe ihn perfekt«, schreibt ein Vater. Manche Helikopter-Mama findet ohne Hightech keine Nachtruhe. »Ich habe durch die Sensormatte wesentlich besser geschlafen«, empfiehlt eine Mutter, »und wenn DU es brauchst für DICH, dann lass es dir nicht ausreden.« Deutlicher kann man nicht ausdrücken, worum es bei Helikopter-Eltern geht: nicht etwa um das Baby, sondern um sie selbst.

Denn ob die Totalüberwachung im Kinderzimmer wirklich sinnvoll für das Kind ist, darüber lässt sich streiten. Schlafende Babys werden zum Teil hohem Elektrosmog ausgesetzt. Und die amerikanische Kinderärztevereinigung warnt auch noch aus einem anderen Grund vor zu viel

Hightech: Schlafsäcke mit Spezialvlies aus der Weltraum-forschung oder die Socke, die die Sauerstoffrate am Babyfuß an eine Handy-App weiterfunkt, würden Eltern zu viel Sicherheit vorgaukeln. Zudem funktionieren sie auch nicht immer einwandfrei.

Einer dieser Sensormatten-Jünger schildert die paradoxe Wirkung:

>>Manchmal gab es Fehlalarm, da saß ich mit halber Herzattacke senkrecht im Bett. Angeblich sollen die Winzlinge manchmal so tief und fest schlafen, dass es nicht erfasst werden kann. Eine Nacht hatten wir Daueralarm, da war das Kabel nicht richtig fest, wie wir dann feststellten. Und irgendwann hat sich die Kleine immer an den Rand gerollt, da wurde die Atmung manchmal auch nicht erfasst. Wir haben die Matte dann ausgeschaltet und nutzen nur noch das Babyphone.<<

Wer schon Angst hat, sein Baby ALLEIN im Kinderzimmer schlafen zu lassen, der bekommt beim Gedanken an eine Fremdbetreuung seines Schätzchens natürlich Schweißaus-brüche und Schnappatmung. Lesen Sie im nächsten Kapitel, wie sich **Helikopter-Eltern in Kitas** aufführen.

Was machen Sie mit unserem Gruppenschild?
Unsere Svenja mag Erdbeeren nur mit Sahne.
H&B

Großalarm in der Kita: Ben-Gustav hat sein Kuscheltier verlegt

Es gibt wohl keine Erzieherin, die ihren Beruf ergriffen hat, weil sie mit Eltern arbeiten möchte. Und daher findet man keine Erzieher, denen die Nörgelei perfektionistischer und überängstlicher Helikopter nicht auf den Keks geht. »80 Prozent der Kinder in meiner Krippe haben Helikopter-Eltern. Und es wird immer schlimmer«, berichtet uns eine Erzieherin. Leider bereitet die Ausbildung kaum auf die schwierigen Begegnungen während der Abholzeit oder beim Elternabend vor. Wie soll man mit Eltern umgehen, die ihren Kindern alles erlauben und keinerlei Grenzen setzen – stattdessen aber das Kita-Fersonal mit abstrusen Forderungen triezen? Was tun mit dauerbesorgten Eltern, die Angst haben, Mia-Louise könnte nicht das Beste vom Besten zukommen oder, noch schlimmer, Ben-Gustav könnte eines Tages ein Trauma erleben, weil die brutale Charlotte damit droht, ihm ein Kuschelkissen über den Scheitel zu ziehen. Daran Schuld hätten dann natürlich: die Erzieher. Und schließlich sind da noch die Chef-Eltern, denen niemand etwas sagen darf, weil sie alles besser wissen, und deren

Diktatoren-Kinder die Kita-Mitarbeiter zur Weißglut treiben. In diesem Kapitel berichten Erzieher und Eltern vom täglichen Wahnsinn.

»Hier bleibt mein Kind keinen Tag länger!« Wenn keine Kita gut genug ist

Zunächst sehen Eltern sich vor die schwierige Aufgabe gestellt, einen **passenden Kindergarten für ihr Superkind** zu finden. Das Problem fehlender Plätze wird verschärft durch die recht wählerische Vorgehensweise mancher Eltern. Eine Nullachtfünfzehn-Kita? Kommt nicht in Frage! Aber was sonst? Tagesmütter-Vereinigung? Bilingual? Integrativ? Wald-, Waldorf- oder Musikkindergarten? Helikopter-Eltern sind überzeugt, wieder einmal vor wegweisenden Entscheidungen für die weitere Entwicklung ihres Sprösslings zu stehen.

Todesfalle Buddelkiste
»Neulich erwähnte ich meiner Hautärztin gegenüber, dass ich drei Kinder habe. Da wurde sie aufmerksam: Ob ich denn einen guten Kindergarten wisse? Ob der

womöglich einen Außenbereich habe? Ich dachte zunächst, sie lege Wert darauf, dass die Kinder viel draußen spielen. Aber nein, meine Ärztin erzählte, sie habe bei der Eingewöhnung ihrer einjährigen Tochter beobachtet, dass größere Kinder im Außengelände des Kindergartens mit Steinen spielten, die sie in den Sandkasten geschleppt hatten. Dann hätten sie noch einen Plastikstuhl in den Sand gestellt, ein Kind habe darauf Platz genommen – und sei im Sandkasten umgefallen. Einer solchen Gefahr wolle sie ihre Tochter auf keinen Fall aussetzen.«

Mein Kind soll nicht laufen lernen, sondern Chinesisch!

»Selbst Eltern, die Krippenkinder bei uns anmelden, also Ein- oder Zweijährige, fragen häufig: Wie oft in der Woche findet die Vorschule statt? Welche Fächer werden angeboten? Wenn ich dann den normalen Kita-Alltag mit Spielen, Essen und Basteln schildere, fragen sie nach Fremdsprachen und Lesenlernen. Freies Spiel mögen viele Eltern gar nicht. Aber Herumtollen, Rennen, Springen und auch mal Hinfliegen ist enorm wichtig für die Entwicklung von Kindern. Die Eltern sagen nur: ›In der Zeit könnte man Zahlen oder Englisch lernen.‹ Die wollen Bildung von Anfang an und verkennen, dass Spielen Lernen ist.«

Und vermutlich macht ihnen der Begriff »Freies Spiel« auch einfach Angst. Die Vorstellung lebensgefährlicher Stürze aus bis zu 20 Zentimetern Höhe bringt Helikopter-Eltern zuverlässig um den Schlaf. Dann doch lieber kognitive Überforderung, am besten festgeschnallt im Schreibtischstühlchen.

Und natürlich soll das einjährige Kind auch mitentscheiden, welche Einrichtung es nun wird, wie diese Erzieherin erzählt:

>»Alle drei Monate können sich Eltern mit ihren Babys auf einem Info-Abend unsere Kita anschauen. Dann besprechen wir den Tagesablauf, beantworten Fragen, führen durch das Haus. Doch neuerdings reicht das den Eltern nicht mehr. Sie wollen in der Kita ›hospitieren‹, am liebsten gleich mit Mittagessen. Das geht natürlich nicht – wir müssen uns um unsere zwölf Kinder kümmern und können nicht täglich Fremde mit hinzunehmen. Darauf kommt immer die gleiche Antwort: ›Ja, stimmt schon, aber könnt ihr bei uns nicht eine Ausnahme machen? Wir möchten doch so gerne, dass unser Kind mitentscheidet, und dazu muss es alles einmal gesehen haben.‹«

Mein Kind hat Besseres verdient als das normale Leben

Das Ziel vieler Eltern: Ihre Schätzchen dürfen niemals Hunger, Kälte, Nässe oder Müdigkeit fühlen. Und deshalb sorgen Helikopter selbstbewusst vor. Schließlich gehört man zu den oberen Zehntausend. Geschichten aus Kitas:

Ich bin hier nicht zuständig

»In der Abholsituation besprach ich noch etwas mit einer Mutter, die ihren Jungen an der Hand hielt. Der Vierjährige begann nach einer Weile, mir kraftvoll gegen das Schienbein zu treten, während die Mutter völlig ungerührt dabeistand. Als ich sie fragte, warum sie das Kind nicht zurechtweise, erwiderte sie: ›Warum? Er hat doch Sie getreten und nicht mich.«

Dialektik

»Mir ist aufgefallen, dass mein Sohn neuerdings schweizerdeutsche Wörter benutzt. Meine Frau und ich wollen das nicht, tun Sie was dagegen!«

Makellos statt glücklich

»Eine Mutter brachte drei Tüten voll Wechselklamotten mit in die Krippe. Sollten ihre Kinder Flecken auf der Kleidung haben, hätten wir Erzieher sie sofort umzuziehen. Sie erklärte: ›Ich will nicht, dass die anderen Eltern denken, wir wären asozial.«

Akademikerin (4 Jahre) und Tagesmutter

»Eines Abends habe ich mit der Tochter den Tisch gedeckt. Da sie nicht so sehr viel Lust dazu hatte, spielte ich mit ihr ›Restaurant‹. Sie war die Kellnerin und deckte selbständig den Tisch, ich reichte ihr Teller und Besteck an. Als die Mutter das mitbekam, war sie entsetzt: ›Meine Tochter ist doch keine Kellnerin! Sie hilft, weil sie der Familie helfen will!‹«

Bemerkenswert ist auch, was dieser Erzieherin widerfuhr:

»Wir hatten einen Jungen in der Einrichtung, der jeden beleidigen durfte, auch uns Erwachsene und seine Eltern. Ich sprach die Eltern darauf an. Der Vater antwortete: ›Mein Junge wird später einen Chefposten haben, da muss er auch auf niemanden hören.‹«

Dazu passt dieser Bericht einer Kollegin aus einer norddeutschen Großstadt:

»Eine Mutter erklärte mir, dass ihr Kind im Winter und Frühjahr nicht mit in den Garten dürfe. Wir sollten ihr Kind auch nicht rennen oder sich anstrengen lassen, da es davon krank werden könne und sie berufstätig sei. Als ich erklärte, dass ein Kind nicht allein im Gebäude bleiben dürfe und wir keine Kollegen für gesonderte Innenbetreuung entbehren könnten, entgegnete sie, dass wir wohl einfach zu dumm seien zu delegieren. Als eine der oberen Zehntausend der Stadt spendiere sie aber gern Kaffee für das Team, das sei doch schließlich unsere Lieblingstätigkeit: Kaffee trinken.«

Achtung, Gefahrguttransport!

Aber wie geht die Anlieferung der kostbaren Fracht vor sich, wenn das Kind seine qualifizierte Meinung eingebracht hat und eine Kita ausgewählt worden ist? Zu sehen gibt es vor allem dieses Szenario: Morgens um acht zerren solvente Großstadt-Eltern ihre kleinen Monster aus dem Porsche Cayenne, mit dem sie durch Wohnstraßen und möglichst bis in den Vorraum der Kita geprescht sind, und schieben sie in die Kita. Zumindest, wenn es gut für sie läuft und ihr Premium-Kind Lust hatte auf den Porsche. Nicht alle Kleinen haben Bock aufs Kutschiertwerden, und die flexiblen Eltern passen sich gern an.

Rückenschmerzen? Egal!
»Eine Mutter trug trotz Bandscheibenvorfall ihren Zweijährigen täglich auf dem Arm in die Kita. Dabei schob sie mit der anderen Hand den Buggy, falls Sohnemann es sich unterwegs anders überlegen sollte.

Ein Wutanfall des Kleinen hatte die Mutter überzeugt, dass er ›den Kinderwagen nicht so gern‹ mag, und sie hatte zu große Angst, dass er sich vor Wut aus dem Buggy stürzte, sollte sie ihn nochmals hineinsetzen. Und nicht nur das: Die Mutter erklärte, dass auch wir Erzieherinnen ihr Kind tragen sollten, wenn es nicht im Bollerwagen zum Spielplatz fahren wollte.«

Es erübrigt sich vielleicht, aber wir erwähnen es trotzdem gern: Natürlich saß der Junge zufrieden im Bollerwagen der Erzieherinnen, wenn seine Mutter nicht da war.

Eine große Hürde ist auch das gegenseitige **Loslassen beim Verabschieden**. Mit den meisten Kindern klappt das ganz gut. Mit vielen Eltern leider gar nicht, wie diese Erzieherin weiß:

»Ein Elternpaar hat jeden Tag nach der Verabschiedung minutenlang an der Tür gelauscht oder durchs Schlüsselloch geguckt. Ich war immer sprachlos, dass ihnen das vor den Erziehern oder anderen Eltern nicht peinlich war. Spätestens eine halbe Stunde nach Verlassen der Kita schrieben sie mich per WhatsApp an und baten um Updates inklusive Fotos, auf denen sie das Wohlbefinden ihres Schatzes ›erkennen‹ könnten.«

Dieses Elternpaar brauchte drei Elterngespräche und ganz harte Grenzen, bis die Pädagogen schließlich sagten: »Wenn ihr uns und eurem Kind überhaupt nichts zutraut, müsst ihr kündigen.«

Paragraph 1: Mein Kind first!

Während seines Vormittags im Kindergarten darf das **Premium-Kind niemals kritisiert** werden, berichten Erzieher immer wieder. Als etwa ein Sechsjähriger im Garten mit Steinen um sich warf und die Erzieherin der Mutter davon berichtete, antwortete diese: »Ja, ich habe mich auch schon länger gefragt, was bei Ihnen in der Gruppe nicht stimmt; denn das ist ja wohl ein Schrei nach Aufmerksamkeit!«

Wagen es die Erzieher, ein gehelikoptertes Kind zurechtzuweisen, kommen die Eltern gern mit **juristischen Winkelzügen.** Ein Sechsjähriger war bereits mehrmals ermahnt worden, beschädigte dann aber doch die Gitarre einer Erzieherin. So weit, nicht so schlimm. Aber:

> »Ich habe es den Eltern erzählt, sie aber nicht zu Schadensersatz aufgefordert, weil unser Arbeitgeber für so etwas aufkommt. Trotzdem kam der Vater am nächsten Morgen mit einer schriftlichen Information: Sein Sohn könne mit seinen sechs Jahren nicht gerichtlich belangt werden, deshalb werde er auf keinen Fall für die Gitarre aufkommen.«

Dass die **Kinder alles dürfen und Gesetze dehnbar sind wie Kaugummi**, lernen sie ganz schnell. Und kontern bei Gelegenheit entsprechend. Unangenehme Erziehungsarbeit vermeiden die Glucken-Mamas trotzdem lieber. Sie wollen ja keinen Streit mit dem Kind.

Eine Erzieherin schildert ein einschlägiges Erlebnis:

> »Wir gingen mit den Kindergartenkindern spazieren. Ein Junge, vier Jahre alt, ließ seine Hand im Vorbeigehen an parkenden Autos entlangstreifen. Auf den Hinweis, dass man fremde Autos nicht anfassen dürfe, entgegnete er: ›Ich darf das schon, mein Vater ist Richter.‹«

Nur mein Kind zählt, der Rest ist mir egal – so denkt offenbar auch dieser Vater eines Zweieinhalbjährigen, der erklärte:

> »Ich habe Michael gesagt, dass er die anderen Kinder schlagen soll, wenn sie ihn blöd angehen. Er soll ja kein Weichei werden.«

Eine **Lektion in Recht und Unrecht** sollten offenbar auch die Spielkameraden eines Kindes bekommen, dessen Vater Polizist ist. Eines Tages verlor das Mädchen sein Kuscheltier in der Kita. Daraufhin passierte Folgendes, erzählt uns eine Erzieherin:

> »Die Eltern brachten in unserem kleinen Kindergarten gleich drei Zettel an: eine Vermisstenanzeige mit einem Fahndungsbild des Plüschtiers, eine umfangreiche

Beschreibung zum Ereignis samt einer Ermahnung, fair miteinander umzugehen – und sie lobten einen Finderlohn aus.«

Das Kuscheltier fand man später übrigens unter einem Kissenberg.

Konfliktbereitschaft und Frustrationstoleranz – die fremdesten Fremdwörter der Heli-Eltern

Lieber lange herumeiern als ein paar klare Worte verlieren. Einige Eltern sind so **harmoniesüchtig**, dass sie einfach aufhören, ihr Kind zurechtzuweisen, erzählt ein Kita-Mitarbeiter. In einem Elterngespräch erklärten ihm Vater und Mutter eines Einzelkindes, dass »gewaltfreie Erziehung« für sie auch verbale »Gewalt« ausschließe:

»Wir würden als Eltern nie gegen unseren Luis argumentieren, denn das wäre ja unfair, ›zwei gegen einen‹. Deswegen müsste immer einer auf der Seite von Luis stehen. Also sagen wir lieber gar nichts, dann gibt es auch keinen Streit unter uns.«

Eine Nanny berichtet, dass ihre Kundin sie schriftlich anwies, nicht mit der Tochter zu schimpfen, wenn diese etwas anstelle:

»Wenn etwas passiert, wenn Rosa etwa mit Buntstiften auf Möbeln malt, solltest du dem möglichst wenig Aufmerksamkeit schenken. Du kannst sagen: ›Es gefällt mir nicht, wenn du auf Stühle malst‹, aber es ist ganz wichtig, Rosa zu zeigen, dass wir sie liebhaben. Eine gute Art, mit solchen Aktionen umzugehen, ist, sie in etwas Positives umzuleiten: ›Rosa, nächstes Mal, wenn du malen willst, frag doch bitte nach einem Blatt Papier. Wenn du auf das Papier malst, können wir deine Kunstwerke auch ganz toll verschicken.‹«

Auch Verlusterfahrungen müssen um jeden Preis vermieden werden – damit die Kinder später bloß nicht damit umgehen können. Natürlich wachsen vielen Kindern Hasi, Teddy und Schnuffeltuch sehr ans Herz. Viele wollen ohne ihren Freund nicht einschlafen, und ein Verlust ist ein tragisches Erlebnis – aber auch eine Erfahrung. Muss man sie wirklich um jeden Preis vermeiden, wie die Mutter, die dieser Vater beschreibt?

»Neulich stand ich vor dem Kindergarten mit drei anderen Eltern zusammen. Ein Kind hatte sein Kuscheltier in der Hand. Die Mutter erinnerte ihr Kind daran, gut auf das Stofftier aufzupassen, damit es nicht verlorengehe. Darauf eine andere Mutter: ›Habt ihr das denn nur einmal? Also ich habe von Milas Lieblingskuscheltieren immer gleich zwei bis drei gekauft. Dann muss sie gar nicht traurig sein, wenn sie mal eins verliert.‹«

Es gibt halt **Härten des Lebens**, die kleinen Kindern offenbar nicht zuzumuten sind. Oder ihnen extrem schonend beigebracht werden müssen. Für manche gehört ein Umzug innerhalb derselben Straße dazu, für andere sogar die Nachricht, dass sie kein Spielzeug mit in die Kita nehmen dürfen.

Jeden Tag ist Mittwoch

»Fast alle Kinder möchten gern ihr Spielzeug mit in den Kindergarten nehmen, um es anderen zu zeigen. Mittwochs ist in unserer Einrichtung deshalb ›Mitbringtag‹. Die Kinder dürfen dann ein Spielzeug dabeihaben, nur kein elektronisches. Es gibt aber immer wieder Eltern, die sich zu Hause nicht durchsetzen können oder wollen und ihr Kind an jedem beliebigen Tag etwas mitbringen lassen. Wenn ich die Eltern dann darauf anspreche, bekomme ich immer dieselbe Antwort: ›Ach so, nur mittwochs? Hatte ich total vergessen.‹ Sie verabschieden sich dann ganz schnell und überlassen mir die Aufgabe, dem Kind das Spielzeug wegzunehmen.«

Entwurzelungsängste:

»Ein befreundetes Paar ist umgezogen. Nachdem der Umzug vorbei war, haben sie noch vier Nächte in der vollkommen leeren alten Wohnung geschlafen, weil sie glaubten, dass ein direkter Umzug ins neue Haus ihr zweieinhalb Jahre altes Kind überfordert hätte. Nach dem Umzug hat das Kind dann zu Weihnachten sein neues Zimmer geschenkt bekommen. Andere Geschenke durften nicht sein, die hätten das Kind nämlich total überfordert.«

Mama, ihm schmeckt's nicht!

In fast allen Kitas gibt es ein Lieblingsthema, über das sich Eltern auch untereinander herrlich streiten können und bei dem Erzieher sich die Haare raufen (denn es könnte alles so einfach sein): den Speiseplan. Im Kindergarten treffen Rohkost-Fanatiker auf Chips-und-Gummibärchen-Junkies. Unsere Überwachungshubschrauber benehmen sich dabei wie **Ernährungs-Taliban**.

Abgestimmte Menüpläne:
»Wir hatten kürzlich einen Vater, der jeden Tag, wenn er das Kind brachte, den ausgehängten Essensplan abfotografiert hat. Er hatte nämlich den Auftrag, die Kindesmutter per WhatsApp über die bestellten Speisen des jeweiligen Tages zu informieren. Sie wollte nicht Gefahr laufen, ihrem Anderthalbjährigen am Abend etwas Ähnliches zu kochen.«

Klar: Wer sein Kind zu einem **kleinen Gourmet** erziehen will, muss viel Energie in die Gestaltung eines Michelinwürdigen Speiseplans stecken. Eine Mutter war sich sicher, dass ihr Sohn in der Kita nichts essen würde, er habe nämlich einen ganz besonderen Geschmackssinn, wie die Erzieherin sich erinnert:

> »Die Mutter empfahl uns, den Kindern mehrere Alternativen beim Mittagessen anzubieten. Ihr Sohn sei es gewohnt, zwischen drei Gerichten wählen zu können. Deshalb brachte sie für ihn Ersatzessen in Tupperdosen und Gläschen mit. Der Witz: Er hat davon nie etwas angerührt.«

Überbesorgte Eltern machen sich nicht nur Sorgen um die Vielfalt des Essens, sondern stellen die Ernährung ihrer Kinder auf Unverträglichkeiten ein, die diese gar nicht haben. Das heißt: Dinkel statt Weizen, Soja statt Fleisch, aus Prinzip keine Nüsse und möglichst wenig Gluten. Auf keinen Fall darf das Kind mit Weißmehl, Kuhmilch und Industriezucker in Berührung kommen. Viele Eltern scheinen nicht zu wissen, dass Gluten und Milchzucker (Laktose) seit mindestens zehntausend Jahren Bestandteil der menschlichen Ernährung sind. Sie glauben offenbar, dass es sich dabei um Giftstoffe handelt, die »die Industrie« manchen Nahrungsmitteln arglistig beimischt.

Mutter: »Mein Jakob darf keine Laktoseprodukte, Weizen oder Nüsse essen.«
Erzieherin: »Haben Sie die Allergien auch in die Essensliste eingetragen?«

Mutter: »Nee, das ist ja nicht bestätigt. Aber sicher ist sicher.«

Und es gibt sogar noch mehr Todesgefahren aus der Küche! Eine Mutter von zwei Jahre alten Zwillingen zur Erzieherin: »Lisa und Stephan dürfen kein Gemüse oder Obst mit Schale essen, sie könnten sich dabei verschlucken.«

Neues über die lebensgefährliche Wirkung von Obst erfuhr auch diese staunende Erzieherin:

»Neulich wurde ich zu unserer Kita-Leitung gerufen. Meine Chefin sagte, es liege eine Beschwerde gegen mich vor. Eine Mutter habe einen Tag lang nicht arbeiten können, weil sie mit ihrer Tochter zum Arzt musste. Diagnose: ein wunder Po. Das sei meine Schuld gewesen, schließlich habe es am Nachmittag zuvor Kiwis gegeben, deren Kerne die Mutter im Stuhl gefunden habe. Sicherlich hätte ich von dieser Frucht zu viel angeboten. Zum Glück haben meine Chefin und ich gemeinsam darüber gelacht.«

Eine Erzieherin erzählt:
»Für die Faschingsfeier im Kindergarten hatte ich eine Liste ausgehängt, in die Eltern eintragen sollten, was sie für das Buffet beisteuern. Eigene Ideen waren natürlich willkommen, aber besser klappt es oft, wenn ich auf diese Listen Vorschläge schreibe. Das Übliche: Käsewürfel, geschnittenes Gemüse, Salzbrezeln, Obst, Apfelsaft, aber auch Muffins oder Kekse. Eine Mutter

kam zu mir und sagte, sie ernähre ihre Tochter ohne Zucker und Weißmehl. Ob ich nicht alle Vorschläge von der Liste streichen könne, die das enthielten? Schließlich könne sie am Faschingsvormittag nicht überprüfen, was sich ihre Tochter vom Buffet nehme.«

Ein Vater ergänzt dazu passend:
»Beim Kita-Elternabend berichteten Eltern, dass ihre Tochter kein Weißmehl vertrage, und schlugen vor, dass es deshalb bei privaten Kindergeburtstagen generell keinen Kuchen mehr geben solle; der sei ja sowieso ungesund. Was mich am meisten entgeistert hat, war nicht mal die Idee dieser Eltern, das (sicherlich tragische) Problem ihrer Tochter zu lösen, indem sie allen Kindern ihre Diät verpassen wollten – sondern die Tatsache, dass über diesen Vorschlag eine halbe Stunde lang ernsthaft diskutiert wurde.«

Einer pädagogischen Beraterin geschah dies hier:
»Eine Mutter rief mich an und berichtete, ihr vier Jahre alter Sohn weigere sich, selbst etwas zu essen. Er wolle gefüttert werden. Da er einen zarten Körperbau habe, wolle sie natürlich, dass das Kind etwas esse. Ihre Frage: Soll sie ihn weiter füttern, damit er genug isst?«

Man möchte am liebsten auch die sensible Mutter füttern – zum Beispiel mit Informationen über das gesunde Aufwachsen von Kindern und die Erziehung zur Selbständigkeit …

Lebensgefahr an jeder Ecke – paranoide Eltern

Zugegeben: Das Leben eines Kleinkindes, das in Deutschland im 21. Jahrhundert aufwächst, ist eine gefährliche Herausforderung, die es zu meistern gilt.

> **Diese Erzieherin wurde genau instruiert:**
> »Ich bekam von einem Elternteil einen Zettel mit Handlungsanweisungen an das Garderobenfach geklebt: ›Unter 18,5 Grad Pulli anziehen, ab 22,5 Grad Sonnenschutzoberteil an. Außentemperaturen sind im Schatten zu messen.‹«

Und manchmal gehört auch der Schnuller mit zum Outfit – und zwar als Schutzschild:

> »Eine Mutter sagte uns Erziehern, dass ihre anderthalbjährige Tochter bei Ausflügen auf den Spielplatz stets ihren Schnuller benutzen solle. Damit der Kleinen keine Biene in den Mund fliegt.«

Man weiß nie, wo die Gefahren überall lauern! Eine Mutter führte im Kindergarten ein Verletzungsprotokoll ein, um alle Blessuren lückenlos nachvollziehen zu können. Eine andere versuchte, im Kindergarten die **Bastelscheren verbieten** zu lassen, weil ihr Sohn sich daran verletzt hatte. Als die Kita-Leitung sie abwies, wandte sie sich an die anderen Eltern:

> »Eine Mutter bat uns Vertreter im Elternrat, wir möchten auf die Kita einwirken, dass die Bastelscheren verboten würden. Ihr Sohn habe sich mit einer solchen Schere geschnitten, und nun sollten die Dinger schnell entfernt werden, die seien ja schließlich total gefährlich.«

Eine amüsierte Mutter berichtet:
> »Auf Wunsch einer besonders besorgten Mutter wurde im Kindergarten meiner Tochter ein Protokoll eingeführt, auf dem genau vermerkt wurde, um wie viel Uhr, wo und auf welche Art sich ein Kind weh getan hatte. Wurde ein betroffenes Kind abgeholt, mussten die Eltern unterschreiben. So auch bei meiner Tochter, die ein heruntergefallenes Puzzleteil unter dem Tisch aufgehoben und sich dabei den Kopf gestoßen hatte. Als ich sie nach dem Vorfall fragte, konnte sie sich nicht mal daran erinnern.«

Ein klarer Fall von lebenslanger Amnesie infolge schwerster Schädigung im Schädel-Hirn-Bereich.

Pipikacka – rundum sicher

Sicherlich das leckerste Thema im Kosmos Kindergarten: **Pipikacka**. Auch darum machen unsere Helis gern ein irres Gewese.

Eine Erzieherin erzählt ratlos:

»In unserer Kita betreuen wir einen Jungen, der bei uns wahrscheinlich nie sein großes Geschäft machen wird – weil seine Eltern nicht zur Stelle sind. Er fordert, dass wir sie anrufen, damit sie ihm den Po abwischen.«

Eine Kollegin ergänzt:

»Wochenlang spielte sich bei uns im Kindergarten das gleiche Drama ab. Es ging um Leon, drei Jahre alt, und seine Körperausscheidungen. Die Mutter möchte los, gibt Leon aber immer die Chance, den Abschied noch mal hinauszuzögern. Dafür hat sich Leon etwas ganz Feines überlegt:

Mutter: ›So, mein Schatz, ich geh jetzt.‹
Leon: ›Ich muss aber noch mal.‹
Mutter: ›Aber du hast zu Hause doch schon Pipi gemacht.‹

Leon: ›Ich muss Kacka.‹

Mutter: ›Ach so. Okay, ich bring dich noch zur Toilette.‹

Leon: ›Ich will eine Windel.‹

Mutter: ›Och, Leon! Das haben wir doch besprochen. Du bist doch schon so groß. Kannst du nicht auf die Toilette gehen, bitte?‹

Leon: ›Nein. Windel.‹

Mutter: ›Wirklich jetzt? Ich muss eigentlich echt los. Ich bring dir auch ein Naschi mit beim Abholen.‹

Leon: ›Ich muss aber jetzt!‹«

Das Ende der täglichen Diskussion: Leon setzt sich durch, die Mutter zieht Leon im Wickelraum eine Windel an, obwohl der längst keine mehr braucht. Und weil wir Erzieherinnen uns weigern, Leon sauberzumachen, bleibt die Mutter auch noch die folgenden zehn Minuten da und wartet das Geschäft ab.«

In einem anderen Kindergarten sollten – aus Sicht der Eltern – die Kinder selbst entscheiden dürfen, wann ihnen die Windel gewechselt werden sollte:

»Die Kinder sollten nicht gegängelt, sondern als Partner auf Augenhöhe behandelt werden. Deshalb durften wir Erzieherinnen ihnen nur dann eine neue Windel anziehen, wenn ein Kind von sich aus mit diesem Wunsch kam. Wir sprechen hier von Ein- bis knapp Dreijährigen, denen die Verantwortung für eine trockene Windel aufgedrückt wurde.«

Bei den Entscheidungen, die Premium-Kids treffen können, ist alles denkbar. Kinder sollen über Urlaubsreisen, Konsumgegenstände und Speisepläne mitbestimmen – sogar über den Autokauf. Man glaubt es kaum, aber die Hälfte der Autokäufer mit Kindern lassen sich von Sohn oder Tochter bei ihrer Wahl beeinflussen, fand das Marktforschungsinstitut *Puls* heraus. Und dann gibt es noch die Helikopter mit Luxusausstattung, Marke: Alles nur vom Feinsten. Beziehungsweise: **Alles feinstens durchgeplant**, vom passenden Kinderlied zum jeweiligen Zeitpunkt bis hin zum Babypups. Ernsthaft. So geschah es einer Nanny:

»Ich habe selbst drei Kinder großgezogen und schon viele andere Kinder betreut. Als ich eine neue Stelle antrat, erhielt ich von der Mutter eine mehrseitige schriftliche Anleitung zum Umgang mit ihren beiden Kindern; die Tochter war drei Jahre alt, der Sohn fünf Monate. Sie hatte unter anderem genauestens vermerkt, zu welcher Uhrzeit ich mit welchem Kind welches Lied zu singen hätte: Zwischen 6:30 Uhr und 7 Uhr stand ›Morning has broken‹ auf dem Programm. Um 8:30 Uhr dann ›Grün, grün, grün sind alle meine Kleider‹. Außerdem hatte die Mutter detailliert aufgeschrieben, wann das Baby wo und wie beschäftigt werden sollte, zum Beispiel sollte es zwischen 9:30 Uhr und 11:30 Uhr ›auf einem Ball rollen‹, ›Sachen greifen‹ und ›auf der Matratze spielen‹. Sie trug mir auf, was ich mit den Kindern im Auto zu reden hätte, wann wir im Garten spielen sollten und wann welches Kind Milch trinken dürfe. Sogar wo das Baby zu liegen hätte, wenn ich dem älteren Kind Abendessen zubereite, hatte sie notiert: im Wippstuhl. Natürlich hatte die Mutter auch längst bildungsgerechte Spiele entwickelt, die ich nun mit der Dreijährigen umsetzen sollte, wie: ›Lass uns überlegen, ob wir im Garten ein Wort für jeden Buchstaben finden.‹ Und: ›Jeden Tag Keime in der Erde angucken‹. Dazu der Kommentar: ›Das sind Anregungen, so dass Du auf ein paar Ideen zurückgreifen kannst, wenn Du den Tag planst oder Ihr gerade dabei seid, gemeinsam den Tag zu gestalten. Natürlich funktioniert das Ganze am besten, wenn Du auch Freude daran hast.‹«

Traurig, aber wahr. Und wer jetzt glaubt, dass es sich dabei nur um eine Phase in der elterlichen Entwicklung handele, der irrt leider. Denn in der **Schule** wird es nicht besser. Sondern schlimmer.

freilaufendes
Schulkind

H&B

Der Schulweg: You'll never walk alone

Rechts und links öffnen sich Autotüren, Kinder mit Schulranzen über der Schulter springen heraus, bahnen sich im Dunkeln ihren Weg zwischen anderen Autos hindurch, die auf dem Gehweg parken oder rangieren. Abgasschwaden verpesten die Luft, ständig müssen auf der schmalen Straße Autos einander ausweichen. Eine Mutter hupt ungeduldig.

Szenen wie diese passieren in Deutschland jeden Morgen, es kommt sogar immer wieder zu Rangeleien und Strafanzeigen. Laut einer ADAC-Studie machen sich nur rund 50 Prozent der Schüler eigenständig auf den Weg zur Schule. Vor 40 Jahren waren es noch über 90 Prozent. Und das, obwohl die Zahl der tödlichen Unfälle im Straßenverkehr – gerade bei Kindern – extrem gesunken ist. Was da los ist? Es herrscht Helikopter-Invasion. Eltern, die ihre achtjährigen Kinder an der Hand bis an die Klassentür bringen – obwohl Lehrer sie längst gebeten haben, dies nicht zu tun. Die ihren Schulkindern dort »nur noch schnell« die Hausschuhe anziehen. Eltern, die Sachen von sich geben wie: »Wer will sein Kind schon in der Opferstatistik sehen, egal wie niedrig die ist?« Oder: »Die Sicherheit und Gesundheit meiner Kinder sind nicht verhandelbar, daher bringe und hole ich sie mit dem Auto ab, solange sie das selbst nicht ablehnen. Im Übrigen kann ich nicht nachvollziehen, wie der Transportmodus auf dem Schulweg die Entwicklung der Selbständigkeit behindern soll.« Hm. Wir schon.

Verkehrschaos: »Noch hat Ihr Mann die Straße nicht gekauft!«

Das Phänomen »Elterntaxi« und die von Soziologen »Generation Rücksitz« genannten kleinen Fahrgäste beschäftigen Experten bundesweit. »Schuld daran sind häufig nicht etwa schlechte oder weite Schulwege, sondern die Eltern, die ihre Kinder aus Angst vor Unfällen und Übergriffen, aus Gewohnheit oder Bequemlichkeit mit dem Auto direkt bis vor das Schultor fahren«, sagt der ADAC. Besonders Grundschulen sind betroffen, und das Absurde daran: Dass morgens so viele Eltern im Auto unterwegs sind, macht Schulwege laut Verkehrsexperten erst gefährlich.

Ein Vater erzählt:
»Kommt man zu Schulbeginn oder Schulschluss an unserer Stadtteilgrundschule vorbei, kann man Spannendes beobachten. Die 30-Zone wird ignoriert, weil ja jeder immer spät dran ist. Geparkt wird in der Feuerwehrzufahrt. Ist das Kind abgesetzt, fährt man ohne große Umsicht, aber in umso größerer Eile rückwärts

auf die Straße – das sind regelmäßig knappe Manöver, sowohl mit anderen Autos als auch mit Passanten. Und dann, beim Wegfahren, interessiert sich natürlich auch niemand fürs Tempolimit.«

Ein Elternbeiratsvorsitzender aus Baden-Württemberg berichtet von »regelrechten Wildwestszenen« vor der Schule. »Es kommt zu Beinahe-Kollisionen, aggressiven Beleidigungen und auch Beinahe-Handgreiflichkeiten.« Manche Eltern verteilten bereits selbstgefertigte Strafzettel.

Manchmal muss sogar tatsächlich die **Polizei** gerufen werden – doch selbst die kommt gegen Helikopter-Eltern nicht an. Besonders bemerkenswert ist, wie rücksichtslos Eltern sich gegenüber anderen Schulkindern verhalten – also genau solchen Wesen wie dem, das sie gerade wie ein rohes Ei bei seinem Lehrer abgeliefert haben.

Wenn nicht mal Bußgelder helfen – eine Mutter erzählt:

»An unserer Grundschule gibt es direkt am Haupteingang eine Fußgängerampel. Die wenigen Kinder, die zu Fuß oder mit dem Rad kommen dürfen, nutzen diese Ampel. Jeden Morgen um kurz vor 8 Uhr gibt es dort allerdings ein Verkehrschaos, weil Eltern – vorwiegend Mütter – ihre Kinder auch bei grüner Ampel aus dem Auto aussteigen lassen. Der Seitenstreifen ist zudem oft von Eltern blockiert, die auch noch aussteigen, um ihre Kinder in die Klasse zu bringen – wobei sie selbstverständlich deren Ranzen tragen. Die Schulleitung appellierte lange an diese Helikopter-Eltern und versuchte ihnen klarzumachen, dass es verboten ist, auf diese Art an der (grünen) Ampel zu halten, und dass dies auch gefährlich für die Kinder ist. Da die Eltern jedoch nicht einsichtig waren und sich die Verkehrssituation immer weiter verschärfte, wurde die Polizei eingeschaltet. Zwei Schutzpolizisten winkten nun wochenlang die Autos energisch weiter, selbst das wurde oft ignoriert: ›Ich wollte doch nur...‹, ›Mein Sohn muss aber zur Schule‹, ›Ich mach das schon immer so‹ und teilweise sogar erbost oder frech kommentiert ›Interessiert mich nicht‹, ›Sie machen dem Kind ja Angst!‹, ›Ich zeige Sie an, wenn Sie das Auto nicht loslassen‹. Schließlich wurden sogar Bußgelder verhängt. Der Effekt hielt etwa zwei Wochen an, dann ging das Spiel wieder von vorne los.«

Viele Schulen. etwa in Aachen, Mainz oder Karlsruhe, haben inzwischen sogenannte **Kiss-and-Go-Zonen** ausgewiesen, in denen Eltern sicher anhalten und ihre Kinder zu einem Restfußweg aussteigen lassen können. Der ADAC empfiehlt, dass diese Zonen mindestens 250 Meter Abstand zum Schuleingang haben sollten. Doch das ist aus Sicht vieler Helikopter-Eltern unzumutbar.

Vorschlag eines Vaters in der Elternratssitzung:
»Bei dem Verkehrschaos hier morgens vor der Schule stelle ich den Antrag, dass wir auf dem Lehrerpark-

platz eine Aus- und Einsteigespur für Schüler ein-
richten.«

**Eine Mutter erzählt von den wahren Prioritäten
der SUV-Helikopter-Eltern:**

»Wir wohnen sehr ländlich, mit einer kleinen, be-
schaulichen Grundschule. Bei einem Elternabend bat
die Klassenlehrerin, nicht auf den Schulhof zu fahren
und die Kinder nicht direkt an der Tür aussteigen zu
lassen, da dies alle Kinder gefährdet. Unser Schulhof
ist ungefähr 15 mal 15 Meter groß. Daraufhin ent-
brannte eine hitzige Diskussion. Jedoch nicht –
wie zu erwarten – über die übertriebene Fürsorge
mancher Eltern. Nein, es wurde diskutiert, wie man
am besten Parkplätze auf dem Schulhof einzeichnet.«

Und wenn gar nichts mehr hilft, muss man manchmal seinem Ärger öffentlich Luft machen. So wie ein Vater aus
Hamburg, der zu Beginn des Schuljahres diesen Zettel vor
die Grundschule hängte:

»Liebe Muddis, schön, dass die Schule wieder anfängt
und Sie Ihre Geländewagen wieder vorfahren/-führen
können und endlich wieder eine sinnvolle Tätigkeit
haben. Bitte achten Sie beim Parken jedoch darauf,
andere Verkehrsteilnehmer ob Ihres eigenen Fehl-
verhaltens nicht zu beschimpfen und zu behindern.
Noch hat Ihr Mann die Straße nicht gekauft.«

Mit dem Fahrrad, mit dem Bus oder zu Fuß? OH, MEIN GOTT!

Experten empfehlen, jüngere Kinder in der Gruppe zusammen zur Schule laufen zu lassen, am Anfang gern noch begleitet von Erwachsenen. So lernen die Schüler, sich im Straßenverkehr zu bewegen, sind an der frischen Luft und können sich dabei mit Freunden unterhalten. Doch leider sind Fußwege genauso wie Fahrräder oder öffentliche Verkehrsmittel aus Sicht unserer Helikopter-Eltern extreme Gefahrenquellen. »Es ist wirklich erschreckend, wie viele Kinder auch in der 4. Klasse noch täglich abgeholt oder gebracht werden«, berichtet eine Lehrerin. Und eine Mutter ergänzt:

> »Wegen solcher Helis ist die Laufgruppe zur Schule gescheitert, da diese Eltern den Kindern heimlich gefolgt sind, um uns anderen Eltern dann über WhatsApp alle Vergehen zu schildern – natürlich nur die der anderen Kinder.«

Eine andere Mutter hat viel gelernt über die Gefahren des Radfahrens:

»Meine Tochter ist 13 Jahre alt und fährt jeden Tag

mit dem Rad zur Schule. Auf dem Weg trifft sie immer mal wieder eine Freundin aus der Grundschulzeit. Diese darf nicht allein mit dem Rad zur Schule fahren. Gehen darf sie allein. Wenn sie mit ihrer Mutter zur Schule fährt, muss sie nicht nur einen Helm tragen, sondern auch einen Rückenprotektor, wie man ihn vom Skifahren und Reiten kennt. Das Mädchen fährt eher selten mit dem Rad zur Schule.«

Diese Lehrerin weiß: Bus ist genauso schlimm!

»Zu Beginn des Schuljahres rief ein Vater an: Seine Tochter würde morgen das erste Mal den Bus nehmen. Ob ich sie nach der Schule zur Bushaltestelle bringen könnte. Unsere Schule liegt in einem sehr ruhigen Wohnviertel, und um zur Haltestelle zu gelangen, muss man lediglich 20 Meter auf die andere Straßenseite einer 30-Zone gehen. Nach einer Woche hat die Familie jedoch beschlossen, dass der Bus doch nicht das Richtige für das Mädchen ist. Seither holt der Vater seine Tochter täglich ab, direkt aus dem Raum der Schulbetreuung – zur Belustigung der anderen Fünftklässler.«

Zwei entgeisterte Eltern berichten:

»Unsere Kinder fahren in der Gruppe mit dem Rad zur Schule, und dabei gibt es für uns nur eine Ausnahme: wenn es stark regnet. Nieselregen zählt nicht dazu, Kälte auch nicht. Aber dummerweise klingelt morgens um 7 Uhr das Telefon, wenn auch nur ein Tröpfchen zu sehen ist oder die Temperatur unter 3 Grad liegt, und

Mamis melden sich, die bereitstehen für eine Fahrt mit dem Auto. Die andere Tour sollen wir dann übernehmen. Da stehen wir immer blöd da, wenn wir absagen: Böse Eltern! Wir wollen unsere Kinder aber nicht zu Weicheiern machen.«

»Ein Nachbar fährt seinen zehn Jahre alten Sohn jeden Morgen mit dem Auto zur Schule, die 150 Meter entfernt in der Nebenstraße liegt. Der Grund: Der Junge müsste eine Straße überqueren.«

Ein Lehrer schildert seine Eindrücke:
»Kurz vor der Einschulung der neuen Erstklässler gab es einige besorgte Mütter, die unbedingt eine Nachmittagsbetreuung in jenem Hort haben wollten, der zufällig bei uns im Schulhaus untergebracht ist. Als ich erklärte, dass dort kein Platz garantiert werden könne, es aber mehrere andere Horte in nächster Nähe – kaum 30 Meter von der Schulpforte entfernt – gebe, waren die Mütter ganz verzweifelt und rangen um Fassung: ›Nein, also das geht überhaupt nicht! Mein Kind kann doch nicht allein gehen!‹ Ich sagte: ›Es ist gleich nebenan. Und die ersten Tage werden die Kinder abgeholt.‹ Die Mütter: ›Ja, und dann?! Nein, das ist unmöglich! Mein Kind!‹«

An Mamas Hand
bis ins Klassenzimmer

Ja, loslassen ist schwer. Aber spätestens mit Schulkindern sollten auch Eltern tapfer sein. Doch Helikopter kriegen das kaum hin. An der Eingangstür einer Grundschule hängt ein großes Hinweisschild für die Eltern: »Ab hier können wir es alleine. Die Kinder«. Eine andere Schule soll auf dem Weg zu den Klassenzimmern Stoppschilder aufgestellt haben: »Noch 25 Meter, bis Sie Ihr Kind loslassen müssen«, »Noch 10 Meter bis zum Loslassen«, »Spätestens hier Ihr Kind loslassen«. Kein Wunder, bei solchen Eltern:

»In der Grundschule meines Sohnes durften die meisten Kinder nicht allein zur Schule gehen, sondern wurden gebracht und wieder abgeholt. Morgens gingen die Mamas bis zur Klassenzimmertür mit und zogen den Kleinen die Hausschuhe an. Und das, obwohl die Klassenlehrerin mehrmals gebeten hatte, dies zu unterlassen, da so den Kindern das Abnabeln zusätzlich erschwert würde.«

Eine Lehrkraft kämpfte vergeblich um ihr »Hausrecht« in der Klasse:
»Die Klassentür war bereits zu, doch trotz Aufforderung weigerte sich eine Mutter, sofort die Klasse zu verlassen – mit dem Argument: ›Ich muss meinem Sohn NUR noch die Hausschuhe anziehen und bin

dann GLEICH weg. Oder wollen SIE, dass er sich erkältet?‹ Alter des Sohnes, der sich bei der Aktion auch nicht wohl fühlte: fast zehn Jahre.«

Und hier noch einige Berichte belustigter oder entsetzter Eltern:

»Eine Mutter ging während der ersten Klasse ihres Sohnes jeden Tag noch mit ins Klassenzimmer und baute für das Kind die Schulsachen ›richtig‹ auf – und das, nachdem sie dem Kind die Hausschuhe angezogen und die Schultasche getragen hatte. Auf die Bitte der Lehrerin, dem Kind mehr Selbständigkeit zu ermöglichen, entgegnete die Mutter: ›Lassen Sie mich! Nur ich weiß, was für mein Kind am besten ist!‹«

»Wir wohnen in unmittelbarer Nähe einer Grundschule und sehen tagtäglich die tollsten Geschichten. Da ist zum Beispiel der Vater, dessen Tochter mit dem Fahrrad oder Roller vorausfährt, und er versucht – schwer bepackt mit dem Ranzen und Turnbeutel – die Geschwindigkeit zu halten.«

»Regelmäßig fällt mir eine Mutter auf, die die Schulranzen ihrer zwei Töchter bis vors Schulhaus trägt. Eines Tages – die beiden sind schon in der zweiten und vierten Klasse – spreche ich sie humorvoll darauf an: ›Was für ein Komfort für die Kinder, dass die Mama die Ranzen trägt!‹ Sie entgegnet fassungslos und ernst: ›Die Kinder sind am Morgen noch so müde, dass sie ihre Ranzen unmöglich allein tragen können!‹«

»Bei uns in der Nachbarschaft wohnt eine Familie mit zwei Kindern. Der Sohn besucht die vierte Klasse, die Tochter die zweite. Die Mutter bringt morgens zusammen mit ihrer Tochter den Sohn in die Schule, geht dann mit der Tochter wieder nach Hause und macht denselben Weg noch mal, wenn sie 45 Minuten später ihre Tochter zur Schule bringt. Auf meine Nachfrage, warum sie so große Kinder zur Schule begleite, sagte sie nur: ›Weil sie es gerne möchten.‹ Ich finde es sehr schade, wenn Eltern ihren Kindern die Erfahrung rauben, auf dem Schulweg zu bummeln und zu spielen. Ich habe genau das damals sehr genossen: Man konnte etwas erleben, spielen und klönen und Quatsch machen.«

Quatsch machen? Bloß nicht! Das Leben ist ernst und gefährlich. Vor allem die Schule. Das nächste Kapitel dreht sich um **Helikopter-Eltern in Klassenzimmern**.

In der Schule: Jeder blamiert sein Kind, so gut er kann

»Normalerweise läuft unsere Tochter mit Freundinnen zur Schule.« So begann ein Vater seine Erzählung über ein Erlebnis mit Helikopter-Mamas, das ihn nachhaltig irritiert hat: Einmal habe er seine Tochter ausnahmsweise hinbringen müssen und am Schuleingang zwei weinende Mütter getroffen. »Die erste hat geweint, weil ihre Tochter Unterricht bei einer Lehrerin hatte, die sie nicht mag, und sie ihr als Mutter nicht beistehen könne – und die andere hat dann beim Anhören dieser Schilderung begonnen, mitzuweinen.« Und das ist längst nicht alles. Es gibt Schulen, die Briefe an die Eltern schreiben müssen, damit diese nicht mehr während der Schulstunde am Fenster stehen und winken. Es gibt Eltern, die selbst Lateinstunden nehmen, um mit ihrem Kind die Hausaufgaben machen zu können. Es gibt Elternkreise, die einen Lehrer von der Schule schmeißen lassen wollen, weil er zu ihren Kindern gesagt hat: »Ihr habt wohl Erbsen im Kopf.« Dieses Kapitel handelt von den absurden Forderungen, die Eltern an die Lehrer ihrer Kinder stellen, von der Zumutung, die »engagierte Eltern« für den Rest der Elternschaft bedeuten, und von Vätern, die per

Gerichtsbeschluss mit auf Klassenreise fahren wollen. »In meiner Schulzeit gab es so was nicht«, schreibt eine Leserin. »Irgendetwas muss in den letzten zehn Jahren mit Kindern und Eltern passiert sein.«

Und tatsächlich: Dass sich etwas verändert hat zwischen den Eltern und ihren Kindern, zwischen den Lehrern und den Eltern und damit auch zwischen den Lehrern und den Schülern, ist offensichtlich. Vereinfacht könnte man sagen: Früher haben Eltern bei einer schlechten Note ihr Kind zurechtgewiesen, heute schimpfen sie mit dem Lehrer. Ja, es gibt solche Eltern, die überzeugt sind, dass ihre Brut immer alles richtig macht und entsprechend niemals kritisiert werden darf. »Gerade letzte Woche hat eine Mutter zu mir gesagt: ›Wer sind Sie? Sind Sie nur eine Lehrerin oder sind Sie Gott, dass Sie meinem Sohn sagen, was er zu tun hat?!‹«, berichtete eine fassungslose Pädagogin.

Auf der anderen Seite gibt es Eltern, die zwar nur das Allerallerbeste für ihre Kinder wollen, die sich aber dabei weder selbst anstrengen noch bei ihren Kindern unbeliebt machen wollen, die also nicht erziehen wollen. So erzählte uns ein Lehrer von einer 12-jährigen Schülerin, die zu Beginn des neuen Schuljahres drei Wochen am Stück in jeder Mathestunde rummotzte, dass Mathe »scheiße und völlig unnötig« sei. Der Lehrer bat daraufhin ihre Eltern im Anschluss an den ersten Elternabend um ein Gespräch und erklärte ihnen, dass es so nicht weitergehe. Darauf meinte die Mutter nur: »Aber wir werden unserer kleinen Prinzessin nicht den Mund verbieten. Sie sind der Lehrer, Sie kommen damit bestimmt klar!« Ähnlich erging es der Lehrerin, die von Eltern gesagt bekam: »Aber fürs Formen meines Kindes sind Sie zuständig!«

Viele Eltern betrachten Lehrer als Dienstleister, die zu springen haben, wenn die Kinder – oder die Eltern – rufen. So bat eine Mutter die Lehrerin ihres Kindes sogar darum, während der Schulzeit mit ihm zum Arzt zu gehen. Ansprüche wie diese spiegeln den mangelnden Respekt vor der Arbeit und Anstrengung, die Lehrer leisten, und vor den Anforderungen des Systems Schulklasse, wo das einzelne Kind sich in die Gruppe einfügen muss. Den Kindern selbst fällt das meist gar nicht so schwer – aber manche Eltern empfinden den Gedanken, dass die Bedürfnisse ihres Prinzchens oder Prinzesschens sich für ein paar Stunden am Tag denen der Gemeinschaft unterzuordnen haben, als unerträgliche Zumutung.

Und häufig fehlt es auch an selbstverständlicher Rücksichtnahme: So bat die Klassenlehrerin einer 4. Klasse auf dem Elternabend die Eltern darum, ihr nicht wie im vergangenen Jahr einen selbstgebastelten Adventskalender zu schenken. Das sei ja nett gemeint, aber sie wolle so ein Ding einfach nicht. Das kann man etwas undankbar und unhöflich finden von der Lehrerin – respektieren sollte man diesen Wunsch einer erwachsenen Frau hingegen schon. Was aber schrieb die Elternvertreterin am folgenden Tag als Rundmail?

»Liebe Eltern, obwohl Frau XY gestern vehement abgelehnt hat, finden wir, dass sie trotzdem unbedingt einen Adventskalender bekommen sollte! Bitte schickt mir alle bis zum XY Euren Beitrag für einen Tag! LG«

»Bitte nachts keine WhatsApp-Nachrichten von euren Kindern« – Highlights vom Elternabend

»Einen Gin Tonic, bitte.«
»Das ist ein Elternabend!«
»Ach ja, natürlich! Dann lieber einen doppelten.«

So geht ein Witz, der bei Twitter vielen Menschen gefällt. Tatsächlich graut es nicht nur Eltern vor den Abenden in den Klassenzimmern ihrer Kinder, sondern auch vielen Lehrern. Denn jedes Jahr treten sie aufs Neue an: die Besserwisser, die Ängstlichen und die Überbehüter. Und ein starker Drink scheint wirklich vonnöten, wenn es überall so abläuft wie bei dieser Anti-Helikopter-Mutter:

>»Die Schule veranstaltet den üblichen dreistündigen Elternabend. Es werden ausschließlich Informations- und Organisationsdinge abgehandelt, bis zur kleinsten sinnlosen Detailfrage. Auf Wunsch einiger Eltern wird alles zusätzlich schriftlich verteilt. Die zu bestellenden Bücher für das nächste Schuljahr, drei an der Zahl,

werden extra auf einem blauen Zettel herausgegeben und samt ISB-Nummer trotzdem noch einmal vorgelesen – so als wären wir Eltern die Zweitklässler. Und am nächsten Tag schickt eine Mutter ihre Mitschrift per WhatsApp an alle und fragt, ob das alles korrekt und vollständig sei.«

Doch wer davon schon genervt ist, darf an die anderen Eltern und ihre Wortbeiträge gar nicht erst denken, wie an den, von dem dieser Vater erzählt:

»Es war der ›nullte Elternabend‹ meiner Tochter, also der erste Elternabend für die neuen Erstklässler, noch bevor sie überhaupt in die Schule kamen. Die Mutter eines kleinen Mädchens fragte ernsthaft: ›Wann kann ich eigentlich sagen, neben wem meine Tochter auf keinen Fall sitzen darf?‹«

Ein anderer Vater erinnert sich:
»Eine Mutter war völlig entrüstet darüber, dass die Grundschule ihrer Tochter, die damals die zweite Klasse besuchte, kein Chinesisch angeboten hat. Dies sei doch schließlich der für uns entscheidende Markt, meinte sie.«

Auch die mittlerweile zur Ersatzreligion gewordene Sorge ums Essen endet natürlich nicht mit der Kindergartenzeit, wie diese Eltern berichten:

»Ein Vater interessierte sich sehr für das Mittagessen in der Grundschule: ›Ist das Essen denn auch Bio? Wer ist der Caterer? Wie oft in der Woche gibt es Fleisch?‹«

»Elternabend in der 3. Klasse. Beim Thema Pausengetränke wetterte eine Mutter vehement gegen Kakao: ›Zu süß, völlig ungesund, trinken wir zu Hause auch nicht – und wie soll ich meinem Kind denn erklären, dass in der Schule andere Kinder Kakao trinken und mein Kind nur Milch bekommt?‹«

Das Fazit eines dreifachen Vaters: »Viele Eltern haben heute jegliches Augenmaß beim Behütungsgrad verloren.« Scheint so.

Ein anderer Anti-Helikopter-Vater hat sich mächtig in die Nesseln gesetzt:
»Einmal im Jahr feiert die Klasse meines Sohnes ein Sommerfest. Ab Mai sind die Eltern emsig damit beschäftigt, den Ort und den Ablauf der Feier akribisch zu planen. Als die Schüler 15 Jahre alt waren, regte ich in einer Rundmail an, dass man die Kinder fragen sollte, ob die Gegenwart der Eltern noch erwünscht sei. Außerdem könne man den Heranwachsenden durchaus zutrauen, eine Feier ohne Eltern zu veranstalten. Auf dem nächsten Elternabend wurde ich regelrecht attackiert. Das Sommerfest sei ja auch ›unsere‹ Feier, hieß es. Als ich entgegnete, dass ich

kein Helikopter sei, der sein Kind ständig bewachen müsse, war die Stimmung endgültig verdorben. Bis auf ein oder zwei Elternpaare, die auch meiner Meinung waren, sprach niemand mehr mit mir; auch Informationen flossen nur noch spärlich. Das Sommerfest fand weiterhin mit Eltern statt. Die Lehrer haben aber im Unterricht das Thema Helikopter-Eltern durchgenommen – immerhin.«

Ein interessantes, wenn auch unfreiwilliges Beispiel fehlenden Durchsetzungsvermögens gaben Eltern, die bei einem Elternabend der 9. Klasse eines Gymnasiums die anderen Eltern baten, zu Hause mehr durchzugreifen:

»Wir möchten euch bitten, darauf zu achten, dass eure Kinder nachts keine WhatsApp-Nachrichten mehr schicken. Unser Junge kann nicht schlafen, wenn das Handy dauernd piept und er immer lesen muss.«

Eigentor des Monats, würden wir sagen.

Klassenreise: »Und wie kommen wir Eltern dahin?«

Ein, zwei, drei oder gar mehr Nächte ohne die Eltern, dafür mit allen Klassenkameraden, in Stockbetten, mit Schlafsäcken, viel Cola und wenig Schlaf – wie aufregend! Dumm nur, dass Eltern von heute noch aufgeregter sind als ihre Kinder, wenn beim Elternabend das Wort »Ausflug« oder gar »Klassenfahrt« fällt. Für hysterische Helikopter-Mütter wird dann ihr größter Alptraum wahr. In ihrer Weltsicht handelt es sich dabei um gezielte Mordanschläge gegen ihr Kind. Busfahrten, Wanderungen und vor allem die Abwesenheit von Mutti beim Gutenachtsagen – das kann doch nur schiefgehen. Ein Vater hat die aufsteigende Panik live miterlebt:

> »Auf dem Elternabend einer 4. Klasse wurde deren erste Klassenfahrt besprochen. Die Kinder sollten drei Tage in einer Jugendherberge übernachten. Eine Mutter war völlig fassungslos, als die Klassenlehrerin darlegte, dass
>
> 1. ... nur zwei Lehrerinnen die Klasse begleiten würden und keine Eltern. Denn diese Mutter hatte sich schon fest als Begleitung eingeplant.
>
> 2. ... die Kinder keine Mobiltelefone mitnehmen dürften, wodurch diese Mutter ihre Tochter nicht dauernd erreichen könnte.
>
> 3. ... die Kinder nur im Notfall zu Hause anrufen

sollten, weil Heimweh – nach Erfahrung der Lehrerin –
durch solche Anrufe eher gefördert würde.

4. ... es nicht gerne gesehen würde, wenn sich die
Mutter gegenüber der Jugendherberge einquartiere,
um regelmäßigen Kontakt mit ihrer Tochter zu pflegen. Von diesem Plan konnten wir anderen Eltern die
Mutter tatsächlich nur mit Mühe abbringen.«

Aber Väter sind auch nicht besser:
»Elternabend einer 4. Klasse, Diskussionspunkt: Wie
gelangen die Kinder zur Unterkunft der bevorstehenden Klassenfahrt? Wir Eltern einigten uns darauf,
einen Bus für alle zu mieten, damit wir die Kinder
nicht chauffieren müssen. Als alles geklärt schien,
fragte ein Vater: ›Und wie kommen wir dahin?‹
Er hatte wirklich gedacht, die Eltern fahren mit auf
Klassenfahrt.«

Mit auf Klassenreise möchten Eltern auch dann noch
fahren, wenn ihre Kinder bereits geschlechtsreif sind – und
tun es sogar:

Letzter Ausweg: Die »vergessene« Zahnbürste
»Als mein Sohn in die 7. Klasse ging, stand eine zwei-
wöchige Klassenreise an. Vorher wollten einige Eltern
wissen, ob sie ihre Kinder besuchen oder vielleicht
sogar als Aufsichtsperson selbst mit auf die Reise
kommen könnten. Der Lehrer konnte das sehr diplo-

matisch abweisen. Allerdings sind dann doch einige Eltern hinterhergereist, weil ihre Kinder etwas vergessen hatten und die Eltern diese Dinge ganz dringend in die Jugendherberge bringen mussten.«

Ein Schulkind soll im Buggy umhergefahren werden, das andere erträgt es nicht, wenn Butter auf dem Frühstückstisch steht, das dritte soll von den Lehrern an seinen Toilettengang erinnert werden – manche Eltern tun so, als wären ihre Kinder Pflegefälle:

»Die zweite Grundschulklasse wollte einen Ausflug zu einem Freilichtmuseum machen. Die Kinder sollten auf der Freifläche umherwandern und die unterschiedlichen Bauernhäuser besichtigen. Als Elternsprecherin begleitete ich die Schulklasse an diesem Tag.
Kurz vor der Abfahrt des Busses kam eine Mutter mit ihrer Tochter und einer Kindersportkarre auf mich zu. Sie bat mich, ihre Tochter mit dem Buggy durch das Gelände zu schieben – weil das Mädchen langes Spazierengehen nicht gewohnt sei.«

Eine Mutter, die auf dem Land lebt:
»Die Grundschule unternahm einen Ausflug, der Bus sollte die Kinder um 16:35 Uhr wieder vor dem Hort abliefern, der um diese Zeit allerdings schon geschlossen hat. Einige Eltern konnten ihre Kinder allerdings erst um 16:45 Uhr abholen – und verlangten deshalb, dass der Hort für diese zehn Minuten länger geöffnet

bleiben solle. Weil sie es ihren Kindern, die sieben Jahre und älter waren, nicht zutrauten, in der Gruppe zehn Minuten lang auf dem Spielplatz neben dem Hort zu warten.«

Apropos Landleben:
»Eine befreundete Familie erzählte, dass sie übers Wochenende auf einen Bauernhof fahren wolle. ›Schön!‹, sagte ich – bis ich den wahren Grund erfuhr: Es handelte sich dabei um ebenjenen Bauernhof, auf den der achtjährige Sohn der Familie bald auf Klassenreise fahren sollte. Die Eltern wollten, dass sich der Drittklässler schon mal an den Ort gewöhnte, auch damit er auf der Klassenreise dann gut schlafen könne.«

In welch peinliche Situationen Helikopter-Eltern ihre Kinder oft bringen, ist ihnen offenbar überhaupt nicht bewusst. Von Hänseleien, denen »Muttersöhnchen« zwangsläufig ausgesetzt sind, scheinen sie nichts zu wissen, wie der Bericht dieses Lehrers nahelegt:

»Zwei Kollegen waren mit einer 6. Klasse auf eine Nordseeinsel gefahren. Am zweiten Tag, die Kinder hatten gerade gefrühstückt, saßen die Betreuer mit den Schülern draußen in der Sonne, um den Tagesplan zu besprechen, als ein Auto auf den Parkplatz der Unterkunft fuhr. Ein Elternpaar stieg aus, lief auf die Gruppe zu, begrüßte ihr eigenes Kind überschwänglich und sagte dann zum Klassenlehrer: ›Wir haben uns spontan entschlossen, hier auf der Insel ein paar Tage Urlaub zu machen und würden Jonathan gern für einen Tag mitnehmen. Er hat uns angerufen und erzählt, das Essen sei nicht wirklich lecker. Wir gehen deshalb mit ihm essen und bringen ihn heute Abend zurück. Also dann, tschü-hüüss.‹ Der Klassenlehrer bestand jedoch darauf, dass Jonathan bei der Gruppe bleibe. Nach einem etwa zehnminütigen Wortwechsel zogen die Eltern grimmig ab – ohne Jonathan, der recht verwirrt schien und die ganze Zeit abwechselnd seine Eltern und den Lehrer angeschaut hatte.«

Ein Sozialpädagoge erzählt von einem bizarren Erlebnis:

»Vor einigen Jahren begleitete ich die Klassenfahrt einer 5. Klasse eines Gymnasiums. Wir fuhren für zweieinhalb Tage in einen benachbarten Ort, 20 km entfernt von der Heimat. Die Mutter eines Jungen gab uns vor der Fahrt eine lange Liste mit Allergien und Unverträglichkeiten mit, dazu noch ein ›großes Blutbild‹ mit allen Laborwerten sowie dem Hinweis, ihr Sohn dürfe nicht mit den anderen Kindern zusammen essen, er könne sonst nichts essen. Wir sollten ihn vor oder nach den anderen Kindern essen lassen. Ebenso dürfe beim Frühstück keine Butter auf dem Tisch stehen, da er sich sonst übergeben müsse. Beim ersten Frühstück haben wir sogar darauf geachtet: Der Junge aß vor allen anderen, wir schickten ihn raus, und der Rest der Klasse frühstückte. Ergebnis: Er kam wieder rein, setzte sich zwischen die anderen, und es passierte nichts von dem, was die Mutter gesagt hatte.«

Ähnlich grotesk ist das, was dieser Lehrerin aufgetragen wurde:
»Wir planten einen Ausflug ins Schullandheim. Eine Mutter bat uns als Klassenleitung tatsächlich darum, ihre Tochter täglich daran zu erinnern, dass diese ›groß machen‹ solle. Das Mädchen war elf Jahre alt.«

Ein Vater erzählt ironisch:
»Der Elternabend vor dem lebensgefährlichen Klassenausflug der Halbwüchsigen ins 35 km entfernte Schullandheim war schon für sich schwer auszuhalten.
Ich bin alleinerziehend und habe daher niemals zu viel Zeit, hörte mir aber die Fragen und Einwände der Helikopter-Mamis geduldig an. Nach mehreren Stunden einigten wir uns schließlich auf ein paar einfache Regeln: maximal 30 Euro Taschengeld pro Kind und kein Handy. Am Abreisetag stand eine der Mamis mit Tränen in den Augen am Bus, während ihr übergewichtiger Sohn schnaufend einstieg. Später stellte sich heraus, dass der Junge – auf Anweisung seiner Mutter – drei Mobiltelefone und um die 150 Euro dabeihatte.«

Manche Eltern tragen ihren »Kleinen« buchstäblich den Hintern hinterher:
»Für eine Klassenfahrt nach Prag packten besorgte Eltern ihren im Durchschnitt 17-jährigen Kindern zur

Sicherheit reichlich Nahrungsmittel ein: Eistee, Kekse und so weiter. Einige Schüler und Schülerinnen hatten große Reisetaschen voller Verpflegung dabei. Doch kaum ein Schüler trug sein Gepäck selbst zum Bus.«

Allerdings muss nicht nur das Essen immer schmecken, auch die Unterkünfte müssen aus Sicht der Helikopter-Eltern standesgemäß sein, wie dieser Lehrer weiß:

»Ich fuhr mit meiner 6. Klasse auf Skifahrt nach Südtirol, die Busfahrt dauerte zwölf Stunden. Zehn Minuten nach unserer Ankunft reichte mir eine Schülerin ihr Handy – am anderen Ende: ihre Mutter. Das Dreibettzimmer, das ihre Tochter mit zwei Klassenkameradinnen bezogen hatte, sei ›zu dunkel, zu muffig, zu eng‹ und generell für ihre Tochter ›unzumutbar‹, teilte mir die aufgebrachte Frau mit. Sie sei vom Skifahren in St. Moritz bessere Quartiere gewohnt. Weil ich mich auf keine Diskussion einließ, involvierte die Mutter am nächsten Tag auch noch den Elternvertreter. Zum Glück besaß dieser Vater eine wirklichkeitsnahe Einschätzung von Klassenfahrten und glättete die Wogen.«

Ein Vater dreht frei:
»Auf einem Elternabend wurde die Abschlussfahrt einer neunten Klasse besprochen. Es sollte auf die Ostseeinsel Fehmarn gehen, doch ein Vater sprach sich rigoros und vehement gegen dieses Ziel aus.

Der Grund: Er kenne die Insel gut und wisse, dass es dort im Herbst schon recht stürmisch sein könne. Des Weiteren hätte er über Google Earth herausgefunden, dass die Schlafunterkunft der Jugendherberge mehr als hundert Meter vom Hauptgebäude entfernt liege, in dem die Mahlzeiten eingenommen werden sollten. Täglich mehrfach bei Wind und Wetter zum Essen zu gehen sei seiner Tochter nicht zuzumuten.«

»Verschieben Sie den Schüleraustausch« und andere absurde Forderungen an Lehrer

»Es gibt nicht viele Eltern, die sich gern und oft beschweren«, sagt ein Lehrer, »aber die wenigen sind im Kollegium bekannt.« Eine Lehrerin bestätigt: »Wahrscheinlich machen diese Helikopter-Eltern nur 20 Prozent aus, nehmen aber so viel Zeit und Energie in Anspruch, dass es sich wie 80 Prozent anfühlt.« Meist seien es die Mütter, die sich einmischen, erzählt eine andere Pädagogin. »Die fordern dann Dinge wie: ›Wir möchten, dass Sie weniger Gruppenarbeit machen.‹ Aber Unterricht kann man doch nicht wie im Restaurant bestellen.« Doch, genau so verhalten sich einige Eltern in der Schule: als wären sie in einem Clubhotel, *all inclusive* natürlich.

Das bedeutet dann auch, dass sich die Schule nach dem **Freizeitprogramm der Familie** zu richten hat. Das ist doch wohl das mindeste!

Ostsee statt Unterricht – Entschuldigungsschreiben einer Mutter:

»Da wir am Freitag an die Ostsee fahren, informieren wir Sie darüber, dass unsere Zwillinge nicht zur Schule kommen. Unsere kleine Tochter soll im Auto schlafen, wir möchten unseren ersten Urlaubstag genießen können, und das geht nur, wenn wir so losfahren, dass das Kind Mittagsschlaf im Auto hält.«

Ski-Urlaub statt Praktikum:

»Beim Elternabend wurde mitgeteilt, dass die Schüler ein Praktikum machen werden. Das Praktikum im dritten Jahr werde voraussichtlich auch in die ersten beiden Tage der Osterferien fallen. Daraufhin empörten sich gleich mehrere Eltern: Das sei eine Zumutung, da der Ski-Urlaub zu dieser Zeit fest eingeplant sei.«

Tischtennistraining statt Schulsport:

»Die Eltern eines 17-jährigen Gymnasiasten stellten einen Antrag, wonach der Sportkurs, der freitags um 14 Uhr begann, verlegt werden sollte. Der Grund: Der Junge habe im Anschluss daran noch sein Tischtennistraining, und ohne eine vernünftige Mahlzeit am

Mittag sei das zu viel. Ein Blick in den Stundenplan offenbarte allerdings, dass der Sohn freitags von 11.30 Uhr bis 14 Uhr freihatte. Daraufhin erklärte die Mutter, sie selbst sei aber erst gegen 14 Uhr zu Hause, so dass sie dem Sohn dann kein Essen machen könne. Mein Einwand, der Junge könne sich doch vielleicht selbst etwas zubereiten oder wenigstens aufwärmen, wurde mit großem Erstaunen zur Kenntnis genommen. Wir als Schule haben den Antrag dann abgelehnt.«

»Verschieben Sie den Französischtest!«

»Relativ am Anfang des Sommerhalbjahrs stand ein Französischtest in der 8. Klasse an. Es ging vor allem um Wiederholungen aus dem letzten Halbjahr. Am Tag des Tests erhielt ich eine E-Mail von einer Mutter. Darin bat sie mich, den Prüfungstermin zu verschieben – ihr Sohn habe sein Französischbuch übers Wochenende in der Schule vergessen und sich deshalb ›nicht adäquat auf den Test vorbereiten können‹. Den Termin für die gesamte Klasse verschieben? Das habe ich natürlich nicht gemacht und sie darauf hingewiesen, dass wir in der vergangenen Woche bereits ausreichend für die Prüfung geübt hätten und die Termine nicht zu ändern seien. Weitere E-Mails erhielt ich nicht mehr. Die Schulleitung aber schon.«

Ein Einzelfall? Nein, leider nicht:

»Zwei Tage vor einer angekündigten Klassenarbeit erhielt ich von Eltern eine E-Mail: Sie hätten das Gefühl, ihr Kind sei nicht ausreichend vorbereitet, und würden daher darum bitten, dass die Arbeit verschoben wird. Das tat ich nicht. Übrigens: Das Kind schrieb in der Klassenarbeit eine Zwei.«

Geburtstagsfeier statt Deutscharbeit?

»Eines Mittags erhielt ich eine E-Mail von einem Vater, sein Sohn habe demnächst Geburtstag und für diesen Tag die halbe Klasse zu einer Feier eingeladen. Nun gebe es leider ein Problem: Am Tag darauf werde ja die Deutscharbeit geschrieben. Die könne man doch getrost verschieben. Sonst sei die Laune des Geburtstagskinds und der Gäste – also der gesamte Geburtstag – verdorben. Ich antwortete freundlich, dass so etwas nicht möglich sei. Wenige Stunden später rief mich die Elternvertreterin an – mit just demselben Anliegen. Ich machte also auch sie darauf aufmerksam, dass ich wegen diverser Geburtstagsfeiern von 25 Zweitklässlern keine Arbeiten verschieben kann.«

Dass die Lehrerin und viele SPIEGEL-ONLINE-Leser diese Elternbitte als dreist, unverhältnismäßig und egozentrisch betrachten, können andere Eltern wiederum gar nicht nachvollziehen. Kritische Reaktionen wurden unter anderem so kommentiert:

»Da hat ein Kind Geburtstag. Die Feier ist von langer Hand geplant. Die halbe Klasse ist eingeladen. Schließlich macht die Lehrerin allen einen Strich durch die Rechnung und kündigt für den Tag darauf eine Klassenarbeit an. Wenn es terminlich nicht geht, dann geht es halt nicht, aber lieb zu fragen sollte doch erlaubt sein? Ich sehe nicht, wo das Problem sein soll.«

Nee, das sieht man auch nicht, wenn man die ganze Zeit nur Nabelschau betreibt. Und wenn dabei **das eigene Kind der Nabel der Welt** ist.

Jetzt ist Mami beleidigt:

»Ich unterrichte an einer Musikschule. Eines Abends, es war schon spät, versuchte eine Mutter, mich per SMS zu erreichen. Sieben Nachrichten. Es ging um die Unterrichtszeit im folgenden Schuljahr. Um 22:31 Uhr dann Nachricht Nummer acht: ›Ich verstehe überhaupt nicht, warum du dein Handy aushast. Ich dachte, dir würde etwas an XY liegen.‹«

Lohnt das überhaupt?

»Unsere Grundschule beginnt um 8.00 Uhr. Um zwanzig vor acht rief mich eines Tages eine Mutter an: ›Frau XY, was unterrichten Sie in der ersten Stunde?‹ – ›Warum wollen Sie das wissen?‹ – ›Ja, mein Kind schläft noch, soll ich es wecken?‹«

Eine Elternsprecherin bekommt beim Erzählen hörbar Schnappatmung:

»Eine Mutter fragte beim ersten Elternabend der Grundschule, ob es wirklich nötig sei, dass ihr Sohn um 8 Uhr in der Schule sein muss. Sie habe gerade so ein schönes Verhältnis zu ihm und würde die gemeinsame Zeit am Morgen ungern durch frühes Aufstehen zerstören.«

Wer jetzt denkt: »Na ja, das sind die Grundschuleltern, die müssen sich auch noch an die Schule gewöhnen«, der weiß nicht, was Berufsschullehrer erleben:

»Vor kurzem führte ich ein Gespräch mit einer 17-jährigen Schülerin und ihrer Mutter, da die Schülerin permanent zu spät kommt. Die Begründung der Mutter war, dass sie früh aus dem Haus müsse und niemand da sei, der ihre Tochter wecken könne. Den Wecker überhöre sie leider ständig. Sie arbeiteten aber an einer Lösung, die wohl die Großeltern involviert.«

Häufig involvieren Helikopter leider nicht nur sich selbst und den Rest der Familie – sondern versuchen auch **den Rest der Welt für die Belange ihres Nachwuchses ein-**

zuspannen. Allen voran natürlich: die Lehrerinnen und Lehrer.

»Sorgen Sie dafür, dass Paul sein Pausenbrot findet!«

»Für Notfälle (!) oder falls ein Kind spontan krank wird, habe ich den Eltern meine Handynummer gegeben. Folgende unglaubliche SMS bekam ich eines Tages von der Mutter eines Zweitklässlers: ›Pauls Pausenbrot habe ich draußen an seinen Garderobenhaken gehängt. Er hat es heute Morgen vergessen. Bitte sorgen Sie dafür, dass er es auch findet!‹«

Dabei muss man die Mutter wahrscheinlich noch für ihre Diskretion loben – wie wir weiter unten sehen werden, gibt es tatsächlich Eltern, die wegen so etwas in den Unterricht geplatzt kommen (und ihr Kind damit bis über beide Ohren blamieren). Manche Eltern scheinen schlicht zu vergessen, dass die Lehrer sich um mehr als ein Staatsoberhau…, äh: Kind kümmern müssen:

»Ich rief eine Mutter an, deren Kind während der Schulzeit so krank geworden war, dass es abgeholt werden musste. Ihre Reaktion: ›Können Sie nicht mit ihr zum Arzt gehen? Ich habe keine Zeit.‹«

»Wo ist die Jacke? Ich gehe jetzt zur Polizei!«

»Ich lief gut gelaunt vom Parkplatz in Richtung Schuleingang, wo ich direkt von einer Mama abgepasst wurde: Sie vermisste die Jacke ihres Sohnes. Schon seit mehr als 24 Stunden. Sie hatte ein Foto dabei und bat mich, ihr Problem mit dem Lehrerkollegium zu besprechen. Auf meine Bitte hin, noch zwei oder drei Tage zu warten, da die Dinge dann erfahrungsgemäß wieder auftauchen, schleuderte sie mir entgegen, dass sie sich nun auf den Weg zur Polizei machen werde, um Anzeige gegen unbekannt zu erstatten. Wegen Diebstahls. Pflichtbewusst zeigte ich jedem Kollegen das Foto. Der Schulleiter bat ebenfalls jeden, in seiner Klasse nachzufragen, da besagte Mutter auch an ihn eine seitenlange E-Mail bezüglich des ›Vorfalls‹ geschrieben hatte. Zwei Tage später war die Jacke wieder da. Ein Klassenkamerad hatte sie verwechselt, mit nach Hause genommen, und seine Mutter hatte es nicht sofort bemerkt.«

Dass solche Extrawünsche die Menschen unnötig Zeit, Nerven und Energie kosten, die ihren Kindern wichtige Dinge beibringen sollen, scheinen die Mamis und Papis zu verdrängen. Es geht sogar noch dreister:

»Als Lehrer muss man ja nachmittags nicht arbeiten. Können Sie da mal für Nachhilfe vorbeikommen? Ginge doch sicher auch kostenlos!«

Eine Klassenlehrerin erfuhr erstaunt, dass Eltern eine neue Sitzordnung erdacht hatten:
»Wir haben mit dem Therapeuten besprochen, dass XY

ab jetzt immer neben Ihnen sitzen soll, damit er sich besser konzentrieren kann.«

Haben Eltern mit so etwas Erfolg? Kommen sie damit durch? »Wenn Eltern viel Einfluss haben, kann es passieren, dass Lehrer auf ihre Wünsche eingehen«, berichtet ein Lehrer. »Bei unnötigen oder egoistischen Einwänden schalten viele Lehrkräfte aber auf Durchzug.« So wie in diesem Fall:

Einzelunterricht in Yoga
»Der Vater eines volljährigen Schülers trug mir auf, vor einer Prüfung mit seinem Sohn in ein stilles Zimmer zu gehen und mit ihm Atem- und Entspannungsübungen zu machen. Er reagierte ziemlich gereizt, als ich ihm sagte, dass dies nicht möglich sei, da es erstens von der Arbeitszeit abginge, ich die Klasse zweitens nicht ohne Aufsicht lassen dürfe, ich mich drittens nicht mit einem männlichen Schüler allein in einem Raum aufhalten dürfe und wir viertens nicht einmal eine Besenkammer übrig hätten, um so etwas durchzuführen.«

»Es reicht per Mail.«
»Könnten Sie uns bitte einmal wöchentlich darüber informieren, wie XY sich am Englischunterricht beteiligt hat? Es reicht per Mail.«

»Räumen Sie hinter meinem Sohn auf ...«
»Eine Mutter bat mich neulich, alle Übungsmaterialien

ihres Sohnes, die im Unterricht benötigt werden, nach der Stunde einzusammeln und dann regelmäßig zum Unterricht wieder mitzubringen. Ihr Sohn würde die Sachen immer verschlampen. Anmerkung: Ich unterrichte an einem Gymnasium.«

Wenn Eltern die Lehrer beauftragen, ihren Kindern die Sachen hinterherzutragen, ist das so frech, dass es hoffentlich nicht häufig vorkommt. Was allerdings weltweit an der Tagesordnung ist: Helikopter, die ihren Schulkindern die vergessenen Schulbücher, Sportsachen oder Schokoriegel bis ins Klassenzimmer bringen, und zwar mit einem Gesichtsausdruck, als handele es sich um überlebenswichtige Medikamente. »Leider geben Eltern ihren Kindern kaum noch Gelegenheit, Konflikte selbst zu lösen oder auch mal unangenehme Situationen auszuhalten und selbst einen Weg heraus zu finden«, beobachtet eine Pädagogin.

»Einmal hatte ein Schüler sein Pausenbrot vergessen. Mutti platzt ohne zu klopfen in die Klasse, sagt nicht ›Guten Tag‹ oder ›Entschuldigung‹, sondern gibt ihrem Sohn sein Brot und haut wieder ab.«

Steve Straessle hatte davon irgendwann genug. Zu Beginn des Schuljahres hängte der Leiter der Catholic High School for Boys in Little Rock im US-Bundesstaat Arkansas deshalb ein großes Stoppschild an die Eingangstür:

»Wenn Sie das vergessene Pausenbrot, Bücher, Hausaufgaben, Materialien und so weiter für Ihren Sohn abgeben wollen, dann kehren Sie jetzt bitte um und verlassen das Gebäude. Ihr Sohn wird lernen, seine Probleme auch ohne Sie zu lösen.«

Das Verbot der Material-Nachlieferung für die Schüler gelte schon lange, sagte der Schulleiter hinterher in einem Interview, es sei aber immer öfter missachtet worden – deshalb nun das Schild. Und: »Gerade Teenager setzen oft darauf, dass sie ihre Eltern anrufen, die dann vorbeikommen und alles in Ordnung bringen.«

Mein Kind verarscht mich – und ich raff es nicht!

Nicht nur Teenager wissen, wie sie ihre Eltern auf ihre Seite ziehen können. Auch jüngere Schüler merken sehr schnell, ob Jammern und Tränen am Küchentisch sie vor verdientem Ärger in der Schule bewahren. Dumm nur, dass viele Eltern das nicht merken und mit ihrer Haltung **»Mein Kind ist großartig – alle anderen sind doof«** den Lehrern das Leben schwermachen. Und im Konfliktfall gerne den

Hobbyjuristen heraushängen lassen, wie dieser Schulleiter erzählt:

> »Ein Schüler öffnete im Internat eine fremde Tür mit einer Scheckkarte. Reaktion des Vaters: ›Wenn Sie Türen einbauen, die so leicht zu öffnen sind, ist das doch Ihre Schuld.‹«

Thema verfehlt:
> »Am Schultor traf ich den Vater eines Schülers, den ich zuvor beim Rauchen erwischt hatte. Der Mann wollte seinen Sohn gerade abholen. Ich sagte ihm, dass sein Sohn verbotenerweise rauche. Seine Reaktion: ›Das müssen Sie mir erst mal beweisen.‹«

Auch der folgende Dialog präsentiert eine Mutter als bedingungslose Anwältin ihres Siebtklässlers:

> **Mutter:** »Johann sagte mir, dass Ihr Unterricht langweilig und schlecht sei.«
> **Lehrerin:** »Das ist interessant. Aber wie kann er das wissen, wenn er keine Hausaufgaben macht und den Unterricht häufig stört?«
> **Mutter:** »Johann ist für sein Alter schon sehr reif, und er kann gut einschätzen, welcher Unterricht gut ist und welcher nicht.«
> **Lehrerin:** »Nun, sein Stören ging letzte Woche so weit, dass er im Unterricht einen Schrank eintrat. Ich meine, er hatte sich nicht unter Kontrolle.«

Mutter: »Entschuldigen Sie bitte! Johann ist ein Kind! Kindern gehen die Emotionen noch durch. Dafür muss man doch Verständnis haben und freundlich bleiben.«

Mein Sohn macht nichts falsch! Niemals!
»Die Schüler bekamen ein Eis zum Schulschluss. Ein Junge stellte sich ganz vorne an, nahm sich zwei Eis und steckte eines davon in die Hosentasche. Nachdem ich ihm eine Strafe angedroht hatte, kam gleich am nächsten Tag die Mutter herbeigeeilt. Sie bat um Nachsicht – das Eis sei dem Jungen wahrscheinlich versehentlich in die Tasche gefallen. Außerdem seien Strafen wie ein Ausschluss von einer Pause nicht gut für die Klassengemeinschaft.«

Unschuldig und zartbesaitet sind die armen Kinder natürlich auch, weil Eltern wie diese sie dazu gemacht haben:

Trauma Jungstisch in der 4. Klasse
Eine Mutter kommt vor dem Unterricht zu mir: ›Frau XY, meine Tochter hat gestern Abend so sehr geweint. Ich konnte sie kaum beruhigen. Wie kann es denn sein, dass sie nun an einem reinen Jungentisch sitzen

muss? Das ist ja so schrecklich. Was hat sie denn falsch gemacht, dass sie so gemaßregelt werden muss?‹«

Ich übernehme mal die Planung für Sie!
»Ein Schüler überreichte mir eine Botschaft seiner Mutter: Die Frau hatte den gesamten Sitzplan der Klasse aufgezeichnet, aufwendig mit Pfeilen und Zeichnungen versehen – zur Begründung, warum ihr Sohn nicht länger auf seinem Platz sitzen könne. Die Pfeile waren beschriftet mit ›lenkt ab‹, ›lacht ständig‹, ›ist laut‹.«

Ein weiteres Dialog-Highlight, fünf Minuten vor Unterrichtsbeginn in der 2. Klasse:

Mutter: »Meine Tochter wird andauernd gemobbt, und das geht schon ewig so.«
Lehrerin: »Was ist denn vorgefallen?«
Mutter: »Die Kinder haben ihr die Mütze weggenommen. Das war für sie kein Spiel!«
Tochter: »Ich habe stopp gesagt, und dann haben sie mir die Mütze wiedergegeben.«
Lehrerin: »Okay, das besprechen wir in der Klasse. Und was ist noch vorgefallen?«
Tochter: »Weiß nicht.«
Mutter: »Vor ein paar Wochen haben die anderen Kinder sie nicht mitspielen lassen.«
Lehrerin: »Also zwei Vorfälle, die wir klären müssen.«

Mutter: »Das hat doch System! Immer alle gegen meine Tochter. Das ist Mobbing!«

Genau, das ist doch **alles Mobbing**. Auch wenn die lieben Kinderlein sich nicht benehmen können, Aufgaben vergessen oder sogar andere Schüler verletzen – schuld sind immer die anderen. Und die **Verhältnismäßigkeit der Mittel** ist Helikoptereltern selbstverständlich ebenfalls fremd: Wenn es um ihr Kind geht, wird auch bei Bagatellen gerne mit der größten Keule zugeschlagen, die gerade herumliegt.

Versetzungsantrag

»Im Deutschunterricht konnten die Schüler eines Gymnasiums die Fragen des Lehrers zu einer Lektüre nicht beantworten. Der Deutschlehrer sagte daraufhin zu ihnen: ›Ihr habt wohl Erbsen im Kopf!‹ Darüber erzürnten sich einige Eltern so sehr, dass sie eine Elternsitzung anberaumten. In dieser Sitzung beschlossen sie, dass es sich um einen ›Angriff unverhältnismäßiger Art‹ gehandelt habe und dass der Lehrer zurechtgewiesen und gegebenenfalls sogar an eine andere Schule versetzt werden müsse. Ein – aus meiner Sicht als Elternvertreterin – erstaunlicher Vorgang seitens der anderen Eltern.«

Pfui bäh!

»Ich unterrichtete Haushaltslehre in einer 5. Klasse. In der ersten Stunde erklärte ich den Schülern, dass die Gerichte, welche wir selbst zubereiten, probiert werden. Wer es nicht möge, müsse nicht aufessen. Am nächsten Tag kam eine Mutter zu mir. Ihr Sohn hatte ihr erzählt, er habe alles aufessen müssen. Als ich ihr erklärte, dass die Schüler lediglich probieren sollten, wies sie ihren Sohn an, wenn es ihm nicht schmecke, könne er es ja ausspucken.«

Du musst nicht zu der bösen Frau

»Ich arbeite als Erzieherin an einer Schule. Während des Unterrichts versteckte sich ein Erstklässler in der Garderobe unter den Jacken. Auf mehrere Gesprächsversuche ging er nicht ein, antwortete frech und überheblich. Die Lehrkraft informierte daraufhin die Eltern. Nach einer Stunde kam ich wieder an der Garderobe vorbei. Da saß die Mutter neben ihrem Sohn, der sich immer noch unter den Jacken versteckte, und spielte ihm etwas auf einer Babyspieluhr vor.«

Mein Sohn vergisst nichts!

»Ich bin Klassenlehrerin einer 4. Klasse und erhalte beinahe täglich Nachrichten von der Elternvertreterin. Dieses Mal:
›Frau M., Sie haben den Zettel vom Förderverein noch nicht ausgeteilt. Kinder in anderen Klassen haben den schon vor Tagen bekommen. Auf Rückfrage meinerseits bestätigten einige Eltern aus unserer Klasse, dass sie ihn auch noch nicht bekommen haben. Ich bitte dies nachzuholen.‹
An den Kasernenstil der E-Mails hatte ich mich schon

längst gewöhnt, aber ich hatte den Brief doch ausgeteilt. Oder etwa nicht? Am nächsten Tag fragte ich die Schüler: Sie hatten ihn bekommen. Und ein Blick in die Schultasche des Sohnes der Elternvertreterin machte mich fassungslos: Der Brief war in der Postmappe. Also genau da, wo er hingehörte, und genau da, wo die Eltern regelmäßig nachschauen sollten, ob es Nachrichten aus der Schule gibt. Rekonstruiert war das Problem schnell: Auf Nachfrage der Mutter hatte der Sohn gesagt, dass er keinen Brief bekommen habe. Er hatte es vergessen. Natürlich glaubte die Mutter ihrem Kind. Also musste sie auch nicht die Postmappe kontrollieren. Stattdessen verbrachte sie einen ganzen Nachmittag damit, den halben Ort zu kontaktieren und mir schließlich die E-Mail zu schreiben.«

Mein Kind wird benachteiligt!

»An unserer Schule ehren wir regelmäßig Gewinner verschiedener Wettbewerbe. Einmal beschwerte sich eine Mutter direkt bei der Schulleitung: Warum ihr Sohn nicht dabei sei? Ihr sei schon häufiger aufgefallen, dass seine Leistung nicht ausreichend gewürdigt werde. Es kam heraus: Der Schüler hatte seinen Wettbewerbsbeitrag gar nicht abgegeben. Er hatte es vergessen.«

Mein Sohn ist Friedensnobelpreisträger

»Ein 14-jähriger Schüler hat sich in der Pause mit

einem anderen Schüler geprügelt, ihm sein Knie in den Oberkörper gerammt, dem Jungen dabei mehrere Rippen gebrochen und ihm danach noch ins Gesicht geschlagen, bis die Nase blutete. Auslöser des Streits war, dass der andere Schüler zu ihm gesagt hatte: ›Deine dumme Mutter würde alles für dich tun, wischt sie dir auch den Arsch ab?‹ Diese Mutter sagte dann bei der Klassenkonferenz wörtlich: ›Sie verwechseln meinen Schatzi mit einem anderen Schüler. MEIN Schatzi hat von mir das Verbot bekommen, sich zu rangeln, und mein Schatzi hält sich an alles, was ich sage.‹ Zu ihrem Sohn gewandt: ›Stimmt's, Schatzi?‹ Der Sohn: ›Ja, Mami.‹«

Dass **Sicherheit und Unversehrtheit des eigenen Nachwuchses** an allererster Stelle stehen, wissen wir bereits vom Schulweg. Doch auch im Schulgebäude selbst befinden sich ungeahnte Risiken. Jede harmlose Schubserei wird zum »Gewaltvorfall« hochgejazzt – und manche Eltern fürchten offenbar permanent um das Wohl ihrer zarten Geschöpfe.

Helikopter unter sich

»Die Mutter eines Schülers einer 5. Klasse machte mich als verantwortliche Lehrerin darauf aufmerksam, dass ich im Ernstfall einen Rettungshubschrauber für ihren Sohn verständigen solle. Sie sei auch bereit, für die Kosten aufzukommen.«

Unser Achtjähriger is(s)t wie ein Säugling

»Könnten Sie darauf achten, dass er den Tag über genug isst und trinkt? Das muss leider auch mal im Unterricht sein.«

Manche Eltern melden ihre Kinder weit vorausschauend krank:

»Kann der Termin für den Schüleraustausch nicht verlegt werden? Im März hat mein Sohn immer eine Erkältung.«

Eine Erkältung kann man sich allerdings auch auf dem Weg zur Toilette einfangen, wissen Helikopter:

»Als mein Sohn eingeschult wurde, sollte die Schule nach und nach saniert werden. Dafür wurden direkt vor dem Haupteingang Container aufgebaut, in denen die Grundschulklassen im Wechsel Unterricht hatten. Etliche Eltern regten sich fürchterlich über die ›unzumutbaren‹ Zustände auf und forderten die Schulleitung schriftlich auf, einen beheizbaren Tunnel ins Hauptgebäude zu errichten – damit die armen Kleinen sich nicht erkälten, wenn sie auf die Toilette müssen. Es handelte sich um einen Weg von maximal 30 Metern. Natürlich lehnte die Schulleitung den Antrag ab.«

Doch nicht nur Viren stellen eine unterschätzte Gefahr dar. Eltern, die zu oft RTL-2-Nachrichten schauen, entwickeln ganz spezielle Ängste:

»Als Elternsprecher hatte ich mit einer Mutter mehrere Gespräche darüber, dass aus ihrer Sicht das Schultor während der Unterrichtszeit permanent abgeschlossen sein solle, damit niemand die Kinder entführen könne. Mein Argument, dass es doch eine Schule sei und kein Gefängnis, verfing nicht unbedingt.«

Ruf – mich – an!

»Eine Mutter wollte, dass ihr Sohn sie in jeder Pause anruft. Also stand der arme Kerl ständig mit seinem Handy auf dem Flur und telefonierte mit Mutti.«

Das finden Sie schlimm? Es geht noch schlimmer:

»Eine Mutter tauchte täglich in der Pause auf dem Schulgelände auf, um ihren Sohn nach seinem Befinden zu fragen – mit der Folge, dass der Junge dann häufig aufgrund plötzlicher Beschwerden mit seiner Mutter die Schule verließ. Nach einem pädagogisch begründeten Haus- und Hofverbot versteckte sich die Frau sogar in den Büschen.«

»Mein Sohn muss nicht verlieren lernen. Er ist ein Gewinnertyp!« Hausaufgaben und Noten

Weil kein Lehrer und keine Schule gut genug sind und die Angst, dass das eigene Kind zurückfallen könnte, so groß ist, gehen die Helikopter auch noch mal in die Schule. Nicht nur physisch, um sich über Noten, Klassenarbeiten oder Fragestellungen zu beschweren. Nein, sie lernen den Stoff selbst und unterrichten dann nachmittags und abends ihre Kinder, häufig mehrere Stunden pro Tag. Kein Witz.

Papa nimmt Klausurlaub

»Ich kenne einen Vater, der beantragte tatsächlich zwei Tage Urlaub, um sich mit seinem Sohn auf die Geschichtsarbeit vorzubereiten. Der Junge besucht die 6. Klasse eines Gymnasiums. Als das Ergebnis nur eine 2 war, meldete der Vater sich vor Schreck krank. Das war ein echter Rückschlag für ihn.«

Nur zwei Tage? Das reicht doch nicht! Da muss man als Elternteil schon mehr leisten, wenn man gute Noten erzielen will! So wie dieser Vater:

»Elternabend im Herbst an einem beliebten Hamburger Gymnasium. Thema: die Klassenarbeiten im 6. Schuljahr. Ein Vater: ›Kommen die Arbeiten im Frühjahr wieder so geballt? Wenn ja, muss ich das jetzt wissen!

Dann muss ich meinen ganzen Jahresurlaub im April nehmen, damit ich mit meinem Sohn lernen kann.«»

Welche Folgen das hat, kann man sich eigentlich denken:

»Ein Fünftklässler sagte letztens zu mir: ›Geben Sie sich keine Mühe, mir das zu erklären. Sie müssen das nicht. Nachmittags setzt sich meine Mutter immer mit mir hin und übt mit mir, bis ich alles kann.‹«

Alma Mater
»Eine Mutter erzählte mir, dass sie selbst nun auch Latein lerne – wie ihr Sohn.«

Andere Mamis bieten ihren Kindern sogar noch mehr Service: Sie machen die Hausaufgaben einfach selbst. Wie zukunftsorientiert.

Mami kriegt das schon für dich raus, Hasi
»Mein Sohn geht in die 2. Klasse. Eines Nachmittags klingelte die Mutter eines Nachbarkindes und fragte, ob wir die Hausaufgaben schon erledigt hätten.
Ich erklärte, dass ich nicht mehr in die Schule ginge, deswegen keine Hausaufgaben erledigt hätte, mein Sohn allerdings seine Hausaufgaben gemacht hätte.
Sie schaute verwirrt und bat mich, ihr eine Aufgabe zu erklären. Ich fragte sie, wo ihr Sohn sei, da es ja seine Hausaufgabe sei und unser Sohn ihm sicher gern behilflich wäre. Nein, das sei unmöglich, ihr Kind liege

mit Weinkrämpfen ob der Unlösbarkeit der Aufgabe zu Hause auf dem Teppich und könne deshalb nicht selber kommen. Wir müssten das schon ihr erklären.«

Nachhelfen statt Nachhilfe

»Manche Eltern können nicht akzeptieren, dass ihr eigenes Kind nicht so schlau ist. Häufig bekomme ich perfektionierte Hausaufgaben, an denen Mutter und Vater herumgedoktert haben. Ein umfangreiches Vokabular, korrekter Satzbau – und im Unterricht kann das Kind nichts davon anwenden.«

Wie haben die das nur gemerkt?!

»Im Fach Sachkunde war gerade das Thema Tiere durchgenommen worden, die Kinder hatten dazu Referate gehalten: über Hunde, Pferde, Katzen. Beim Elternabend erklärte die Lehrerin nun den Eltern, dass durch Referate das Recherchieren und Zusammenfassen von Informationen sowie das Gestalten eines Plakats geübt werden sollten, und fügte hinzu: ›Die Kinder haben ihre Referate alle sehr schön vorgetragen. Ich möchte nur die Eltern darum bitten, den Kindern nächstes Mal die Arbeit nicht abzunehmen. Oder denken Sie, ich merke nicht, ob ein Rechtsanwalt oder seine achtjährige Tochter das Referat geschrieben hat?‹«

Ja, was denken sich diese Eltern? Man weiß es nicht. Leider geht es bei einigen auch bis zum Abitur so weiter:

»Die Mütter der 9. Klasse eines Gymnasiums haben beschlossen, eine WhatsApp-Gruppe zu eröffnen, um untereinander Lernmaterial ihrer Kinder austauschen zu können.«

Eine Bibliothekarin erzählt:
»Zu uns kommen viele Mütter, die für ihre Kinder die ihrer Meinung nach passenden Lernmaterialien organisieren. Eine war dabei besonders engagiert: Vor dem Abitur ihrer Tochter kam die Frau fast jeden Abend in die Bibliothek. Sie gab meinen Kollegen oder mir ihre Notizzettel – und wir sollten dann suchen. Dabei war die besorgte Mutter so vereinnahmend, dass wir währenddessen keine anderen Kunden bedienen konnten. So ging das ein gutes halbes Jahr lang.«

Tja, und wenn auch all das nichts nützt, schreiben die Eltern ihren Kindern wilde Entschuldigungen für nicht erbrachte Leistungen: So bat eine Mutter in der Schule um Verständnis für die verminderte Leistung ihrer Tochter: »Ihr Pony ist krank.«

Die dümmsten Ausreden erfinden Eltern, nicht Schüler
»Entschuldigungszettel von Eltern, warum ihre Kinder zum Beispiel ein Referat nicht rechtzeitig fertigstellen konnten, sind teilweise sehr kreativ und haben einen großen Unterhaltungswert. So wurde mir von Eltern berichtet, dass das Gewitter von gestern Nachmittag

in den Computer eingeschlagen und dabei die Datei von der Festplatte gelöscht habe. Ein anderer Schüler habe ›urplötzlich‹ umziehen müssen und deshalb für eine Woche kein Internet gehabt, das für die Recherche unerlässlich gewesen sei.«

Über das Bisherige kann man noch schmunzeln. Richtig böse wird es allerdings, **wenn die Noten nicht stimmen** – aus Sicht der Eltern versteht sich. Dann sausen die Helikopter mit Lichtgeschwindigkeit in die Schule und machen den Lehrern das Leben schwer. Und ihren Kindern gleich mit, denn gibt es etwas Peinlicheres als die eigene Mutter, die zeternd im Lehrerzimmer steht? Eben.

»Ich habe als Elternvertreter jahrelang zwischen Helikopter-Eltern und dem Rest der Schulwelt vermittelt«, erzählt ein Vater. »Dabei hatte ich Telefonate, bei denen die Angst des Mittelstands vor dem Abstieg so intensiv durch den Hörer gekrochen kam, dass ich mehrere Stunden brauchte, um mich zu erholen.« Ja, das ist offenbar der Antrieb dieser Eltern: Angst. Und wer Angst hat, handelt häufig irrational. So wie in diesen Fällen:

Vielleicht mitmachen statt Striche machen?
»Am Elternsprechtag beschwerte sich ein Vater über

die mündliche Note seines Sohnes. Er habe seinen Sohn Strichlisten darüber anfertigen lassen, wie häufig er sich im Unterricht gemeldet habe. Der Vater habe daraus das Verhältnis zwischen ›Melden‹ und tatsächlichem ›Drankommen‹ errechnet. Bei einem Wert von 30 Prozent sei es ja kein Wunder, dass sein Sohn nur eine Vier in der mündlichen Mitarbeit bekomme. ›Und wenn sich diese Note zum Sommer nicht bessern sollte, knalle ich Ihnen diese Listen um die Ohren!‹ Der Schüler saß währenddessen weinend daneben – so furchtbar peinlich war ihm das Verhalten seines Vaters.«

Mein Kind ist nicht dumm, sondern kreativ!
»Wochenlang hatte ich mit den Kindern unter anderem die schriftliche Division geübt. In der darauf folgenden Klassenarbeit hatte jedoch eine Schülerin nur falsche Ergebnisse und keinen Lösungsweg hingeschrieben. Ich musste ihr also null Punkte geben. Kurz darauf stand ihr Vater vor mir – wutentbrannt. Ob ich denn nicht gemerkt hätte, dass seine Tochter alles im Kopf gerechnet hätte? Ich war etwas irritiert. 124.679 im Kopf durch 7 zu teilen wäre schon eine enorme Leistung. Außerdem lautete die Arbeitsanweisung ja: ›Rechne schriftlich‹ – und die Ergebnisse waren falsch. Der Vater wollte trotzdem unbedingt erreichen, dass ich Teilpunkte gebe, um das Engagement seiner Tochter zu würdigen. Wertschätzung ist mir durchaus wichtig, aber diesen Wunsch konnte ich ihm leider nicht erfüllen.«

In diese Abteilung gehören auch folgende Lehrererlebnisse:

»Bei einem Aufsatz habe ich einem Jungen, von dem ich weiß, dass er eine schwierige Mutter hat, mit Wohlwollen noch eine 2- gegeben. Ich bekam die Arbeit zurück mit einem Vermerk im Notenfeld: ›Ich habe diese Arbeit gelesen, das ist eine 1.‹«

»Ein Elternpaar hat sich einen Tag freigenommen, um mit mir darüber zu sprechen, warum ihre Tochter in einer von sechs Englischarbeiten eine 3 geschrieben hat. Die fünf anderen waren besser.«

»Ich weiß, dass mein Sohn schlecht in Englisch ist. Kann er nicht irgendwas malen? So als Ausgleich? Er hat es doch so schwer damit!«

Mutter: »Nur damit Sie Bescheid wissen. Wir haben unseren Sohn testen lassen: Er steht an der Grenze zu ADHS.«
Lehrkraft: »Hat er ADHS?«
Mutter: »Nein, aber er steht auch an der Grenze zur Hochbegabung.«
Lehrkraft: »Ist er hochbegabt?«
Mutter: »Nein.«

Stolzer Vater, armes Kind
»Mein Sohn muss nicht verlieren lernen. Er ist ein Gewinnertyp!«

Malen statt Englischvokabeln, Punkte statt Leistung, Arroganz statt Höflichkeit: Eltern lassen sich schon einiges einfallen, um die Noten ihrer Kinder aufzublähen. Und sind dann aber maximal verwirrt, wenn Lehrer ihnen den Spiegel vorhalten:

Vater: »Was mein Sohn mir heute erzählt hat, ist ja unglaublich. Er bekommt im Halbjahreszeugnis eine Drei in Geschichte?«

Lehrer: »Ja, so sieht es derzeit aus. Die Arbeit war befriedigend, mündlich sieht es genauso aus.«

Vater: »Aber der Junge ist doch mündlich viel besser!«

Lehrer: »Woher wissen Sie das? Woher stammt diese Information?«

Vater: »Er hat gesagt, dass er immer mitmacht und sich ständig meldet, Sie ihn aber nie drannehmen!«

Lehrer: »Ach so, na, wenn er das sagt, dann wird es wohl so sein. Was glauben Sie denn, was er mündlich verdient hat?«

Vater: »Mindestens eine Zwei. Und dann kommt am Ende auch eine Zwei als Endnote raus.«

Lehrer: »Na gut, dann gebe ich ihm eben eine Zwei.«

Vater: »Wie, Sie ändern so einfach die Note? Das geht doch nicht!«

Lehrer: »Dann erklären Sie mir doch bitte: Warum rufen Sie mich eigentlich an?«

Einige Lehrer hingegen knicken bei einer Drohung allerdings durchaus ein:

»Große Diskussionen gibt es auch regelmäßig beim Thema Strafarbeiten. Da wird man sofort angerufen und darauf hingewiesen, dass Strafarbeiten pädagogisch nicht sinnvoll seien und das Kind diese also auf gar keinen Fall machen wird. Und das nächste Mal werde sich sonst der Anwalt melden. Ich gebe mittlerweile keine Strafarbeiten mehr auf. Sie führen meines Erachtens zu keiner Verhaltensmodifikation – weder bei den Kindern noch bei den Eltern.«

Wenn Mütter in der Schule aufkreuzen, um über bessere Noten zu verhandeln, versuchen sie es bei den männlichen Lehrern oft **mit Koketterie**. »Sie fummeln dann in den Haaren und versuchen zu flirten«, berichten junge Lehrer. Bei jungen Kolleginnen hingegen versuchten es die Mütter **mit Druck**. Je nach Tagesform könne sie mit der Kritik der Eltern besser oder schlechter umgehen, berichtet eine Lehrerin. »Ich habe mich zwar daran gewöhnt«, sagt sie, »aber trotzdem verletzt es mich manchmal noch.« Nicht verwunderlich, bei solchen Sprüchen und Drohungen:

»Wenn meine Tochter keine Gymnasialempfehlung bekommt, haben Sie versagt!«

Ein Mitarbeiter des Lehrerverbands erzählt, wie viel Druck manche Eltern ausüben, damit ihr Kind auf ein Gymnasium gehen kann. Die Lehrer bekämen dann Sachen zu hören wie: »Sie werden schon sehen!« – »Wir werden alle Hebel in Bewegung setzen, um das durchzusetzen.« – »Unser Kind weiß zu Hause alles, nur in der Schule weiß es angeblich nichts.«

Gerne schießen sie dabei auch Eigentore:

»Wieso ist das bloß eine Zwei?
Da hat doch Professor XY
drübergeschaut.«

Oder:

»Wir haben da drei Stunden drangesessen.«

Elternlogik
»Der Cousin meines Sohnes hat in Paris gelebt. Wieso hat mein Sohn dann keine Zwei in Französisch? Wenn Sie meinem Sohn nicht eine Zwei in Französisch geben, werde ich zusehen, dass Sie von dieser Schule gefeuert werden.«

Expertencheck
»Ein Paar hat die Klausur seines Kindes an den befreundeten Oberstudienrat einer anderen Schule gegeben – zum Nachkorrigieren. Sein Urteil: Ich hätte zu schlecht bewertet.«

Einige Eltern versuchen den Druck zu erhöhen, indem sie persönlich beleidigend werden oder sich bei der Schulleitung beschweren:

»Viele versuchen auch, über den Schulleiter Einfluss zu nehmen: Wenn sie E-Mails schreiben, setzen sie ihn immer in CC – er lacht sich darüber übrigens kaputt. Wenn das nicht fruchtet, werden sie persönlich. Das finde ich besonders schlimm. ›Die Eltern reden über Sie‹, sagen sie dann zu mir. Oder: ›Sie sind immer Thema.‹ Was soll ich dazu sagen?«

Das Schlimme ist, dass leider nicht alle Schulleiter diesem Druck standhalten:

»Die netten Eltern kontaktieren einen per E-Mail oder rufen an. Die weniger netten melden ein Problem sofort beim Fachbereichsleiter oder beim Schulleiter, inklusive Terminvorgabe: ›Ich erwarte Ihre Antwort bis zum …‹ Einmal wies mich daraufhin die Schulleiterin tatsächlich an, eine Note zu ändern.«

Andere Eltern wenden sich sogar gleich ans Ministerium. Klar, die haben da ja sonst nichts zu tun.

»Eine Grundschulmutter hat bei der Landesschulbehörde schriftlich Einspruch erhoben – wegen angeblich falscher Bewertung der Leistungen ihres Sohnes bei den Bundesjugendspielen.«

Ich habe einflussreiche Freunde …
»Häufig wenden sich Eltern gar nicht mehr an die Schule, sondern sofort an das Kultusministerium.

Es werden Drohszenarien aufgebaut, und mit Dienstaufsichtsbeschwerden könnte man sicher die Ministe-
riumskantine tapezieren. Gern wird darauf hingewiesen, wer man sei und wen man kenne. Erpressung
scheint vielen Eltern ein probates Mittel zu sein, um
ihre Kinder irgendwie zum gewünschten Schulabschluss zu bringen.«

Wenn dann wirklich gar nichts mehr geht, ja dann rennen
die Helikopter zum Anwalt – oder machen sich selbst straf-
bar: In Bayern ist ein Vater vor der Grundschule seiner
Tochter auf eine Leiter gestiegen, um heimlich ins Klassenzimmer zu filmen. Die Aufnahmen sollten beweisen, dass
der Lehrer ein schlechter Pädagoge ist – damit wollte der
Vater ihn erpressen, so dass seine Tochter eine Gymnasialempfehlung bekommt. Und ein Lehrer berichtet, welche
kriminelle Energie Eltern noch so aufbringen:

»Es gibt Eltern, die zum Beispiel eine Mathearbeit
ihrer Kinder im Nachhinein frisieren. Das ist neulich
bei uns passiert – in der 3. Klasse. Dann machen
Eltern mit Tipp-Ex oder einem Radiergummi die
falsche Antwort ihres Kindes weg, schreiben die richtigen Ergebnisse hin, gehen dann damit zum Lehrer
und sagen, er habe falsch korrigiert. Deshalb werden
nun sämtliche Arbeiten kopiert, bevor die Kinder sie
mit nach Hause nehmen dürfen. Schon spannend, wie
einige Eltern durchdrehen.«

Solche Eltern brauchen dann manchmal einen Anwalt. Aber die Juristen werden natürlich viel häufiger eingeschaltet, weil Eltern sich im Recht fühlen – gegenüber der Schule oder einer Lehrkraft. Davon handelt das folgende Kapitel.

Wir sehen uns vor Gericht: Papi muss mit zum Klassenausflug

Klar: Alle Eltern ärgern sich über schlechte Zeugnisse, Schulverweise, verpatzte Abiturprüfungen oder darüber, dass ihre Kinder nicht auf die Wunschschule gehen können. Doch was macht man mit diesem Ärger? Man kann ihn abklingen lassen in dem Wissen, dass es schon irgendwie weitergehen wird. Oder man kann vor Gericht ziehen. Und das tun immer mehr Eltern. »In den letzten zehn Jahren haben sich die Fallzahlen verdoppelt«, berichtet Andreas Gleim, der die Rechtsabteilung der Hamburger Schulbehörde leitet. Er vertritt die Schulen der Hansestadt, Gegner sind häufig Eltern. Einmal klagte eine Familie gegen das Zeugnis der Tochter, einer Viertklässlerin. »Ein wunderbares Zeugnis, nur Einsen und Zweien«, erinnert sich Gleim. »Aber in den Bemerkungen stand: ›Du könntest dich noch mehr anstrengen im Sport.‹« Die Eltern zogen vor Gericht – nur wegen dieser Äußerung. Die Richterin hatte das persönliche Erscheinen des Mädchens angeordnet. Das saß dann mit seinen zwei Zöpfen zwischen Vater, Mutter und Anwalt. Und der Vater sagte zur Richterin: »Mit einer solchen Bemerkung im Zeugnis würde ich dieses Kind nicht in meinem Betrieb einstellen.«

Auch in Bayern sind so viele Eltern klagewütig, dass die Rechtsabteilung mittlerweile die größte Abteilung des Bayerischen Lehrerverbands ist. »Es ist schon tragisch, dass dies in einem pädagogischen Verband so ist«, sagt Abteilungsleiter Hans-Peter Etter.

Und es sind bei weitem nicht nur die Mamis und Papis von Gymnasiasten, die durch einen Gang zum Anwalt das Zeugnis verbessern wollen. Auch viele Grundschuleltern sind darunter, berichten Anwälte, die sich auf Schulrecht spezialisiert haben. Vorausgesetzt natürlich, dass sie das Geld haben – oder eine Rechtsschutzversicherung. Auch in den Kanzleien treten einige Eltern dann sehr fordernd auf. Teilweise haben die Anwälte echte Probleme damit, den Müttern und Vätern klarzumachen, warum sie einen Fall nicht annehmen – zum Beispiel, weil sie merken, dass die Eltern sich einfach nur in den Unterricht einmischen wollen und die Lehrer für Idioten halten. Oder wenn eine Klage einfach keine Aussicht auf Erfolg hat. »Es gibt Mütter, die zu uns kommen, weil ihr Kind eine bestimmte bilinguale Klasse nicht erreicht hat, und die sagen: ›Wenn mein Kind nicht in der Grundschule Chinesisch lernt, was soll dann aus ihm werden?‹«, berichtet ein Jurist. »Eine Mutter sagte neulich zu mir: ›Ich bin so sauer, klagen Sie!‹«, berichtet ein anderer. Aber Wut sei ein schlechter Ratgeber. Denn: Die Kinder müssen am nächsten Tag noch im Unterricht sitzen – und eine gestörte Beziehung zum Lehrer hat schlimmere Folgen als eine Drei minus.

Eine Anwältin erzählt, dass immer häufiger Eltern zu ihr kommen, deren Kinder – meistens seien es Jungs – als Strafmaßnahme vom Unterricht oder einer Klassenreise ausgeschlossen worden sind. Die Eltern wollen dann, dass die Schule das zurücknimmt. »Und dann schaue ich in die Schülerakte und sehe: Der Junge baut ständig Mist, das geht schon seit Jahren so, die Maßnahmen sind also begründet«, erzählt die Juristin. Solchen Eltern rät sie dringend davon ab, einen Widerspruch einzulegen oder auch nur ein Anwaltsschreiben an die Schule zu schicken. »Denn das kostet nicht nur Geld und Zeit, sondern ist für den Schüler immer problematisch.«

Zudem ist es gar nicht so leicht, bestimmte Noten juristisch zu erzwingen. Denn kein Richter entscheidet darüber, ob ein Aufsatz mit einer Zwei oder Drei richtig bewertet ist. Es geht vor Gericht nur um Formalitäten. Und deshalb versucht diese Art von Eltern **die Lehrer zu überlisten und systematisch fertigzumachen**. »Sie passen genau auf, ob ein Lehrer zum Beispiel im Unterricht mit dem Handy telefoniert hat oder ob er Probearbeiten oder andere Aufgaben rechtzeitig angekündigt hat«, sagt Chefjustitiar Etter.

Andere Eltern vergleichen die Klausuren ihres Kindes mit denen anderer Kinder, durchforsten Probearbeiten als »Beweise«, prüfen bei jeder Fragestellung, ob die Formulierung kindgerecht ist, oder schreiben neben eine vom Lehrer gestellte Aufgabe: »Was für eine saudumme Frage!« Oder sie fordern eine genaue Dokumentation, wie eine mündliche Note zustande gekommen ist – mit Datum und Themenbezug. Lehrer, die sich zum Beispiel für mündliche Noten nicht alles detailliert aufgeschrieben haben, bekommen da schnell ein Problem. Hinzu kommt laut Etter, dass die Vorgesetzten sich häufig nicht hinter sie stellen, weil sie fürchten, ihre Schule könnte in einem schlechten Licht dastehen.

Neben Klagen vor Verwaltungsgerichten nutzen Eltern diverse weitere Möglichkeiten, um juristisch gegen die Lehrer ihrer Kinder vorzugehen: Rechtsbehelfe, Beschwerden, Dienstaufsichtsbeschwerden, Strafanzeigen. Es gibt Eltern, die zur Elternsprechstunde einen Anwalt mitbringen. Es gibt Anwälte, die ihre Schreiben den Lehrern umgehend in Rechnung stellen. Oder die es gleich mit Erpressung versuchen: »Uns ist bekannt geworden, dass Sie ein Kind gezüchtigt haben«, steht dann in einem Anwaltsbrief an eine Lehrkraft. »Überweisen Sie umgehend 500 Euro auf das Konto des Roten Kreuzes, dann ist die Angelegenheit für uns erledigt.« Der Lehrerverband rät von solch einer Überweisung dringend ab, berichtet Etter, denn das könne später vor Gericht als Schuldeingeständnis gewertet werden.

Weitere **besonders groteske Fälle und Gespräche**, die Juristen mit Eltern erlebt haben:

Wer hat hier das Hausrecht?

Ein Lehrer besuchte mit einer Mittelstufenklasse
abends ein öffentliches Konzert. Ein Schüler benahm
sich völlig daneben und störte die Aufführung.
Daraufhin forderte der Lehrer den Jungen auf, den
Konzertsaal zu verlassen. Später ging der Vater des
Schülers gegen den Lehrer vor, mit der Begründung:
Er habe nicht das Recht gehabt, den Teenager des
Saales zu verweisen; das könne nur der Intendant tun,
der dort das Hausrecht habe – was im Übrigen nicht
mal stimmt.

Papa will mit auf den Ausflug

Ein Vater zog vor ein Verwaltungsgericht, weil er unbedingt beim Klassenausflug seines Kindes dabei sein
wollte. Das Gericht erlaubte es ihm trotzdem nicht.
Armer Papi – voll ausgegrenzt. Dabei wollte er doch
nur mitspielen.

Am Arm angefasst = Körperverletzung?

Eine Lehrerin verwies einen störenden Schüler des
Klassenraums, der Schüler ging aber nicht. Die Lehrerin nahm ihn daraufhin am Oberarm und führte ihn
aus der Klasse. Die Eltern zeigten danach die Lehrerin
an – wegen Körperverletzung im Amt. Das Gericht
urteilte jedoch: Das war keine Körperverletzung, das
war tolerabel.

Das melde ich der Presse!

Ein Vater wollte eine Entscheidung der Schulbehörde partout nicht akzeptieren und forderte seinen Anwalt immer wieder auf, die regionale Presse einzuschalten. Zudem solle die Kanzlei doch bitte den Kultusminister einbeziehen. »Dieses Mandat war angesichts der Kommunikation mit den Eltern recht schwierig«, erzählt der Anwalt. »Immer wieder mussten wir betonen, dass die Rechtsmittel gesetzlich vorgegeben sind – und nicht ausgehebelt werden können, indem wir den Kultusminister kontaktieren.«

Abiturprüfung verhauen? Nicht mit Papa!

Ein Schüler erhielt für seine Präsentation in der Abiturprüfung im Fach Geographie nur eine Fünf. Sein Vater suchte daraufhin juristischen Beistand, weil er der festen Überzeugung war, dass sein Sohn die Prüfung hätte bestehen müssen – schließlich war sein Sprössling ein Jahr zuvor Sieger beim Bundeswettbewerb »Jugend forscht« im Bereich Geographie geworden. In den zahlreichen Beratungsgesprächen legte der Vater den Juristen immer wieder den Zeitungsausschnitt über den Sieg beim Bundeswettbewerb vor. »Auch warf der Vater der Schule vor, seinen Sohn in der Prüfung gemobbt zu haben, was nachweislich nicht den Tatsachen entsprach«, so der Anwalt. Es sei »äußerst schwierig« gewesen, dem Mann zu vermitteln, dass eine Prüfungsanfechtung in diesem Fall wohl keinen Erfolg gehabt hätte.

In all diesen Fällen bekamen die Eltern nicht recht. Die folgenden sind nicht minder abstrus – doch die Erziehungsberechtigten konnten sich durchsetzen:

Suizidgefahr wegen falscher Grundschule

Wenn ihre Kinder von der Schulbehörde einer vermeintlich falschen Grundschule zugewiesen werden oder in der vierten Klasse keine Gymnasialempfehlung erhalten, bekommen viele Eltern Schnappatmung. Einige beruhigen sich wieder und sagen sich: Es gibt auch andere gute Schulen. Andere suchen sich einen Anwalt. »Die Eltern der betroffenen Kinder neigen dann teilweise dazu, erfinderisch zu werden«, berichtet ein Jurist. Er und seine Kollegen bekämen regelmäßig Nachweise der Arbeitgeber der Eltern bis hin zu handschriftlichen Aufzeichnungen des besten Freundes oder der besten Freundin oder den dazugehörigen Eltern, die von dramatischen Auswirkungen auf die Entwicklung des Kindes berichten, wenn es nicht die Wunschschule besuchen darf. Ein Elternpaar teilte dem Anwalt sogar mit, dass die Tochter seit der Entscheidung der Schulbehörde bezüglich ihrer Grundschule an starken Depressionen leide und Suizidabsichten hege. Tatsächlich landete das Mädchen schlussendlich auf der Schule ihrer Wahl.

Missverständliche Frage im Verkehrserziehungstest

Vermutlich weil es um das Zeugnis der vierten Klasse und damit um die Gymnasialempfehlung für ihr Töchterchen ging, zogen diese spitzfindigen Eltern vor Gericht. Der Grund: Die Art der Fragestellung im Test zum Thema »Verhalten im Straßenverkehr«. Die Frage hatte gelautet: »Du fährst mit dem Fahrrad auf einen Fußgängerüberweg zu, wie verhältst du dich?« Die richtigen Antworten waren: »Blickkontakt aufnehmen«, »wenn nötig anhalten«, »aufmerksam sein«. So war es vorher auch im Unterricht besprochen worden. Der Anwalt fand jedoch, dass die Antwort »Blickkontakt aufnehmen« aus der Frage nicht hervorgehe, und hat sich damit auch vor Gericht durchgesetzt. Die Familie hat letztlich also recht bekommen – weil die Fragestellung semantisch nicht einwandfrei war. Das Kind konnte dann, nachdem sich das Verfahren zwei Jahre hingezogen hatte, aufs Gymnasium wechseln. Die Lehrerin, die bereits mehr als 20 Jahre lang Grundschüler unterrichtet hatte, fühlte sich von dem Verfahren sehr mitgenommen.

Wir haben hier also ein Kind, das jahrelang nicht weiß, auf welche Schule es in Zukunft gehen wird, eine Lehrerin, die sich trotz jahrzehntelanger Erfahrung massiv in Frage gestellt sieht, und Richter, die sich mit Fragen aus Grundschultests befassen müssen. Wer das nicht für abgedreht hält, ist es vermutlich selbst. Sorry not sorry.

Ein Gericht hat in einem Urteil darauf hingewiesen, dass Schüler ruhig auch eine Frustrationstoleranz entwickeln sollten. Und dass nicht bei jedem Tadel – auch wenn dieser vielleicht mal etwas überzogen war – ein Gericht bemüht werden müsse. Denn auch die Mitschüler leiden unter den Klagen der anderen:

»Es ist echt traurig. Man reißt sich selbst auf gut Deutsch den Arsch auf, während die hochnäsigen Mitschüler den Lehrern mit Anwaltsschreiben (natürlich von den Eltern) drohen. Ich bin jetzt in der 11. Klasse, fange also mit der Quali-Phase fürs Abi an, und es regt mich tierisch auf, wenn Schüler und Eltern nach wie vor nicht kapiert haben, dass man für seine Dinge selbst verantwortlich ist.«

Wer so weit geht, einen Anwalt auf die Lehrer seines Kindes zu hetzen, der ist in seiner Freizeit selbstverständlich auch eher, nun ja, verspannt. Weiter geht's mit **Heli-Eltern auf Sportplätzen, beim Musikunterricht und bei Kindergeburtstagen** – Stichwort: Cake-Pops.

Von wegen chillen – Freizeit-stress mit Helikopter-Eltern

Es könnte immer noch besser sein: Helikopter-Eltern versuchen natürlich auch in der Freizeit, ihre Kinder zu bewachen und zu optimieren. Jede Stunde des Tages, jeden Tag im Jahr möchten sie sinnvoll nutzen, um ihr Kind für das spätere Leben zu rüsten. Eine Mutter berichtete, ihr Junge im Grundschulalter habe sich mit seinem Klassenkameraden aus der Parallelklasse so gut verstanden, dass sich die Kinder auch außerhalb des Pausenhofes treffen wollten. »Aber ein Playdate war unmöglich, stellte ich nach Abgleich der Terminkalender mit der anderen Mutter fest. Unsere Neunjährigen fanden keinen Nachmittag in der Woche, an dem sie Zeit zum gemeinsamen Spielen gehabt hätten!« Flöten- und Klavierspielen, Englisch- und Chinesisch-Kurs, Bouldern und Ballett: Gutsituierte Helikopter-Eltern haben die Nachmittage ihres Nachwuchses durchgeplant – und ihre eigene Zeit damit auch, denn natürlich machen sie die Fahrdienste. Am Wochenende treten die Kinder dann bei Wettkämpfen gegeneinander an. Und wenn sie dort leider nicht gewinnen, trösten sich die Helis gerade noch mit dem Gedanken, wenigstens ein paar neue

Synapsen gefördert zu haben. Musiklehrer und Sporttrainer haben uns berichtet, wie unausstehlich sich einige Eltern dabei aufführen. Allerschönste Gelegenheit aber, sich zu überschlagen, ist die Geburtstagsparty: Wer spielt schon noch im Wohnzimmer Reise nach Jerusalem? Stattdessen: Rollenspiel-Event! Top-Model-Training! Trampolin-Park! Nach oben sind dem Spektakel keine Grenzen gesetzt.

Beim Sport: Mein Sohn, der neue Ronaldo

Sie stehen am Spielfeldrand und schreien: »Schööön!« Oder: »Nach vorne, Max!« Oder: »Spielen!« Oft greifen sie sich fassungslos an den Kopf, als würde ihnen dort plötzlich etwas weh tun. »Neiiiiin!«, schrillt es dann aus vielen Männerkehlen, oder: »Aaaaaaaahhh!« Sie harren aus, egal ob bei Regen, Schnee oder Gluthitze, und sie halten stets Plastiktrinkflaschen mit Schorle und einen Energieriegel in den Händen. **Fußball-Eltern** bilden eine ganz eigene Spezies von Helikopter-Eltern – sie sind extrem ehrgeizig, sehr emotional und gern mal rücksichtslos. Schon die Suche nach einem Verein, der des eigenen kleinen Superdribblers würdig ist, verläuft oft kurios, wie die Elternbetreuerin einer Fußball-Bambini-Mannschaft berichtet:

»Plätze im Fußballverein sind sehr hart umkämpft, denn superorganisierte Eltern lassen ihre Kinder schon mit drei oder vier Jahren auf die Wartelisten setzen. Wenn sich die Akademiker um 22:45 Uhr in einer E-Mail nach freien Plätzen im Verein erkundigen, hängen sie lange Signaturen aus den Personalabteilungen internationaler Konzerne oder aus Universitätskliniken an. Sie glauben, dass es mit dem Fußball schneller klappt, wenn die Betreuerin weiß, dass der Vater des Kindes ein Prof. Dr. Dr. der Handchirurgie ist. Ich bekomme auch E-Mails von Menschen, die in der Nachbarschaft des Vereinsvorstands wohnen, der ihnen angeblich schon vor Jahren einen Platz zugesichert hat. Unternehmer-Papas stiften gern einen neuen Satz Trikots für den Verein, damit das eigene Kind mitspielen darf. Und einmal haben Eltern von Zwillingen einen ihrer Jungen über die Warteliste angemeldet und dann den Zwillingsbruder einfach zum Training mitgebracht.«

Feines Stöffchen

»Die vierjährigen Bambini rennen in einem riesigen Knäuel hinter dem Ball her, sie kennen weder Regeln noch die Bundesliga, noch wissen sie, was ein Verein ist. Trotzdem werden fast alle Kinder in Vollmontur eines international berühmten Vereins zum Training geschickt: Bayern München, Real Madrid, FC Barcelona. Was der Vater halt gut findet. Das sind richtig teure Trikots.«

Sei gefälligst Maradona!

»Bei sehr großer Nachfrage veranstalten die Vereine
Sichtungstrainings, um zu entscheiden, welches Kind
in eine Mannschaft aufgenommen wird. Einmal war ich
beim Auswahltraining von Vierjährigen dabei. Die
Eltern schrien so laut, als wären sie beim Pokalfinale.
Ein Junge machte sich wohl nicht so super, da brüllte
ihn sein Vater an: ›Weißt du nicht, worum es hier
geht?‹«

Mit der G-Jugend beginnt dann für die Sechsjährigen der
Spielbetrieb, und das heißt für Fußball-Eltern: Jedes
Wochenende um acht Uhr morgens auf den Platz. Helikopter-
Eltern zucken da natürlich nicht mit der Wimper, jedes Op-
fer ist okay, denn sie halten ihren **Sohn für einen Flanken-
gott**, auch wenn er eher ein Guck-in-die-Luft mit Stammplatz
auf der Reservebank ist. Sie wetzen am Spielfeldrand hin
und her, um ihrem Liebling jederzeit die Trinkflasche anzu-
reichen, sollte sein Mund mal trocken werden. Sie erspüren
sofort, ob es ihrem kleinen Lionel Messi zu kalt oder zu
warm sein könnte. Und natürlich fiebern sie mit, als wäre es
ihr eigenes Spiel. Jedes Foul verstehen sie als Angriff auf das
eigene Leben, jede vermeintliche Fehlentscheidung ist eine
persönliche Beleidigung. Dabei sein ist alles? Von wegen.

Ein Vater, der weiß, dass er nicht loslassen kann:

»Ich halte es nicht aus, wenn mein Sohn einen Achtmeter schießen muss. Manchmal bin ich fünf, sechs
Stunden auf einem Turnier der E-Jugend, aber wenn er

dann beim Achtmeter drankommt, muss ich mich weg-
drehen. Zu groß ist meine Angst, dass er es nicht
kann. Oder nachher enttäuscht ist.«

**Fußballtrainer leiden besonders unter den
ehrgeizigen Vätern:**

»Neulich pfiff der Schiri einen Freistoß, da sprang ein
Vater viele Meter aufs Feld und schimpfte los: ›Du
bist doch parteiisch, das war kein Freistoß, du spinnst
wohl!‹ Es passiert ständig, dass Fußball-Väter sich
selbst in dem Spiel der Söhne sehen. Als dann Halb-
zeitpause war, in der eigentlich nur der Trainer der
Mannschaft Anweisungen geben sollte, kam dieser
Vater dann und nahm seinen Achtjährigen separat ins
Gebet: ›Ihr spielt im 3-4-3-System, wenn du Rechts-
außen bist, musst du bis zur Grundlinie laufen und
Richtung Pfosten flanken!‹ Der Sohn guckte nur
ratlos.«

FC Bazillus

»Das Training lief schon, da kam der Vater an den
Spielfeldrand: ›Leo, deine Jacke! Leo!‹ Dem Leo war
das dann sehr peinlich, weil er bereits Thermovlies,
Handschuhe und Mütze trug, sich die ganze Zeit
bewegte und ihm überhaupt nicht kalt war. Aber der
Vater ließ nicht locker: Leo wurde rauszitiert und
musste unbedingt die Jacke noch anziehen. So etwas
kommt bei uns oft vor, dabei sind die Kinder bereits
zwischen neun und zehn Jahre alt.«

Acht Jahre, vier Vereine

»Es gab einen Vater, der mit seinem achtjährigen Sohn schon dreimal den Verein gewechselt hatte, weil ihm immer irgendetwas nicht passte. Und als er seinen kleinen Ballkünstler auch von uns nicht angemessen gefördert fand, mobbte er uns Jugendtrainer. Bei Punktspielen hat dieser Vater seinem Sohn auch immer Geld oder neues Lego versprochen, wenn er Tore schießt.«

Väterlicher Kampfeswille in allen Ehren – doch in Hamburg kam es nach einem Hallenturnier der E-Jugend sogar zu **Handgreiflichkeiten**. Die Polizei musste eingreifen, weil ein Vater zwei Kinder im Alter von acht und zehn Jahren geschlagen hatte. Auslöser war eine Schiedsrichterentscheidung zu unsportlichem Verhalten gewesen. Wen wundert es, dass sich die kleinen Ballschubser auch danebenbenehmen? Wenn sich schon Eltern auf dem Rasen so aufführen, als gelte es, im Alleingang die Konkurrenz zu deklassieren, sind **Großmaul-Kinder** ebenfalls nicht weit:

»In meiner Freizeit arbeite ich als ehrenamtlicher Trainer in einem Sportverein. Da bekommt man schon mal Sprüche an den Kopf wie: ›Außer meinen Eltern hat mir niemand was zu sagen.‹ Nach einem fruchtlosen Gespräch mit den Eltern war die Mitgliedschaft des Kindes im Verein danach beendet.«

Damit die durchdrehenden Extremeltern nicht gleich ganze Fußballspiele weggrätschen, findet man auf den meisten

Trainingsplätzen **Schilder mit Verhaltensregeln** – und diese richten sich nicht etwa an die Kinder, sondern an ihre vermeintlich erwachsenen Eltern. Dort steht dann zum Beispiel:

1. Es sind Kinder.
2. Es ist ein Spiel.
3. Die Trainer sind Freiwillige.
4. Die Schiedsrichter sind Menschen.
5. Wir sind nicht bei der WM.

Manche Vereine fassen sich etwas kürzer und schreiben nur:

»Eltern nicht auf den Rasen. Danke.«

Oder:

»Liebe Eltern. Wer den Schiedsrichter beschimpft oder beleidigt, muss mit der Verweisung von der Sportanlage rechnen. Der Vorstand«

Auch der **Deutsche Fußball-Bund reagierte bereits auf die Problematik** und entwickelte eine »Fair Play Liga« für die Jugendlichen. Auslöser war ein abgebrochenes Spiel einer F-Jugend in Aachen gewesen, bei dem sich Eltern wegen einer Schiedsrichterentscheidung vor den eigenen Kindern geprügelt hatten. Seit der Saison 2016/2017 wird die »Fair Play Liga« bundesweit umgesetzt. Die erste Regel lautet:

»Eltern und Zuschauer müssen mindestens 15 Meter vom Spielfeld entfernt stehen! Diese Regel bewirkt, dass es viel ruhiger auf dem Feld ist. Die Eltern stehen zu weit weg, um sportlich Einfluss auf ihre Kinder nehmen zu können. Anfeuerungsrufe gibt es noch, aber nicht mehr diese Menge an teils aggressiven Kommandos, die die Kinder nicht verarbeiten können. Das tut dem Eltern-Kind-Verhältnis gut.«

Unsportliches Verhalten unter ehrgeizigen Erziehungsberechtigten gibt es natürlich nicht nur im Fußball. Auch in **anderen Sportarten drehen Eltern gern durch** – entweder vor Sorge oder vor Ehrgeiz. Etwa beim Schwimmen, Turnen, Eislaufen, Rudern, Skifahren ... Dort gilt: Die Kinder sollen Topleistungen bringen, dürfen dabei aber niemals leiden oder frieren:

»Kinder besuchen heute Schwimmkurse mit wohlklingenden Namen wie ›Wasserwelten‹ oder ›Plitschplatsch‹. Vermittelt wird in den ersten zehn bis 20 Stunden, wie Wasser riecht, wie es sich anhört, und gegen Ende des dritten Kurses, wie sich Wasser anfühlt. Aber bitte nicht zu schnell ins kühle Nass! Der Kursleiter ist natürlich bereits von besorgten Eltern per E-Mail informiert worden, dass ein zu schneller Übergang vom Beckenrand ins Wasser Schaden an der Kinderseele verursachen könnte.«

Persönliche Assistentin
»Nach dem Schwimmunterricht ging eine Mutter mit ihrem 14-jährigen Sohn in die Umkleidekabine, um ihm beim Anziehen zu helfen.«

Sitzfleisch

»Die extrem fürsorglichen Eltern nennen wir beim
Schwimmen ›Handtuchhalter-Eltern‹. Eine Mutter
unseres Vereins sitzt bei jedem Wettkampf ihres drei-
zehnjährigen Sohnes neben ihm – und zwar bis zu
acht Stunden, denn so lange dauern Schwimmwett-
kämpfe mitunter. Sie redet dann auf ihn ein, wie lang
seine Tauchphase sein und wie er den Beinschlag tak-
ten soll, und empfiehlt dabei oft das Gegenteil von
dem, was der Trainer sagt. Ins Trainingscamp will sie
ihn nicht mitfahren lassen, weil er so unorganisiert
sei, und auch ein Zeltlager traut sie ihm nicht zu.«

Kann man da nicht was machen, Doc?

»In einem Schwimmwettkampf von 14- bis 15-Jähri-
gen habe ich erlebt, dass unter den schnellen Schwim-
mern überdurchschnittlich viele angebliche Asthma-
Patienten waren. Die Eltern reichten ein Attest ein
und gaben kurz vor dem Start zur Leistungssteigerung
das Spray. Es ist sehr traurig zu sehen, dass Kinder auf
diese Weise ans Doping herangeführt werden.«

Auch ein Skikurs ist Vertrauenssache

»Bei einer Info-Veranstaltung für einen Skikurs wollte
eine Mutter wissen: ›Welche pädagogische Ausbildung
haben die Skilehrer? Wie ist sichergestellt, dass die
Kinder jederzeit ihre Eltern telefonisch erreichen können, falls sie Heimweh bekommen?‹ Als die Skilehrer
erklärten, dass Skilehrer kein pädagogischer Abschluss

sei, sie aber seit 15 Jahren erfolgreich Skikurse veranstalteten, stand die Frau auf mit den Worten: ›Ihnen möchte ich mein Kind nicht anvertrauen‹, und verließ die Veranstaltung. Die anderen Eltern lachten zunächst laut, weil sie es für einen Scherz hielten.«

Eiswasserrudern

»Es war Mitte September, da kam eine Mutter zu mir auf den Steg und war verwundert, dass die Jugendlichen noch aufs Wasser geschickt wurden. Meine Frage, wo man denn sonst rudern solle, wurde mit der Gegenfrage beantwortet, was denn passiere, wenn die Kinder ins Wasser fielen? Meine etwas verständnislose Antwort war nur: ›Dann werden sie nass.‹ Die Mutter daraufhin: ›Aber das Wasser ist doch kalt!‹ Die Wassertemperatur betrug 16 Grad.«

Wasch mir den Pelz, aber mach mich nicht nass – dieses Sprichwort passt auch zu Eislauf- und Turn-Mamis.

»Eislauf-Mütter sind extrem. Einerseits betüddeln sie ihre Kinder bis ins letzte Detail, andererseits kennen sie kein Erbarmen, wenn es um Leistung geht. Die Mütter stehen während des Trainings am Rand und überwachen, dass das Kind auch wirklich jede Minute trainiert und nicht zwischendurch mal Quatsch macht. Sie kontrollieren, ob der Trainer seine Arbeit gut genug macht. Sie binden den Mädchen die Schuhe zu, machen ihnen die Haare, zupfen an der Kleidung herum und halten stets Wechselklamotten bereit, falls das Kind mal nass wird. Doch Eislauf-Mütter neigen auch dazu, die eigene Tochter maßlos zu überschätzen. Eine Neunjährige lief neulich eine gute Kür im Wettkampf, mit ein paar kleinen Patzern. Als sie vom Eis kam, schloss sie sich sofort in der Toilette ein und traute sich erst nach einer halben Stunde wieder hinaus, tränenüberströmt. Sie wusste wohl, was ihr blühte: Die Mutter verpasste ihr wortlos eine Ohrfeige.«

Eine Kunstturntrainerin bringt es auf den Punkt: »Eltern sind sehr fordernd, aber sie fordern nur ungern etwas von ihrem Kind. Sie drücken sich darum, Geräte auf- oder abzubauen, und kaum jemand benutzt Höflichkeitsformen wie ›bitte‹ und ›danke‹. Die Eltern entschuldigen ihre Kinder wegen jeder Kleinigkeit vom Training, werden aber wütend, wenn ihre Kinder bei einem Wettkampf das Schlusslicht sind. Daran ist dann natürlich der Trainer schuld. Hier die unverschämtesten Sprüche, die ich gehört habe: ›Achten Sie bitte darauf, dass meine Tochter sich nicht überanstrengt. Sie soll morgen keinen Muskelkater haben.‹
›Meine Tochter hatte einen anstrengenden Schultag, sie muss jetzt erst mal chillen und kommt daher nicht zum Training.‹
›Wir können an Samstagen nicht um elf Uhr zum Training kommen, weil wir da auch mal brunchen gehen wollen.‹

›Meine Tochter ist jetzt seit zwei Monaten da und kann immer noch keinen Salto. Was ist da los?‹ ›Wieso bekommt meine Tochter immer weniger Punkte als ihre Freundin? Der Kampfrichter hat keine Ahnung!‹ ›Sie haben meiner Tochter gar nichts zu sagen.‹ ›Mein Kind muss sich nicht abmelden. Sie merken doch, wenn es nicht da ist.‹«

Für landesweite Empörung sorgten Mütter und Väter bei einem Juniormarathon für Drei- bis Vierjährige im Jahr 2016 im österreichischen Linz. Dort **übertrieben es ehrgeizige Eltern** so richtig: Die Kinder sollten lediglich zum Spaß über eine Strecke von 42 Metern um die Wette rennen, doch Eltern zerrten ihre Sprösslinge lieber selbst ins Ziel. Die zum Teil weinenden Kinder seien an den Händen ihrer Eltern einen halben Meter durch die Luft geflogen, berichtete ein Sportfotograf, der die Szene dokumentierte. »Leider hat der übertriebene Ehrgeiz der Erwachsenen von Jahr zu Jahr zugenommen«, teilte der Veranstalter hinterher mit und sagte den nächsten Kinderlauf ab.

Musik: Meine Tochter, die Virtuosin

Nicht nur im Sport müssen Kinder Topleistungen abliefern, auch bei der musikalischen Erziehung ihrer Kinder verstehen die Heli-Eltern wenig Spaß. Einige beginnen bereits in der Schwangerschaft, ihren Ungeborenen Wagner und Beethoven vorzuspielen – weil sich hartnäckig das Gerücht hält, Kinder würden dadurch schlauer. (»Vielleicht haben wir uns damit die Mathe-Nachhilfe erspart«, schrieb eine Mutter.) Und im ersten Lebensjahr beginnen sie dann mit der musikalischen Förderung ihrer kleinen Mozarts.

Unterwegs in die Elbphilharmonie

»Ich bin Musikpädagogin und gebe Singkurse für Eltern mit Babys. Es sind oft ältere Mütter mit einer guten Ausbildung wie Ärztinnen oder Anwältinnen, die Kurse bei mir buchen. Eigentlich geht es nur darum, gemeinsam etwas Entspanntes zu machen. Aber die Frauen fragen mich nach den ersten paar Stunden: ›Wann fängt mein Kind denn an mitzusingen? Und warum haben Sie hier immer die gleichen Instrumente?‹ Die Eltern denken häufig, ihre Babys würden nicht genug lernen. Dabei sind die doch erst sechs Monate alt und können am Xylophon-Klöppel höchstens lutschen.«

Wie es die Heli-Eltern wollen

»Natürlich passen wir unser Angebot im Kindergarten an, weil es gefordert wird. Selbst bei Null- bis Dreijährigen werden dann englische Wörter benutzt, weil die Eltern das wollen. Und wir bieten ›musikalische Früherziehung‹ an. Das klingt halt besser, als wenn man sagt, wir haben heute in der Kita gesungen.«

Die Vorstellung, dass die Entfaltungsfreiheit eines einzigen Kindes nicht auf Kosten vieler anderer Menschen gehen sollte, ist Eltern kleiner Kinder oft total fremd. Man erlebt das etwa bei Schulkonzerten, bei denen Eltern quengelnder Kleinkinder nicht im Entferntesten auf die Idee kommen, mit ihren Kindern den Raum zu verlassen. Im Gegenteil: Entsprechende Bitten oder Aufforderungen empfinden sie als empörende Diskriminierung. Dasselbe erlebten auch diese Musiklehrerinnen:

»In meinen Gruppen für musikalische Früherziehung benehmen sich Kinder oft total daneben, sie schreien laut oder ärgern die anderen. Doch die Mütter trauen sich nicht, ihre Kinder zurechtzuweisen. Sie diskutieren herum und wirken hilflos. Oft packen die Mütter dann Brötchen und Kekse aus, weil das Kind danach verlangt, und krümeln alles voll. Eigentlich möchte ich das nicht in meinen Kursen. Doch die Frauen trauen sich kaum, dem Kind zu sagen, dass es mal eine halbe Stunde warten muss mit dem Snacken. Sie gucken mich dann an, damit ich selbst eingreife.

Einmal wurde es so extrem, dass ich gesagt habe: ›Geht doch mal einen Moment raus.‹ Die Mutter war so sauer, dass sie gekündigt hat.«

Wir bringen die Band wieder zusammen

»Es gibt Kinder, die einfach überhaupt keine Lust haben aufs Musizieren. Ihre Eltern denken aber, dass es sein muss, weil es gut für die Entwicklung sei. Ich glaube, da wird viel projiziert: Wenn die Eltern sich immer vergeblich gewünscht haben, Gitarre in einer Band zu spielen, muss es das Kind dann umsetzen.«

Wettbewerbsnachteil

»Kurz vor dem ›Jugend musiziert‹-Wettbewerb rief mich eine Mutter an, um sich zu beschweren. Ihr fünfjähriger Sohn, der seit einem Jahr Violine spiele und täglich zwischen zehn Minuten und einer Stunde übe, bereite sich seit drei Monaten auf die drei Stücke vor, die er vorzuspielen habe. Die Mutter war nun aufgebracht, weil sie festgestellt hatte, dass es nur eine Altersklasse für alle Kinder bis acht Jahre gibt. Es sei unfair ihrem Sohn gegenüber, dass er ›gegen kleine Profis antreten‹ müsse.«

Holt die Helikopter,
es gibt etwas zu feiern!

Der beste Anlass, um zu beweisen, wer die tollsten Eltern der Welt sind, ist der **Kindergeburtstag**. Unsere Helikopter geben dann richtig Gas und drehen völlig frei – Ausnahmezustand. Wer jetzt an Marmorkuchen, Schokokuss-Wettessen und Flaschendrehen denkt, ist hoffnungslos altmodisch. Heli-Partys sind Prestigeprojekte, kosten oft mehrere Hundert Euro und müssen der **Höhepunkt des Jahres** sein. Und das Wichtigste: Die anderen Eltern müssen grün vor Neid werden. Oft sind es logistisch durchgeplante Motto-Events, von denen mittlerweile eine ganze Dienstleistungsbranche profitiert. Eine Münchener Agentur wirbt damit, dass die Ansprüche von Kindern heutzutage immer mehr steigen und die Geburtstagsfeier am besten gelinge, wenn sie von Spezialisten organisiert werde. Hochseilgarten, Motto-Feier »Fluch der Karibik«, Topmodel-Party mit Catwalk-Training – nur das Beste ist gut genug, und zwar bitte detailliert nach Drehbuch. Der Spaß der Kinder rückt dabei in Wahrheit oft etwas in den Hintergrund – schließlich geht es um die Eltern und deren Prestige und nicht um schnödes Spielen und Erlebnisse von kindgerechter Bescheidenheit.

»Mein Sohn war zu einem fünften Geburtstag eingeladen. Das Thema der Motto-Party war ›Piraten‹. Zunächst wurde jedes Kind mit Abziehbildchen tätowiert und in ein Piraten-Outfit eingekleidet. Dann wurden

Landkarten und kleine Schatztruhen verteilt, in denen die Kinder während einer Schatzsuche – unter Anleitung von zwei Animateuren – Goldstücke sammelten. Der Kuchen war ein riesiges, aus Teig und Schokolade nachgebildetes Segelschiff, dazu gab es Rettungsboote aus geschnitzten Melonen und Ananas. Als die Eltern die Kinder abholten, mussten sie zunächst mit allen eine große Polonaise durch den Garten machen, bevor jeder ein bereits gerahmtes Action-Foto seines eigenen Kindes von diesem Kindergeburtstag erhielt.«

Konditoren-Olympiade

»Das Kuchenangebot auf Kinderpartys wird immer irrer. Mein Sohn war neulich auf dem sechsten Geburtstag des Nachbarjungen. Die Mutter hatte diese wahnsinnig aufwendigen Cake-Pops gemacht, das sind kleine Kuchenhäppchen am Stiel. Sie ließ es sich nicht nehmen, uns anderen Müttern zu erklären, wie das geht: Sie habe zunächst einen Kuchen gebacken, diesen dann zerkrümelt und mit Frischkäse verknetet und kalt gestellt. Daraus habe sie mundgerechte Kugeln geformt, die sie dann auf Holzstiele gesteckt habe, dazu müsse man aber Spezialstiele von einem Cake-Pop-Versand bestellen, weil der Frischkäse an normalen Schaschlik-Hölzchen nicht hält. Danach habe sie die Stiel-Küchlein in Zuckerguss oder Schokoglasur getaucht und sie mit fünf Sorten Streuseln dekoriert. Von dem ganzen Aufwand hat man natürlich nichts mehr gesehen, denn die Kinder hatten sich die bunten

Dinger in einer Sekunde in den Mund gesteckt. Einige spuckten den Brei dann wieder aus, weil sie keinen Frischkäse mochten. Ich habe schon von Cake-Pops-Schablonen für Kuchenlollis in Pferdekopf- und Schmetterlingsform gehört. Hoffentlich setzt sich das nicht durch.«

Nächster Halt: Israel

»Letztens holte ich meine Tochter von einer Geburts-tagsparty im Kegelkeller einer Gaststätte ab. Anwe-send waren 17 Mädels, die vier Stunden lang aus-giebig konsumiert und den Keller in ein Schlachtfeld verwandelt hatten. Einige Wochen davor war mein Sohn zum Laserpistolen-Spiel eingeladen gewesen, wieder in Klassenstärke. Ich habe ernsthaft vor, den nächsten Geburtstag mit Topfschlagen und der Reise nach Jerusalem zu gestalten. Ich befürchte nur, dass Letzteres wortwörtlich genommen wird.«

Der soziale Vergleich setzt andere Eltern unter Druck. Viele fragen sich, ob sie mit dem **Kinderparty-Wahnsinn** mit-halten müssen. Eine Mutter schreibt:

»Man kann auch als Mit-Eltern von Helikoptern ganz gehörig genervt sein. Man kann versuchen, sich von solchen anstrengenden Eltern fernzuhalten, aber leider kommt man in Kita und Schule nicht völlig an ihnen vorbei. Unglaublich, was manche Eltern anderen vorschreiben wollen.«

Auch die Kinder werden zunehmend fordernder:

>»Wir haben den letzten Geburtstag meines Sohnes zu Hause gefeiert, traditionell mit Spielen und einer kleinen Schatzsuche. Danach sagte ein Gast zu meinem Sohn: ›Deine Geburtstage sind langweilig. Sag deiner Mutter mal, dass du in den Freizeitpark willst oder in die Fasanerie.‹«

Sicher ist sicher

»Am Geburtstag unseres Siebenjährigen haben wir einen Ausflug mit zwei Autos gemacht. Von Köln aus ging es nach Oberhausen ins Legoland Discovery Center. Eine Mutter brachte ihren Sohn zum Treffpunkt und sagte, ihr sei das alles nicht geheuer, sie wolle gern mitkommen. Mein Mann und ich antworteten, dass alle Plätze in den beiden Autos belegt seien. Davon ließ sich die Mutter nicht abhalten. Sie fuhr mit ihrem eigenen PKW hinter uns her und zahlte selbst Eintritt ins Legoland, um ihren Sohn während des Kindergeburtstages zu überwachen.«

Und nicht nur die Kinder werden überwacht – auch was die anderen Eltern machen, steht unter strengster Beobachtung. »Würde es heute jemand wagen, die Kinder ohne Sitzerhöhung im Auto zu transportieren, er hätte sofort die ärgsten Schwierigkeiten, möglicherweise auch juristisch«, erzählt eine Mutter. Genauso geächtet sind Zucker und andere Dinge, die Spaß machen:

»Immer wieder gibt es den Wunsch, dass an Geburtstagen keine Süßigkeiten gereicht werden sollen, möglichst auch kein Kuchen. Meiner Erfahrung nach sind es aber die Ohne-Süßigkeiten-erzogenen-Kinder, die sich – wenn sie denn mal an Naschwerk kommen – den Bauch und die Taschen derartig damit vollstopfen, dass man als Normalo-Eltern fassungslos danebensteht.«

Eine Veggie-Mutter sucht Hilfe über Facebook:
»Liebes Team, gibt es Miniaturen Eurer Produkte für den Kaufmannsladen? Leider finde ich nur tierische Produkte und hätte doch so gern die Alltagsprodukte meiner Kinder für ihren Laden. Viele Grüße«

Halloween-Ermahnung
»Am 29. Oktober fand ich im Briefkasten einen am PC gestalteten und in Farbe gedruckten Info-Zettel: ›Liebe Nachbarn, wie Sie wissen, ist übermorgen Halloween. Bitte halten Sie ausreichend gesunde Süßigkeiten bereit, um die Kinder beschenken zu können, wenn sie bei Ihnen klingeln! Mit nachbarschaftlichen Grüßen, die Eltern.‹
Diese Erwartungshaltung finde ich unverschämt. Zum Glück bin ich in Vollzeit berufstätig und komme erst in den späteren Abendstunden nach Hause, so blieb den lieben Kleinen der Anblick einer bösen Halloween-Hexe erspart, die die Kinder mit Zucker vergiften will.«

Spielen? Bitte nur unter Aufsicht

Nach so viel Stress mit Sport, Hobbys und Feierlichkeiten könnte man den Kindern doch mal etwas Leerlauf gönnen: freies Spiel, bei dem die Eltern mal nicht danebenstehen; einfach ein paar unbeaufsichtigte Minuten. Doch **Helis können nicht loslassen.** Sie installieren Kameras im Kinderzimmer, halten Zehnjährigen zum Einschlafen Händchen, leisten auf dem Spielplatz Hilfestellung beim Besteigen des Sandkastens und telefonieren Teenagern noch im Sprachurlaub bis nach England hinterher. Big parent is watching you:

> »Neulich erzählte mir eine Kita-Bekanntschaft, sie habe in ihrem Haus nicht nur Treppengitter und Steckdosenschutz angebracht, sondern auch eine Kamera im Kinderzimmer installiert. Ursprünglich sei die mal fürs Baby gedacht gewesen. Jetzt aber sei die Kamera nicht mehr aufs Gitterbettchen, sondern in Richtung Spielbereich gerichtet – die Eltern fänden es so beruhigend, wenn sie die Kinder jederzeit in ihrem Zimmer beobachten könnten. So könnten sie auch fairer entscheiden, wenn mal Streit entsteht.«

Unser Sohn ist nämlich aus Zucker

»Meine Nachbarn sind absolute Helikopter-Eltern. Im Sommer ist der Zweijährige auf der Wiese hingefallen. Er hat nicht geweint, trotzdem berieten sich die Eltern, ob sie den Krankenwagen rufen sollten oder ob ein Besuch beim Hausarzt ausreicht. Den Rasen in ihrem Garten mähen sie übrigens nur, wenn der Sohn bei den Großeltern ist. Das laute Geräusch schadet aus ihrer Sicht nämlich dem Kind, sogar wenn es in der Wohnung ist.«

Vorsicht, ein Apfel

»Die Käufer meines Einfamilienhauses haben direkt nach dem Kauf den einzigen Schattenspender im Garten gefällt, einen 50 Jahre alten Apfelbaum. Sie hatten Angst, ihrem Kind könnte im Sommer ein Apfel auf den Kopf fallen.«

Wir sind immer bei euch! IMMER!

»Ich kenne eine Familie mit Zwillingen. Als die beiden zwei Jahre alt waren, haben die Eltern damit begonnen, dass ein Elternteil immer bei den Kindern schläft. Auf einer Matratze, die zwischen den beiden Kinderbetten auf dem Boden liegt. Heute sind die Kinder zehn Jahre alt, und es hat sich nichts geändert: Noch immer wird bis zum Einschlafen auf beiden Seiten Händchen gehalten und die Nacht mit den Kindern verbracht. Leider wird dabei nicht nur das Eheleben geschädigt.«

UND ÜBERALL!

»Ein Elternpaar aus der Verwandtschaft überwachte seinen einzigen Sohn besser als die britischen Kronjuwelen. Um mal wegzukommen, ließ sich der Teenager von seinen Eltern bei einem Amateurfunk-Verein anmelden. Als er zum ersten Schulungstermin kam, saßen da zwei weitere neue Mitglieder: seine Eltern.«

Sie merken: Wir nähern uns zielstrebig dem Bereich »kafkaesker Alptraum«. Von denselben Eltern erzählt auch diese Anekdote:

»Der mittlerweile volljährige Junge war für ein paar Tage allein zu Hause. Als seine Eltern wiederkamen, stand er unter Verdacht, in der sturmfreien Zeit Besuch gehabt zu haben – womöglich von einem Mädchen. Der Grund laut Aussage seiner Eltern: ›Er benutzt ja immer die eine Toilette, aber in der anderen Toilette war der Wasserspiegel weiter abgesunken, als es allein durch Verdunstung zu erwarten gewesen wäre.‹ Wie oft mögen die Eltern zuvor schon die Wasserspiegel in ihren Toiletten nachgemessen haben, um die korrekte Verdunstungsrate zu kennen?«

Wir haben euch zum Fressen gern!

»Unsere Nachbarn in Florida hatten ihren acht und zehn Jahre alten Töchtern das Verlassen des Hauses ohne elterliche Aufsicht komplett verboten, weil sie draußen von Alligatoren gefressen werden könnten.

Sie mussten in der Garage spielen. Nur freitags zwischen 16 und 18 Uhr durften sie mit ihren Fahrrädern unter elterlicher Aufsicht im Wendehammer vor dem Haus im Kreis fahren, nachdem die Eltern die Einfahrt in diese Sackgasse mit Schildern abgesperrt hatten.«

WhatsApp – wie gemacht für Helis

»In einer Eltern-WhatsApp-Gruppe kommen pro Tag ungefähr 60 Nachrichten an. Es geht um Fragen wie: Sollen die Kinder wirklich, wie von der Schule verlangt, beim Zooausflug Halbschuhe tragen? Vielleicht regnet es. Nicht doch lieber Gummistiefel? Oder: Die Mutter einer Siebenjährigen fragt nun schon zum zweiten Mal, wer das Freundebuch ihrer achtjährigen Tochter haben könnte. Es antworten alle, auch die, die ›Wir haben es nicht‹ antworten müssen. Eine andere Mutter fragt besorgt, wie sie ihrem Sohn die drei Sätze für die Schulaufführung beibringen soll. Woher weiß er seinen Einsatz? Sechs Eltern antworten darauf mit guten Tipps. Dann erfahre ich, dass Theo heute nicht zum Training kommen kann, er ist krank. Zwölf Eltern schicken daraufhin Emojis und ›Gute Besserung, Theo!‹ an alle anderen in der Chatgruppe. Ich finde das nicht mehr normal.«

Wer Kinder hat, weiß, dass **Frisör-Besuche** nicht zu den schönsten Beschäftigungen mit dem Nachwuchs gehören. Trotzdem muss man ihnen hin und wieder die Haare schneiden lassen. Allerdings gibt es mittlerweile Salons, die keine Lust mehr auf Kinder haben. Schuld daran sind: die Eltern.

Eine Frisörin erzählt:

»Ich habe so viele unangenehme Eltern erlebt, dass ich mittlerweile Kinderhaarschnitte aus meinem Angebot gestrichen habe. Das läuft nämlich heutzutage so ab: Mutter mit Kleinkind betritt den Salon. ›Können Sie kurz meinem Kind die Haare schneiden? Das dauert ja nicht lange.‹ Doch daraus wurde meist eine Dreiviertelstunde, denn die Kinder werden nicht vorbereitet auf ihren Frisör-Besuch. Die Mutter fragt also: ›Willst du Haareschneiden?‹ Das Kind sagt natürlich: ›Nein.‹ Nach zehn Minuten Diskussion mit einem Dreijährigen kommt dann die nächste Frage der Mutter: ›Wie willst du die Haare geschnitten haben?‹ Und so geht es weiter: ›Wo willst du sitzen?‹ Und: ›Willst du einen Umhang?‹ Es dauert ewig. Dann soll es auch noch total günstig sein. Das kann ich leider nicht leisten.«

Paranoia schlägt Verstand

»Die Polizei kam in unsere Kindergruppe, um den Jungen und Mädchen beizubringen, wie sie sich verhalten sollen, wenn sie von Fremden angesprochen und zum Mitkommen aufgefordert werden. Eine Supermama schlug daraufhin vor, einen Schauspieler zu engagieren, um die Situation in der Realität zu testen. Was für ein Alptraum für die Kinder.«

Kannst du deinen Auslandsaufenthalt nicht einfach hier zu Hause machen?

Auch **Auslandsaufenthalte** bringen Helikopter-Eltern in ein großes Dilemma. Einerseits wissen sie, dass Sprachreisen und Austauschsemester viel bringen, wenn die Kinder in einer Fremdsprache vorankommen sollen. Doch wie können sie überprüfen, was die Jugendlichen im Ausland genau machen? Einige Eltern versuchen diesen Spagat:

»Als Veranstalter von Sprachreisen kommuniziere ich viel mit Eltern, die ihre Kinder in zwei- bis dreiwöchige Summer Camps ins Ausland schicken. Die Reisen sind sehr gut organisiert, die Jugendlichen haben einen durchstrukturierten Tag mit vielen Aktivitäten. Eine Mutter aber rief aufgeregt an: ›Mein Sohn ist in England, und ich höre nichts von ihm. Wir haben abgemacht, dass er sich alle zwei Tage meldet, doch nun habe ich seit drei Tagen kein Lebenszeichen erhalten. Bitte sorgen Sie sofort dafür, dass mein Sohn sich meldet. Wissen Sie, mein Sohn genießt eine Eins-a-Erziehung, er hält sich immer an Abmachungen. Jetzt

weiß ich nicht, wo er ist und ob ihm etwas zugesto-
ßen ist.‹ Im Laufe des Gesprächs stellte sich heraus,
dass die Mutter mit einer App verfolgen konnte, wo
sich ihr Kind gerade aufhielt. Ich wandte ein, dass sie
doch dann Bescheid wisse, wo ihr Sohn gerade sei.
Die Antwort: ›Das Handy könnte gestohlen worden
sein.‹ Plötzlich, mitten im Satz – ›ping‹ – erreichte
die Mutter die erlösende SMS: ›Mama, alles cool
hier!‹«

Fleischeslust

»Als ich 14 Jahre alt war, habe ich mich zu einer
Sprachreise für 12- bis 16-Jährige angemeldet. Eine
Mutter stellte sich bei der Vorbesprechung mit den
Worten vor: ›Mein Sohn lebt vegetarisch.‹ In England
habe die Gastfamilie daher auf seine Ernährung zu
achten, denn er würde niemals Fleisch anrühren.
Wir haben den Mitschüler in England dann häufig im
KFC angetroffen – und zwar nicht wegen der Pommes.«

Dafür bist du noch zu klein

»Eine Mutter wollte nicht, dass ihr 15-jähriger Sohn
um 20:30 Uhr nach einer Feier allein zur U-Bahn geht.
Und das drei Wochen vor seinem Austauschaufenthalt
in Australien.«

Rettungshubschrauber an Arzt: Mein Kind stirbt – es hat geniest!

Physio, Ergo, Sprache: Rund ein Viertel der Kinder im Einschulungsalter sind in Therapie, das zeigt der AOK-Heilmittelbericht aus dem Jahr 2016. Das bedeutet: Fast jeder dritte Junge und jedes fünfte Mädchen sind nicht normal entwickelt. Im Vergleich zu 2003 ist das eine Zunahme von mehr als 40 Prozent. Das kann entweder daran liegen, dass es tatsächlich mehr auffällige Kinder gibt, oder es liegt daran, dass die Eltern auffälliger werden. Und dass es Ärzte gibt, die schneller als früher Therapien verschreiben. Vermutlich ist es eine Mischung aus allem. Dass die Eltern auffälliger werden, belegen die Beispiele in diesem Kapitel. Hier berichten Ärzte, Pfleger und andere Eltern von Müttern, die ihre Kinder wegen Schluckbeschwerden oder Unwohlsein in die Notaufnahme schleppen und sich dann noch aufregen, wenn andere Kinder mit Verbrennungen vorgezogen werden. Und es geht um Eltern, die ganz offensichtlich nicht mehr wissen, was wirklich wichtig beziehungsweise gefährlich ist, und die durch ihre eigene Aufregung ihr Kind während einer Behandlung so verrückt machen, dass die

Ärzte sie des Raumes verweisen müssen, um ein Ärmchen verbinden zu können. Oder die für ihr Kind eine Vollnarkose anstelle einer Spritze verlangen – weil der Kleine doch keine Pikser mag.

In der Notaufnahme: Wenn Eltern akut behandelt werden müssen

Selbstverständlich ist es für Eltern schwierig, ruhig zu bleiben, wenn ihr Kind sich verletzt hat, leidet und vor Schmerzen schreit. Dass sie in einem solchen Moment besorgt sind, ist klar. Doch dass sie aufgeregter sind als die Kinder, ist erstens nicht nötig, zweitens das Gegenteil von Vorbildwirkung und drittens sogar echt kontraproduktiv, wie die geplagten Ärzte bestätigen:

Krank sind vor allem die Eltern
»Bekommt man ein Kind von Helikopter-Eltern in die Notaufnahme, muss man meistens, um ordentlich untersuchen und behandeln zu können, die Eltern freundlich, aber bestimmt des Raumes verweisen.

Unvorstellbar, was sich so ein armes Kind alles anhören muss, nur weil es sich mal einen Knochen
gebrochen hat. Und wie soll ich als Arzt bei diesem
Gezeter vernünftig arbeiten können? Ich brauche
keine Mutter, die mir das Kind noch ängstlicher
macht. Ich brauche ein Kind, das so gut wie möglich
mitarbeitet.«

Am besten künstliches Koma

»Zu uns kam ein Junge, fünf oder sechs Jahre alt, mit
einer kleinen Schnittwunde am Arm, die genäht werden musste. Bei Kindern gehen wir immer sehr behut-
sam vor. Aber allein die Spritze zur Betäubung war mit
den anwesenden Eltern nahezu unmöglich. Anstatt
Ruhe auszustrahlen, haben sie alles hinterfragt.
Das Kind spürte natürlich die Unsicherheit der Eltern,
schrie wie am Spieß und wehrte sich mit Händen und
Füßen, so dass zwei Schwestern ihn nicht halten
konnten und wir die Anästhesie zunächst abbrechen
mussten. Nachdem sich alle beruhigt hatten, versuchten wir es mit einem Anästhesie-Pflaster, das dann
später mit einer Spritze kombiniert werden sollte.
Plötzlich fragten jedoch die Eltern, ob man nicht eine
Vollnarkose im OP machen könnte. Daraufhin baten
wir sie, kurz den Raum zu verlassen – erst dann konnte ich endlich die kleine Wunde mit zwei Stichen
nähen.«

»Das mag er nicht!«

»Ein anderthalbjähriger Junge hatte einen Topf kochendes Wasser vom Herd gezogen und sich – nicht lebensbedrohlich – am Arm verbrüht. Als der Notarzt und wir vom Rettungsdienst eintrafen, weinte der Kleine verständlicherweise herzzerreißend vor Schmerzen. Und die Mutter war in Panik – allerdings nicht nur wegen der Verletzung: ›Nein, nicht verbinden, das mag er nicht! Und Spritzen auch nicht!‹ Wie gut, dass man Kindern Schmerzmittel auch als eine Art Spray durch die Nase geben kann. Dann, im Rettungswagen, als ich den Jungen für den Transport sichern wollte, funkte sie wieder dazwischen: ›NEEEIIIN, nicht anschnallen, das mag er nicht!‹«

24/7-Mutti, lebenslang

»Ich arbeite an der Anmeldung eines Krankenhauses. Eine Mutter, die ihren 13-jährigen Sohn zur stationären Aufnahme wegen Bauchschmerzen anmeldete, teilte mir mit: ›Ich muss aber über Nacht bei ihm bleiben, er war noch nie im Krankenhaus.‹«

»Seid froh, wenn ihr warten dürft« – eine Krankenschwester packt aus:

»Die Tür zur Notaufnahme öffnet sich, und wie immer blicke ich zu Dienstbeginn in einen überfüllten Wartebereich mit verschnupften, hustenden und spielenden Kindern. Ich sehe Mütter, die in Gruppen zusammenstehen und lauthals schimpfen, wie lange sie schon warten. Und Kinder, die fröhlich singen. Ich frage mich, was für ein Notfall sie herführt.«

So beginnt der Erfahrungsbericht einer Kinderkrankenschwester, den sie zunächst bei Facebook und dann bei SPIEGEL ONLINE veröffentlicht hat und der viel Aufmerksamkeit erregt hat. Darin berichtet sie von einer Mutter, die »sichtlich besorgt und überfordert« mit ihrem achtjährigen Sohn in die Notfallambulanz kam, weil er seit dem Vormittag Erbrechen und Durchfall hatte. Sie habe überlegt, der Mutter zu sagen, sie solle mit ihrem Sohn doch lieber nach Hause fahren und ihn ins Bett stecken, damit er in Ruhe seinen Virus auskurieren könne. »Aber ich weiß, dass solch eine Empfehlung nach hinten losgehen kann«, so die Krankenschwester. Und berichtet von weiteren, leider alltäglichen Situationen wie diesen:

> »An der Anmeldung bildet sich eine Schlange. Ich bin dort gerade die Einzige, alle anderen kümmern sich um einen Zweijährigen, der im Schockraum nebenan reanimiert wird. Ich nehme Kinder mit leichtem bis hohem Fieber an und weiß, dass die Mamas die Ambulanz in drei Stunden fluchend mit einem Paracetamol-Rezept verlassen werden. Sie werden sauer sein, weil keine Diagnose feststeht und sie nach dem Rezept noch fragen mussten. Wenige verstehen, dass man nach ein bis zwei Tagen Fieber noch keine Diagnose stellen kann, denn häufig stellen sich erst am zweiten Tag Symptome wie Schnupfen oder Halsschmerzen ein.

Einen kurzatmigen Jungen ziehe ich vor, unter bösen Blicken von anderen Eltern. Ich ermittle alle Werte, und eine schlechte Sättigung lässt mich handeln: Ich gebe ihm Sauerstoff. Da ich weiß, dass unsere Ärzte gerade einer Mutter vom Tod ihres Kindes erzählen, mache ich schon mal auf eigene Faust Blutentnahme und Inhalationen und suche ein Bett. Draußen fängt mich Mutter X ab und wird laut. Sie warte jetzt zwei Stunden, obwohl doch vorhin nur zwei Patienten vor ihr dran waren. Ich schaue ihr Kind an, es spielt fröhlich mit dem Handy. Ich messe eine Temperatur von 38,3 Grad, Schmerzen werden verneint. Ich sage der Mutter, dass jetzt drei Patienten vor ihr dran sind. Drei Räume weiter haben unsere Ärzte gerade eine Stunde um ein Leben gekämpft. Die Mutter des Jungen würde wahrscheinlich alles dafür geben, mit einem verschnupften Kind drei Stunden hier zu warten. Am liebsten würde ich das in den Wartebereich rufen. Wieder zurück an der Anmeldung, sehe ich an dritter Stelle einen Kinderwagen mit einem grauen Säugling. Ich bitte die Mutter in ein Behandlungszimmer. Die Mutter auf Platz eins wird sauer: Ständig zöge ich Kinder vor, ihres sei auch ein Notfall. Es schlürft Capri-Sonne.

Zwei Rettungswagen kommen. Zwei Schockräume werden vorbereitet. Das eine Kind hat sich verbrannt, es schreit und durchlebt höllische Schmerzen. Unsere Ärzte lassen alles andere liegen. Wieder draußen, wird die Ärztin von Mutter X angeschrien, sie solle endlich ihre Arbeit machen, man würde hier die ganze Zeit keinen Arzt sehen. Die Ärztin wird unfreundlich und sagt leider, was ich denke: ›Ihr Kind ist kein Notfall.‹ Die Mutter verlässt ohne Untersuchung mit ihrem Kind die Klinik, ein Gespräch bei der Direktion ist programmiert.

Am Ende meines Dienstes habe ich 65 Patienten gesehen und versorgt, darunter zehn Notfälle. Ich will keine Mutter davon abhalten, in die Klinik zu fahren. Aber allen, die Stunden in der Notaufnahme warten und das Gefühl haben, hier arbeite keiner, möchte ich sagen: Euer Kind ist nicht unbeobachtet, auch wenn es euch so vorkommt. Das Pflegepersonal ist geschult, um einschätzen zu können, wie krank es ist. Seid froh, wenn ihr warten dürft.«

Dass solche Szenen täglich in Deutschland passieren und viele Helikopter-Eltern nicht mehr unterscheiden können zwischen wichtig, mittel- und unwichtig – und dabei ihr eigenes Kind in jeder Sekunde als Mittelpunkt der Welt betrachten, und zwar so extrem, dass ihr Verhalten dadurch regelrecht asozial wird –, zeigen auch diese Anekdoten:

»Ein Vater, der mit einem ziemlich fidelen Kind noch länger warten musste, weil wir ein krampfendes Kind vorzogen, das mit dem Rettungswagen zu uns in die Klinik gebracht worden war, sagte: ›Ach, so läuft das! Das nächste Mal hole ich auch die Feuerwehr, dann muss ich nicht so lange warten.‹«

Erstickungsgefahr, schön und gut –
aber ich war zuerst da!

»Zum Glück haben wir ein Krankenhaus um die Ecke.
Wir rannten mit unserem röchelnden Sohn rein,
welcher sichtbar keine Luft bekam, bleich war und
langsam blaue Lippen kriegte. Zwei Schwestern und
ein Arzt liefen uns entgegen. Sie schafften es aber
nicht, uns zu fragen, was überhaupt los war – weil
eine Mutter sich direkt zwischen mir und dem Arzt
aufbaute und ihn anbrüllte, was das solle. Sie sei
schließlich vor uns da gewesen, und zwar bereits vor
einer Stunde. Die Frau ließ nicht locker und packte
den Arzt sogar an den Händen, als er unseren Sohn
behandeln wollte – bis er sie wegschubste. Und als
ich dabei zusehen musste, wie mein Zweijähriger an
Maschinen hing und die Sauerstoffsättigung immer
wieder absackte, tobte sie immer noch.«

Ist das hier der Kindergeburtstag?

»Unser letzter Besuch in der Notaufnahme: Wir waren
mit einem doppelten Bänderriss da und wollten einen
knöchernen Ausriss ausschließen lassen. Mit uns im
Wartebereich saßen: einmal Schluckbeschwerden ohne
Fieber, einmal leichtes Fieber, einmal kleinere Schnittwunde am Fuß, einmal Unwohlsein (das Kind war aber
in der Lage, die gesamte Zeit von Mama mit ›Bildungs-
literatur‹ vollgestopft zu werden) und einmal Kleinkind, das die gesamte Zeit völlig aufgedreht auf einem
Rollhocker durch den Flur tobte.«

Offenbar ist die übertriebene Ängstlichkeit einiger Eltern jedoch nicht der einzige Grund für einen Krankenhausbesuch:

> »Ich kenne einige Leute, die ganz bewusst am Abend mit einer Lappalie die Notfallambulanz blockieren, weil sie glauben, dort schneller dranzukommen als zu einer regulären Zeit in einem überfüllten Wartezimmer. Es könnte auch damit zusammenhängen, dass Eltern nicht bei der Arbeit freinehmen können oder wollen und deshalb lieber abends oder am Wochenende ins Krankenhaus fahren, damit das hustende Kind mal abgehört wird.«

> **Einmal das Familienpaket, bitte**
> »Einige Familien kommen auch gleich mit mehreren Kindern. Eines ist vielleicht wirklich krank, hat also zum Beispiel eine Mittelohrentzündung – und die Geschwister werden zum ›Durchchecken‹ gleich mal mitgebracht, weil sie zweimal geniest haben. Gern ziehen die Eltern dann noch Wunschzettel mit Medikamenten aus der Tasche, die sie auf Rezept haben möchten. Schreibt man trotzdem nur das medizinisch Notwendige auf, wird man beschimpft.«

Geht doch bitte zum Arzt und nicht in die Notaufnahme, möchte man diesen Eltern zurufen. Doch die niedergelassenen Ärzte freuen sich auch nicht unbedingt über diese Sorte »Kundschaft«.

Beim Arzt:
»Das ist Ketchup, kein Blut!«

»Ich muss mich manchmal böse zusammenreißen, damit mir angesichts des Verhaltens von Eltern nicht völlig die Gesichtszüge entgleisen«, erzählte uns eine Arzthelferin. Das können wir verstehen – bei Geschichten wie diesen:

»Eine Mutter kam mit ihrem siebenjährigen Sohn, dem ein Milchzahn gezogen werden musste. Nach der komplikationslosen Behandlung sah der Junge den blutigen Zahn auf dem Tablett liegen. Ein Riesenproblem – für die Mutter: Sie sprang panisch vom Stuhl auf und erzählte dem Jungen, dass es sich bei der roten Flüssigkeit um Ketchup handeln würde.«

»Dann gibt es noch die Eltern, die sich überhaupt nicht dafür interessieren, wenn ihre Kinder das Wasser aus ihrem Mund nicht ins Becken, sondern auf den Boden spucken oder – noch schlimmer – uns bei ganz normalen Untersuchungen beißen oder nach uns treten. Und wenn wir Arzthelferinnen dann selbst etwas sagen, werden wir doof an-

geguckt: Was uns einfallen würde, ein zehnjähriges
Kind zu maßregeln?!«

Von so was kommen Lungenentzündungen

»Ich saß im Wartezimmer eines Arztes, neben mir eine
Mutter mit einem ungefähr dreijährigen Kind. Als ich
in der Zeitung blätterte, bat mich die Mutter darum,
dies nicht so heftig zu tun, da sich ihr Kind bei dem
Luftzug sonst erkälten würde.«

Mayday! Mayday!

»Im Sommer war ich mit meinem Achtjährigen auf
dem Spielplatz; wie viele andere Kinder rannte er mit
nackten Füßen herum. Nach einiger Zeit schrammte er
sich die Oberseite eines Zehs am Asphalt auf. Er weinte etwas, ich tröstete ihn und goss ein wenig Wasser
aus seiner Trinkflasche über den Zeh. Da sprang eine
andere Mutter zu uns, mit einem kleinen Globuli-
Döschen in der Hand: ›Sofort Arnica! Sofort!‹, rief sie.
›Warum?‹, fragte ich. ›Gegen die Schmerzen! Da musst
du doch Arnica geben. Hast du denn nie Globuli
dabei?‹ Ich finde diesen Globuli-Wahnsinn nicht nur
total überzogen, sondern auch falsch. So lernen die
Kinder doch nur, dass man wegen jedem Quatsch zu
Tabletten greift.«

Auch Eltern müssen Opfer bringen

»Eine Patientin lehnte eine mehrtägige augenärztliche
Untersuchungseinheit in meiner Praxis ab, die für den

Erhalt ihres Augenlichts wichtig war. Der Grund: Sie müsse sich um ihr Kind kümmern – obwohl ein Vater vorhanden war. Auf die Frage, wie alt das Kleine denn sei, kam die Antwort: 15 Jahre.«

Therapeuten packen aus: Die ersehnte Hochbegabung

Nicht alle Eltern, die ihr Kind zum Arzt schleppen, erhoffen sich zu hören: »Ihr Kind ist völlig gesund.« Nein, es gibt auch Mamis und Papis, die sich nichts sehnlicher wünschen als eine handfeste Diagnose, die dann natürlich entsprechend therapiert werden muss. Ganz oben auf der Wunschliste: Hochbegabung.

Ein Kinder- und Jugendpsychologe berichtet:
»Häufig werden mir Kinder mit Verhaltens- oder Konzentrationsproblemen vorgestellt. Zu meiner gründlichen Diagnostik gehört auch ein Intelligenztest. Eine Mutter, deren Sohn nicht die ersehnte Hochbegabung aufwies, fragte mich ernsthaft, ob ich in meinem Befundbericht an den Kinderarzt die Daten nicht ein bisschen optimieren könnte. Ich lehnte ab, woraufhin

sie sagte, dass sie eine weitere Meinung einholen wolle – was bedeutet, dass das Kind nochmals eine aufwendige Prozedur über sich ergehen lassen musste.«

Betreibe ich eine Fälscherwerkstatt oder was?

»Ich arbeite psychotherapeutisch mit Kindern, Jugendlichen und deren Eltern. Häufig ist es tatsächlich so, dass die Eltern das Problemverhalten ihrer Kinder durch ihr eigenes Verhalten verstärken. Dies wollen sie aber unter keinen Umständen wahrhaben. Was die Eltern hingegen wunderbar können: sich darüber beklagen, dass der unfähige Therapeut ihr Kind nicht reparieren kann – oder sich weigert, Testergebnisse zu manipulieren. Solche Fälle siebe ich nach überschaubarer Zeit aus. Dann müssen sich leider die Kliniken und Psychiater mit ihnen herumärgern.«

Therapien, so offenbar die Gleichung der Helikopter, sollen die Kinder trimmen und ihre Schulleistungen verbessern, so dass sie im Wettkampf möglichst weit vorne landen. Diese Logopädin weiß ein Lied davon zu singen:

»Pro Woche komme ich mit ungefähr 130 Helikopter-Eltern in Kontakt. Mein Job ist es, Kinder, Jugendliche und Erwachsene mit Sprach-, Sprech- und Stimmstörungen zu therapieren. Mein Job ist es nicht, Sachkundehausaufgaben zu erledigen oder einem Kind beizubringen, wie es eine Schleife am Schnürschuh bindet (›Sie sind doch Therapeutin und können ihm das bestimmt beibringen!‹). Besonders viele E-Mails bekomme ich, wenn es Zeugnisse gibt. Die Absender-adressen lesen sich wie das ›Who is who‹ der deut-schen Wirtschaft. In diesen E-Mails erhalte ich dann nicht nur das eingescannte Zeugnis, sondern auch detaillierte Anweisungen, wann und wie sich die Eltern dazu von mir eine Stellungnahme erbitten: ›In dieser Woche erreichen Sie mich an folgenden Tagen, zu folgender Uhrzeit.‹ Oder ich bekomme direkt eine Einladung zum Online-Terminmanagement-Dienst Doodle, wo ich meine möglichen Sprechzeiten bei den Eltern einsehen kann – zwischen deren anderen Meetings und persönlichen Terminen. Die Gespräche führe ich dann meist abends um 19:30 Uhr. Am ande-ren Ende habe ich ein Elternteil, das mich auf dem Rückweg von der Arbeit aus dem Auto anruft. Um gegen die Fahrgeräusche anzukämpfen, können wir uns fast nur brüllend unterhalten: ›Entschuldigen Sie, wir wurden unterbrochen. Sie wissen ja, am Frank-furter Flughafen habe ich immer ein Funkloch.‹

Doch nicht nur die Eltern doodeln, nein, auch die Kin-der haben einen online einsehbaren Terminkalender: ›Schauen Sie doch mal in den Kalender von XY, und sehen Sie zu, wie Sie ihn eventuell mittwochs zwi-schen 14:15 und 15 Uhr oder freitags ab 18:30 Uhr in ihrer Praxis unterbringen können. Mehr Termine ste-hen leider nicht zur Auswahl‹, lautet dann die Anwei-sung. Mein Argument, ich würde ein dreijähriges Kind um 18:30 Uhr nicht mehr zur Therapie annehmen, zählt nicht. ›Doch, doch, das können Sie ruhig, das schafft er schon, er ist es ja gewohnt‹, lautet die Antwort der Eltern.

Echte Kämpfe fechte ich jedoch aus, wenn wir Therapeuten und die verordnenden Ärzte das Therapieende in Aussicht stellen. Dann geraten die Heli-Eltern in heillose Panik: ›Waaas? Nach 80 Stunden Logopädie soll schon Schluss sein? Meine Tochter spricht das S aber noch nicht schön.‹ Dass gerade der Frontzahnwechsel in vollem Gange und das Kind zum Lispeln daher derzeit physiologisch verdonnert ist, zählt nicht. Dann zündet Raketenstufe zwei im elterlichen Mailverkehr: ›Was kostet bei Ihnen eine Privatstunde?‹ Ich habe mir für diese Fälle eine fiktive Warteliste angelegt – und die ist lang.«

Das Kind soll maximal gefördert und rundum therapiert werden, ungeachtet der persönlichen Grenzen, Machbarkeit und Sinnhaftigkeit, finden solche Eltern. Und auch wenn der geliebte Nachwuchs älter wird, hören sie selbstverständlich nicht auf, ihn zu Ärzten zu begleiten.

In einer **Umfrage einer US-Kinderklinik** gab mehr als ein Drittel der Eltern an, sich um alle Gesundheitsfragen ihres Nachwuchses zu kümmern. Experten der Klinik baten diese Helikopter-Eltern sogar bereits schriftlich um eine Verhaltensänderung: Teenager sollen demnach unbedingt lernen, eigenständig Arztbesuche zu vereinbaren, Formulare auszufüllen und Ärzten Fragen zu stellen. Ansonsten seien junge Erwachsene ab der Volljährigkeit plötzlich überfordert und würden im schlimmsten Fall ihre Gesundheit vernachlässigen. Zudem seien eigenverantwortliche und selbständige Jugendliche zufriedener und hätten auch in späteren Jahren ein geringeres Risiko für Ängste und Depressionen. Was auch bedeuten würde: weniger Therapiebedarf. Ob das die Heli-Eltern aushalten?

Apropos Jugendliche: Wer ein wahrer Helikopter ist, macht auch vor der **Uni oder dem Arbeitsplatz** seines erwachsenen Kindes nicht halt. Mehr dazu lesen Sie im nächsten Kapitel.

Zum 1. Schultag

Zum 1. Unitag

Uni und Ausbildung: Helikopter im Kampfmodus

Hier kommt eine gute Nachricht für alle Eltern, die seit der Geburt ihres Kindes Angst vor dessen 18. Geburtstag haben: Trotz Schulabschluss und Volljährigkeit gibt es Möglichkeiten, sich weiterhin unentbehrlich zu machen. In den vergangenen Jahren hat sich nämlich eine neue Idee an Hochschulen durchgesetzt: Mami und Papi mischen jetzt mit bei der akademischen Ausbildung. So wie Papa seine Lara schon mit drei Jahren mitbestimmen ließ, welches Auto gekauft wird, kann Lara jetzt im Gegenzug Mama den Studiengang aussuchen lassen. Auf diese Art kommen Kinder auch im Erwachsenenalter um eine Ablösung von den Eltern herum, und Mutti muss sich erst gar nicht für die »Empty Nest«-Selbsthilfegruppe anmelden. Die Hochschulen denken sich mittlerweile auch schon spezielle Events für die Heli-Eltern aus. In Würzburg bietet die Uni ein »Papa ante portas«-Wochenende an, in Münster läuft das unter dem Titel »Elternalarm«, und in Bochum heißt es ganz direkt »Hilfe, mein Kind will studieren«. Bachelor und Master, Credit Points, Skripte im Online-Archiv – das war früher alles ganz anders, da müssen engagierte Eltern heutzutage eben nacharbeiten, und die Unis helfen dabei gern. Natürlich bleibt es nicht bei ein paar Hörsaal- und Kneipenbesuchen, denn man kann noch bei so viel mehr Gelegenheiten Händchen halten, etwa im Bafög-Amt oder bei der Wohnheimplatzvergabe. Hier lesen Sie, wie unsere Schneepflug-Eltern auch ins Leben von Twentysomethings noch reinfunken.

Was wollen WIR studieren?

Wer sich für ein Studium interessiert, entscheidet oder einschreibt, hat bereits viele Jahre Schule hinter sich. Hat die Pubertät überwunden, mindestens einen Liebeskummer verdaut und war hoffentlich schon mal länger als fünf Tage ohne Eltern unterwegs. Eine der ersten, wichtigsten und persönlichsten Entscheidungen in diesem Alter ist die für eine **Ausbildung oder ein Studienfach**, und man könnte meinen, über diesen Weg sollte jeder selbst bestimmen. Doch Helikopter-Eltern fliegen ihren Kindern sogar bis in die Uni hinterher und tyrannisieren dort die Studienberater.

»Ich habe einmal auf einer Schulmesse gearbeitet, um Werbung für das Studium in Baden-Württemberg zu machen. Eine Mutter kam mit ihrem Sohn an unseren Stand. Sie ließ ihn kein eigenes Wort sagen und sprach stets in der ›Wir‹-Form: ›WIR schaffen den Numerus clausus nicht‹ oder ›WIR haben 18 Bewerbungen verschickt‹. Fragen, die ich dem Jugendlichen stellte, beantwortete die Mutter einfach selbst. Als meine Kollegin den Jungen fragte: ›Und was möchtest DU?‹, rief die Mutter sofort wieder: ›Also, WIR …‹«

Meine Tochter heißt gar nicht Hans-Günter

»Bewerbungsphase, ein Vater rief an: Er möchte nachfragen, ob es möglich ist, nach der Erstellung des Bewerbungsaccounts den angegebenen Vornamen zu ändern. Ich verneinte und merkte an, dass es nicht unbedingt notwendig ist, alle Vornamen anzugeben. Der Vater erklärte mir daraufhin, seine Tochter habe bei der Erstellung des Accounts aus Versehen den Vornamen des Vaters angegeben. Ja nee, ist klar.«

Zwei Fächer – drei Studenten: Passt!

»Auf einer Bildungsmesse steuerte ein Eltern-Kind-Gespann auf mich zu. Ein Elternteil eröffnet: ›WIR würden gerne Betriebswirtschaft UND Rechtswissenschaften studieren. Ist das bei Ihnen möglich?‹ Ich sagte freundlich: ›Ja, natürlich können Sie bei uns ein Doppelstudium aufnehmen, aber wir empfehlen, mit einem Studium zu beginnen, da für Erstsemester die Selbstorganisation ganz neu ist.‹ Die kleine Familie wirkte desinteressiert. Ich versuchte den Jugendlichen einzubinden und fragte ihn nach seinen Interessen. Seine Antwort: ›Musik. Oder was Kreatives.‹«

Desinformatik

»Persönliches Studienberatungsgespräch mit Vater, Mutter und schüchternem jungem Mann. Vater sagte eingangs: ›Unser Sohn möchte Informatik studieren.‹ Die Familie nahm Platz. Es folgten 15 Minuten mit vielen Fragen vom Vater, zustimmendem Nicken der Mutter und Schweigen des Sohnes, der mit gesenktem Kopf in der Mitte saß. Nachdem ich die Eltern aus dem Raum gebeten hatte, fragte ich den jungen Mann direkt, was er eigentlich machen möchte. Die Antwort: ›Eine Schreinerlehre.‹«

Navi-Mutti

»Eine Mutter hatte angerufen und für ihren Sohn einen Studienberatungstermin ausgemacht. Am fraglichen Tag stand die Mutter abgehetzt und leicht panisch vor meinem Büro und meinte, sie könne ihren Sohn nicht finden, und das, wo sie ihn doch extra gebeten habe, pünktlich zu sein. Ich beruhigte sie und sagte ihr, sie solle in Ruhe nach ihrem Sohn suchen und dann noch mal wiederkommen. Zehn Minuten später waren dann beide da und setzten sich an den Besprechungstisch. Ich frage den Sohn: ›Wie kann ich Ihnen helfen?‹, woraufhin dieser leicht verwirrt seine Mutter anschaute und sie fragte: ›Mutti, WO sind wir hier noch mal?‹«

Mein Kind soll es mal besser haben

»Ein Vater kam mit seiner Tochter und wollte sie bei uns in die Wirtschaftsinformatik zwingen, weil sie nur so eine Chance auf dem Arbeitsmarkt habe. Sie wollte aber unbedingt Architektin werden und interessierte sich nicht für Informatik. Nach einem heftigen Streit mit einer heulenden Tochter habe ich sie dann nach Hause geschickt. Beim Hinausgehen fragte ich den Vater noch, was er eigentlich mache, und er sagte tatsächlich: ›Ich bin Architekt.‹«

Hilfe! Meine Eltern halten mich gefangen!

»Sehr geehrte Damen und Herren,
ich habe mich vor kurzem an Ihrer Universität für ein Studium auf Lehramt am Gymnasium beworben. Jedoch ist dies nicht mein gewünschter Beruf, und ich habe es nur getan, weil meine Familie das von mir erwartete. Ich bin mir sicher, dass ich damit nicht glücklich werden würde. Ist es daher möglich, dass Sie mir einen Ablehnungsbescheid schicken?«

Ist Ihr Sohn stumm?

»Eines Tages klingelte das Telefon in unserem Sekretariat: Am anderen Ende der Leitung war eine besorgte Mutter, die mir mit erregter Stimme erzählte, dass ihr Sohn sich über ein zentrales Studienstart-Programm bei der falschen Universität eingeschrieben habe und ob wir da nicht etwas machen könnten. Er würde doch so gern bei uns studieren. Auf die Antwort, dass das

Dekanat dafür erstens nicht zuständig und zweitens die Immatrikulation des jungen Mannes rechtsbindend sei, reagierte die Mutter mit dem Wiederholen ihrer Frage. Als ich erklärte, dass sie an der völlig falschen Stelle in der Verwaltung vorstellig geworden sei, fragte sie nur: ›Aber geht das nicht auf dem kurzen Dienstweg?‹«

Falsche Uni bedeutet aus Sicht dieser Mutter vermutlich nicht, dass das Lehrangebot schlechter ist. Sondern dass sie 25 Kilometer weiter von ihrer Küche entfernt liegt.

Hat man das Kind dann erfolgreich in den richtigen Studiengang an der richtigen Hochschule gedrängt, ebnet sich der **Weg in den Hörsaal** automatisch. Denn: Ist der Ruf erst ruiniert, helikoptern Eltern ungeniert ... Und ihre Kinder trauen sich offenbar kaum, ein Wort dagegen zu sagen, wie ein Dozent berichtet:

»Eine Mutter begleitete ihren Sohn nicht nur zu Studienberatung und Einschreibung, sondern zu jeder Veranstaltung im ersten Semester. Sie hat jede Woche mit ihm in meiner Vorlesung gesessen, gut aufgepasst und mitgeschrieben. Immerhin: Zur Klausur ist sie nicht angetreten.«

Oft wissen die Helikopter-Eltern überhaupt nicht, wie sehr sie ihren Kindern schaden mit ihrem absurden Verhalten. So wie bei dieser Professorin:

»Als Nachwuchsgruppenleiterin einer großen Universität in Deutschland lernte ich in meiner Vorlesung eine sehr gute Studentin, Lisa, kennen, der ich anbot, bei mir als studentische Hilfskraft zu arbeiten. Sie stellte sich ganz gut an, so dass ich ihr eine Promotionsstelle anbot. Als ich am nächsten Tag ins Büro kam, erzählte mir meine Mitarbeiterin: ›Du, gestern waren Lisas Eltern hier im Büro, zusammen mit Lisa. Die haben mich nach dir ausgefragt und wollen dich gern persönlich kennenlernen. Sie haben Angst, dass du zu jung bist, um ihre Tochter zu promovieren.‹«

Heli-Landeplatz mitten in der Stadt – die erste »eigene« Wohnung

Ja, es ist gemein: In Universitätsstädten ist bezahlbarer Wohnraum für junge Leute rar. Zu Semesterbeginn im Oktober und April können Vermieter auch noch das letzte Loch ohne Tageslicht als Studibude anpreisen. Besonders um die günstigen Wohnheimplätze wird hart gekämpft. So hart, dass einigen der **Einsatz von Helikoptern** gerechtfertigt scheint, wie ein Mitarbeiter eines Studierendenwerks berichtet:

> »Unsere hundert Wohnheimzimmer werden jedes Jahr unter fünfmal so vielen Bewerbern verlost. Viele bringen ihre Eltern mit, und die wollen nicht einsehen, dass wir die Zimmer so unbürokratisch vergeben. Sie beschweren sich. Sind ihre Kinder dann doch eingezogen, wollen sie jeden Streit am liebsten selbst schlichten und reißen jedes Problem an sich. Die jungen Leute bleiben dadurch komplett unselbständig.«

In der ersten eigenen Wohnung gibt es dann für Helikopter-Eltern natürlich auch viel zu tun: putzen, kochen, Wäsche waschen, Internet anschließen, Semesterticket beantragen – das möchten unsere eifrigen Über-Eltern auch promovierenden Volkswirtschaftlern oder Ärzten noch nicht zumuten. Viele Studierende leben daher schön nach dem Motto: »Ich mache Dreck, meine Mutter ist glücklich.«

Klar lebe ich in einer Beziehung!

> »Eine Freundin erzählte mir, sie habe einen Studienplatz in Zahnmedizin ergattert und sie hätten auch schon eine Wohnung. Ich fragte, wer mit ›sie‹ gemeint sei, und dachte, es handele sich um eine WG. Sie sagte daraufhin, dass ihre Mutter mit ihr in die Studienstadt ziehen werde, um sich um alles zu kümmern. Dann könne sie sich voll und ganz auf ihr Studium konzentrieren.«

Wer willige Butler hat ...

»Als der Sohn unserer Nachbarn 15 Jahre alt war,
wollte er Geld dazuverdienen und trug Zeitungen aus.
Nach dem zweiten Mal wurde es ihm jedoch zu viel,
und er machte es einfach nicht mehr. Als sein Chef
sich beschwerte, luden seine Eltern die Zeitungen ins
Auto und teilten sie für ihn aus, während er noch
schlief. Mittlerweile studiert er. Seine Eltern fahren
alle drei Wochen zwei Stunden zu seinem Studienort,
um seine Wohnung zu putzen. Jedes zweite Wochenende kommt er mit seiner Wäsche. Die Mutter wirft
den Vater freitags mehrere Stunden aus dem Haus,
damit sie alles putzen und vorkochen kann, ehe der
Sohn kommt. Das will sie nicht machen, wenn er da
ist, weil er gern lange schläft. Da will sie ihn nicht
stören.«

Die Putzfrau kommt gleich, äh, meine Mutter

»Mein Freund und sein Bruder sind 26 und 29 Jahre
alt, und ihre Mutter putzt regelmäßig die Wohnungen
ihrer Söhne. Sie sagt, die Jungs würden sonst ›ver-
drecken‹ und sie würde ihre Kinder nicht im Stich
lassen. Schließlich könnten Männer nicht zwei Dinge
gleichzeitig tun, und das Studium gehe nun mal vor.«

Einfach immer auf Mutti hören

»Einer meiner WG-Mitbewohner verbrachte jedes
Wochenende zu Hause. Freitagmittag wurde er abgeholt und am Sonntag wieder zurückgebracht. Sonntags

hatte er dann immer fünf Tupperdosen mit vorgekochtem Essen dabei, die mit Aufklebern von Montag bis Freitag beschriftet waren. Der arme Kerl hat es nie gewagt, die vorgegebene Reihenfolge zu ändern, auch wenn er am Dienstag vielleicht eher Appetit auf das für Donnerstag vorgesehene Essen hatte.«

Dr. Nesthocker
»Eine Mutter rief bei uns im AStA-Büro an und versuchte, die Semesterticket-Rückerstattung für ihren Sohn zu regeln. Ich sagte ihr, dass ihr Sohn, da volljährig, den Antrag selbst stellen müsste. Bei näherer Betrachtung stellte sich heraus: Der Sohn war praktizierender Arzt und über dreißig Jahre alt. Er war lediglich zur Promotion immatrikuliert.«

Dann hol ich meinen Papa!
»Bekannte von uns haben ihre beiden Töchter zu absolut lebensuntüchtigen jungen Menschen verzogen. Die jungen Frauen studieren 60 Kilometer von zu Hause entfernt. Pro Tag werden an die hundert Nachrichten ausgetauscht, um immer zu wissen, wie es dem Nachwuchs geht. Da die Kommilitonen im Wohnheim zu laut seien, hat der Vater bereits persönlich interveniert und die Störenfriede aufgefordert, abends ruhig zu sein.«

Zurück von der Klassenfahrt
»Schon während der Rückfahrt von einer mehrtägigen Exkursion fingen die Studierenden im Bus an zu tele-

fonieren. Bei der Ankunft hatte sich vor der Heimat-
uni bereits eine Schlange von mindestens 20 Autos
gebildet: Es handelte sich um Eltern, die ihre Kinder
abholen wollten. Nicht wenige Mütter und Väter
nahmen den Studierenden die Rucksäcke und die Wan-
derschuhe ab, um die Sachen zum Auto zu tragen.«

Vertrauen ist gut,
Kontrolle ist besser

Was wären die kleinen Studierenden nur ohne ihre Helikopter-Eltern? Aufgeschmissen wären sie! Emsig surren die
Eltern im Lebensraum ihrer Kinder herum, um herauszu-
finden, wann der Klausurtermin ist und wie lange die
Bibliothek geöffnet hat. Gemeinsam mit ihnen wählen sie
das Thema für die Hausarbeit, und wenn die Note nicht
stimmt, verhandeln sie mit dem Prüfer. Macht das Kind zu
Hause Angaben, die ihnen unstimmig erscheinen, recherchieren unsere Kontrollettis einfach hinterher. Was spricht
schließlich auch dagegen, die Tochter jeden Morgen zur Uni
zu fahren – so weiß man doch immerhin, dass sie auch an-
kommt. Und wann, bitte schön, findet an der Uni der erste
Elternabend statt? Dozenten berichten:

Nicht ohne meine Anwälte

»Im vergangenen Semester kamen fünf meiner Studierenden in Begleitung ihrer Eltern in meine Sprechstunde, um ihr Hausarbeitsthema zu besprechen. Dabei wurde ich vor allem von den Eltern über die Genialität ihrer Zöglinge aufgeklärt. Nach zwei Minuten habe ich jeweils gesagt, dass ihre Kinder erwachsen seien, wir uns an einer Uni befänden und sie nun bitte gehen möchten. Ein Elternteil sucht gerade immer noch nach dem Dekan unseres Fachbereiches, um sich zu beschweren. Spätestens bei der Notenvergabe sehe ich diese Eltern wieder, weil die Noten natürlich von ihnen nachverhandelt werden müssen.«

Aber ohne Windeln kommt sie klar, oder?

»Vor Beginn einer Lehrveranstaltung in Medizin rief mich die Mutter einer Studentin an: ›Könnten Sie mir bitte per E-Mail schreiben, wann meine Tochter wo sein muss? Bitte an meine Adresse, meine Tochter kann das mit dem E-Mailen noch nicht.‹«

Einige Studierende sind sogar so unselbständig, dass sie nicht mal den **Weg zur Uni** allein bewältigen können, wie ein Dozent erlebte:

»Eine 25-jährige Studentin schrieb, sie könne leider nicht an meinem Seminar teilnehmen, weil ihre Eltern krank seien und sie deshalb nicht zur Uni kutschieren könnten. Mit dem Zug könne sie auch nicht fahren, weil der Bahnhof zu gefährlich sei, gerade am Abend.«

Immerhin: Sie hat die Mail selbst geschrieben. Hoffen wir jedenfalls.

Dass sich Helikopter-Eltern **um alle Belange ihrer erwachsenen Kinder kümmern** und Dozenten regelmäßig nerven, hielt ein Professor für so peinlich, dass er in der Erstsemester-Vorlesung drohte: »Und übrigens, wenn mich noch mal Eltern wegen irgendwelcher Aufgaben oder Abgabefristen anrufen, dann nenne ich in der nächsten Vorlesung Namen!«

Erzieherin statt Professorin

»Eine Professorin für Maschinenbau hat als Studiengangsleiterin stets damit zu tun, ihre Studierenden vom Rockzipfel der Eltern loszueisen. Ständig stehen Eltern in ihrem Büro und fragen nach Öffnungszeiten der Bibliothek oder Mensa. Einen Vorlesungsplan zu erstellen ist die größte Herausforderung. Nicht selten rufen Eltern an, um mitzuteilen, dass die Vorlesung ›Elektrotechnik für Maschinenbauer‹ ungünstig liege, aufgrund anderer Termine ihres Sohnes oder ihrer Tochter. Ob man denn nicht vielleicht den Vorlesungsplan ändern könne?«

Mama calling

»In Ihrem Terminplan steht, dass die Ergebnisse des

Aufnahmetests am 31.8. bekanntgegeben werden und das Studium am 5.9. beginnt. Könnten Sie bitte den Studienbeginn um eine Woche vorverlegen? Wissen Sie, mein Sohn wird am 31. August 30 Jahre alt, und man kann sich mit 30 nicht mehr fürs Bafög bewerben. Deswegen muss er mit dem Studium früher beginnen.«

Der Dozent als Papas Sekretär
»Ein Student schrieb mich zu Beginn des Studiums an, ich solle seinem Vater alle Klausurtermine raussuchen, da dieser die Daten für die Planung des Skiurlaubs benötige. Der Vater war in CC gesetzt.«

Spreche ich mit der Grundschule Wiesenstraße?
»Etwa sechs Wochen nach Semesterbeginn rief eine aufgeregte Mutter an, um mir mitzuteilen, ihr Sohn habe noch keine Übersicht über die Termine des ersten Semesters vorgelegt. Wann denn der erste Elternabend stattfinde? Meine Information, so etwas gebe es an der Uni nicht, sie müsse sich von ihrem Sohn auf dem Laufenden halten lassen, musste sie dann erst einmal verdauen.«

Wer zahlt, ruft an
»Das Semester lief gerade mal seit drei Wochen, da rief die Mutter eines Erstsemesters bei der Studienfachberatung an, um ›mal nachzufragen‹, ob ihr Sohn auch gewissenhaft bei der Sache sei und sich schon

für alle Kurse angemeldet habe. Nach dem Hinweis, dass aus Datenschutzgründen keine personenbezogenen Informationen weitergegeben werden können, erwiderte die Mutter, man werde ja wohl Verständnis haben, dass sie wissen möchte, ob alles wie geplant läuft. Sie als Eltern würden das Ganze ja schließlich finanzieren.«

Da kann ja jeder kommen
»Ein Vater rief an: ›Mein Sohn studiert bei Ihnen an der Universität. Und ich weiß nicht mehr weiter. Er sagt immer, er müsse nicht in die Vorlesung, er habe Semesterferien. Aber sagen Sie: Stimmt das?‹«

Unerhört!
Szenen aus dem Prüfungsamt

Wer schon mal versucht hat, im Prüfungsamt einer Universität jemanden telefonisch zu erreichen, weiß: In diesem Zentrum des akademischen Betriebs ist fast immer die Leitung besetzt. Und wir wissen jetzt auch, warum: Es sind aufgebrachte Eltern, die sich dort über alles beschweren, was ihren Kindern scheinbar in die Quere kommt. Eine

Exkursion wird unbequem? Der Hörsaal ist überfüllt? Da verwandeln sich unsere Helikopter flugs in **ADAC-Rettungshubschrauber** – Luftunterstützung ist auf dem Weg!

Durch die Bank gescheitert

»Eine Studentin hatte mehrere Prüfungen in Pflichtveranstaltungen der ersten beiden Semester nicht bestanden. Deshalb hatte sie keine Zulassung für die Hauptexkursion bekommen, fuhr dann aber trotzdem mit. Die Exkursion konnte ihr aber hinterher nicht anerkannt werden. Ihr Vater nahm sich der Sache an und erschien bei uns im Prüfungsbüro: Er sei Bankdirektor und die Mitarbeiterin nur eine kleine Angestellte, sie solle sich mal nicht so haben und seiner Tochter die Note eintragen. Die Mitarbeiterin weigerte sich natürlich. Der Vater ging sogar noch zum Fachbereich und versuchte bei den Dozenten und beim Professor Eindruck zu machen. Allerdings erfolglos.«

Big Mother is watching you

»Ich bekam einen Anruf: ›Hallo, ich bin die Mama von XY. Sie ist gerade im Seminar. Ich wollte mich erkundigen, ob Sie die Bescheinigung der Bachelorarbeit fertiggemacht haben. Auf dem Prüfungsamt habe ich eben schon angerufen.‹«

Familienaufstellung

»Ein interessierter Vater rief an und fragte nach der

Note der Doktorarbeit seines Sohnes und ob er denn
generell bestanden habe. Sein Sohn rede nicht mehr
mit ihm, aber er würde es doch so gern wissen.«

Was heißt hier erwachsen?

»Ein Vater rief an, höflich, aber sehr bestimmt:
Er wolle bitte die Noten seines Sohnes im 5. Semester
erfahren, er glaube nicht so ganz, was der zu Hause
erzähle. Schon in der Schule habe der Sohn immer
gelogen. Mein freundlicher Hinweis auf die Rechtslage
und auf die Eigenständigkeit des Sohnes erschien ihm
leider nicht einleuchtend.«

Manchmal geht es auch nur darum, ein bisschen Stunk zu
machen und für das eigene Kind die eine oder andere
Extrawurst herauszuholen – zur Not erwähnt man ein paar
körperliche Einschränkungen. Die Mitarbeiterin des Prü-
fungsbüros einer großen Universität führte folgendes Tele-
fonat mit einer ebenso besorgten wie erregten Mutter:

Mutter: »Mein Sohn studiert bei Ihnen im ersten
Semester und hat jetzt erfahren, dass er auch Tages-
exkursionen machen muss. Ist das wirklich nötig?
Kann er nicht etwas anderes machen? Er hat Asthma,
und Exkursionen sind ihm nicht zuzumuten.«
Prüfungsamt: »Ihr Sohn kann ein Attest vorlegen
und einen Antrag auf Nachteilsausgleich stellen.
Dann kann er mit dem Seminarleiter eine Ersatzleis-
tung vereinbaren.«

Mutter: »Das verstößt doch gegen den Datenschutz! Wer ist denn der Seminarleiter?«

Prüfungsamt: »Wenn er einen Nachteilsausgleich beantragen möchte, muss er Nachweise vorlegen, damit der Prüfungsausschuss eine Entscheidung treffen kann. Und wer der Seminarleiter ist, sollte Ihr Sohn wissen.«

Mutter: »Mein Sohn muss auch eine Exkursion nach Peru machen. Das geht ja gar nicht.«

Prüfungsamt: »Niemand wird gezwungen, eine Exkursion nach Peru zu machen, aber eine große Exkursion von mindestens zehn Tagen ist ein Pflichtmodul. Wir haben auch Exkursionsziele in Deutschland und Europa. Das Angebot ändert sich jedes Jahr.«

Mutter: »Das kann mein Sohn auf keinen Fall machen.«

Prüfungsamt: »Dann sollte Ihr Sohn überlegen, ob Geographie das richtige Studienfach für ihn ist. Geographen sind oft im Gelände.«

Mutter: »Das kann ja wohl nicht sein. Gibt es einen zentralen Ansprechpartner, bei dem ich mich beschweren kann?«

Prüfungsamt: »Ihr Sohn kann sich an den Prüfungsausschuss wenden. Sie als Mutter können hier keine Angelegenheiten für ihn regeln.«

Mutter: »Das ist ja unerhört.«

Manche Mutter greift statt zum Telefon lieber zum Füller – und schreibt direkt an den Dekan der Uni. Drunter machen wir's nicht.

»Betreff: Vorlesungsbedingungen

Sehr geehrte Damen und Herren, meine Tochter studiert im dritten Semester. In diesem Semester muss sie das Fach Anatomie belegen. Da die Studienordnung geändert wurde, besuchen auch die Studierenden des ersten Semesters bereits Anatomievorlesungen. Dies führt dazu, dass die Vorlesungen total überfüllt sind. Es kann ja wohl nicht sein, dass meine Tochter von 14:00 bis 17:15 Uhr auf der 30 cm breiten Treppenstufe sitzend der Vorlesung folgen muss.«

Verderben Sie uns bloß nicht den Schnitt!

Wer ein wahrer Helikopter ist, dem reicht es nicht, Immatrikulation, Wohnungssuche, Klausurtermine, Stundenplan und Prüfungsbedingungen zu kontrollieren. Es gibt Eltern, die auch versuchen, **inhaltliche Schwächen ihrer Kinder auszugleichen**. Delegieren war schließlich noch nie ihre Sache: Am liebsten gehen sie gleich mit in den Hörsaal, schreiben die Hausarbeit selbst, vertreten den Sohn beim Maschinenbau-Praktikum. Und vielleicht kann man ja für das Kind noch ein paar neue Freunde finden, dann hätte man das Soziale gleich mit erledigt. Und einen Lebenspartner am besten auch. Bleiben da noch Wünsche offen? Professoren, Dozenten, Tutoren und Studenten erzählen:

Ausgerechnet was mit Zahlen!

»Kurz vor der Klausur über Rechnungswesen bekam ich einen Anruf von einem Vater, der mich bat, die Klausur dem Niveau seines Sohnes anzupassen. Dieser sei in allen anderen Bereichen hochtalentiert, nur wenn es um Zahlen und Berechnungen gehe, sei er etwas schwächer. Daher sei es nicht fair, wenn nur eine Klausur den Notendurchschnitt seines Sohnes nach unten ziehen und somit seinen späteren Werdegang negativ beeinflussen würde.«

Gib mal her, ich kann das besser!

»Meine Studierenden mussten in Gruppenarbeit Marketingpläne für Firmen erstellen. Vergangenes Jahr beschwerte sich ein Student, dass die Mutter eines Gruppenmitglieds darauf bestehe, den Marketingplan selbst zu erstellen – sie war einfach der Meinung, dass sie es besser könne als ihr Sohn. Nachdem ich mit dem betreffenden Studenten gesprochen hatte, meldete sich am nächsten Tag seine Mutter bei mir: Was mir einfalle, mich da einzumischen? Ich habe die Frau dann darauf hingewiesen, dass es nicht erlaubt sei, wenn Studierende Arbeiten einreichen, die sie nicht selbst geschrieben haben. Es sei Betrug, der schlimms-

tenfalls mit einem Verweis von der Uni bestraft wird.
Die Frau hat sich sehr aufgeregt.«

Alles muss man selber machen!
»Bei der Klausureinsicht versuchen viele Kommilitonen,
mit fadenscheinigen Argumenten noch Teilpunkte zu
erbetteln. Eine Studentin saß währenddessen still
über ihrer Klausur. Plötzlich rief von draußen ihre
Mutter: ›Nun sag was!‹ Die Mutter stürmte in den
Raum, nahm der Studentin die Klausur aus der Hand,
blätterte kurz die Zettel durch, um danach erst den
Assistenten und dann den Professor vollzuschwallen:
›Ich habe auch studiert … Sie haben doch keine
Ahnung … Sie sind die längste Zeit Professor gewesen …‹ Sie drohte noch mit einem Rechtsanwalt und
zerrte dann ihre Tochter aus dem Raum. Der Witz bei
der Sache: Die Studentin hatte bestanden. Der Mutter
ging es um eine Notenverbesserung von 1,7 auf 1,3 –
das verriet anschließend der Prof den verwunderten
Mitstudenten.«

Ist das da der Platz meines Söhnchens?
»Ich studiere Maschinenbau und leite die Praktika, die
Erstsemester in Werkstofftechnik absolvieren müssen.
Es handelt sich um sechs Termine mit Anwesenheits-
pflicht im Semester. Eines Tages kam eine Mutter zum
Praktikum und sagte nur, ihr Sohn könne heute nicht
kommen – keine weitere Begründung, kein Attest vom
Arzt – und sie werde heute für ihren Sohn am Pflicht-

praktikum teilnehmen. Nachdem ich ihr erklärt hatte, dass dies nicht möglich sei, drohte sie mit einer Klage und sagte: ›Ich kenne den Dekan, das werden Sie noch bereuen.‹«

Geht es noch peinlicher?

»Vor einer Mathevorlesung kam ein überfürsorglicher Vater schon vor den ersten Studierenden in den Hörsaal und wartete auf den Professor, um ihm mitzuteilen, dass sein Sohn krank sei. Der Prof entgegnete, sein Besuch sei überflüssig, denn es herrsche keine Anwesenheitspflicht. Das Studium sei aber eigenverantwortlich, die Eltern sollten sich bitte raushalten. Die Krönung war dann, dass der Vater noch mehrere Kommilitonen fragte, ob sie nicht seinen Sohn mal ansprechen könnten, weil der doch so schüchtern sei und noch keine Freunde gefunden habe.«

Wenn mein Sohn faulenzt, sind Sie schuld!

»Eine Mutter kam zu mir ins Tutorium und bat mich, jede Woche zu kontrollieren, ob ihr Sohn seine

Übungsblätter gemacht hätte. Andernfalls sei es
›meine Verantwortung‹, wenn er wieder durch die
Klausur fliege. Dieser ›angehende Chef‹ hat es natürlich nicht geschafft, er war intellektuell und charak-
terlich schlicht ungeeignet. Als er schließlich durch
die Orientierungsprüfung flog, war natürlich die
gesamte Fakultät daran schuld.«

Tja, manchmal passiert trotz der eifrigsten Helikopter-Ein-
sätze das, was immer hatte verhindert werden sollen: Das
Projektkind versagt. Es scheitert, verpasst etwas, fällt durch
eine Klausur, schmeißt hin. Und das, obwohl die Curling-
Eltern den Boden vor seinen Füßen so glatt geschrubbt
haben, dass es mühelos durch die Uni-Laufbahn schlittern
sollte. Doch Helikopter geben nicht auf – sie schalten dann
einfach in den **Kampfhubschrauber-Modus** und drohen
mit ihren Bordwaffen.

Immerhin höflich dreist

»Als einer von zwei Gutachtern hatte ich eine Ab-
schlussarbeit bewertet, beide Prüfer hatten die Note
›Ausreichend‹ gegeben. Einige Tage später erhielt ich
ein Schreiben vom Vater des Studenten: ›Sehr geehrter
Professor, ich wende mich mit der Bitte an Sie, die
Prüfungsnote unseres Sohnes noch einmal zu über-
denken. Als Ingenieur weiß ich, dass Absolventen mit
ausreichender Examensarbeit nur sehr schwer eine
Anstellung finden. Ich habe die Arbeit selbst gelesen
und bin der Meinung, dass es sich um eine gute Arbeit

handelt. Ich verbleibe in der Hoffnung auf Erteilung einer besseren Note.‹«

Immerhin hat er nicht versehentlich hingeschrieben, dass er die Arbeit selbst *geschrieben* hat.

Als wenn die eigene Mutter am Telefon nicht reicht

»Nach einer Klausur bekam ich einen Anruf von einer aufgebrachten Mutter, die wissen wollte, warum ihr Sohn die Klausur nicht bestanden habe. Ich war perplex, dass ich von einer Mutter angerufen wurde, und antwortete nur: ›Vermutlich, weil er nicht genug gelernt hat.‹ Darauf folgte sofort die Frage, was er denn machen könne, um die nächste Klausur zu bestehen. Meine Antwort ›Mehr lernen!‹ war wohl nicht das, was die Mutter hören wollte – sie legte auf.«

Suchen Sie sich schon mal einen Anwalt, Herr Dozent!

»Im vergangenen Semester kam eine Studentin, die durchgefallen war, zu einer Prüfungsbesprechung. Sie fragte als Erstes, ob wir den Raum wechseln könnten, weil das WLAN so schwach sei. Ich fragte, wozu sie denn jetzt WLAN brauche, worauf sie auf ihren Laptop deutete und sagte, sie habe ihre Anwältin auf Skype, dafür brauche sie eine stabile Leitung. Was sie nicht wusste: Als freiberuflicher Dozent bin ich nicht befugt, die Hochschule juristisch zu vertreten. Damit war das Gespräch sofort beendet – was dann zu einer Beschwerde des Vaters der Studentin führte. Dieser wies uns darauf hin, dass er ›Leute in der Regierung‹ kenne, die sehr unangenehm werden könnten.«

Helikopter bei der Arbeit

Nun ist es ja nicht so, dass nur Schüler und Studenten der Luftüberwachung durch ihre ehrgeizigen Eltern ausgesetzt wären. Obwohl Auszubildenden und jungen Berufstätigen mehr Eigenständigkeit nachgesagt wird, pfeift auch in der **Arbeitswelt inzwischen der harte Wind elterlicher Rotoren.** Ob es um eine Bewerbung, den Anfahrtsweg zum Praktikum oder einen Schnupfen beim Wehrdienst geht – die Eltern sind zur Stelle. Das macht sich schon daran bemerkbar, dass Eltern auch von ihren volljährigen Kindern noch in der ersten Person Plural sprechen:

Eine Berufsschullehrerin erzählt:
»Eine Mutter tauchte ohne ihren Sohn beim Beratungsgespräch für die Auswahl der Berufsfachschule auf und berichtete stolz: ›Im letzten Zeugnis waren wir gar nicht schlecht, nur in Deutsch hatten wir eine Vier.‹«

»Wir bewerben uns«

»Die 18-jährige Tochter einer Freundin hatte ihre Abiturprüfung bestanden. Ich gratulierte und fragte die Mutter, was die Tochter nun vorhabe. Ihre Antwort: ›Wir bewerben uns momentan um verschiedene Praktika.‹«

Hauptsache, die Eltern sind glücklich

»Es ist normal geworden, dass nicht nur die 16-Jährigen, sondern auch die 18-Jährigen zum Einstellungstest mindestens ein Elternteil mitbringen. Und beim tatsächlichen Ausbildungsstart ist es mittlerweile üblich, dass Firmen für die gesammelte Elternschaft ein Parallelprogramm auffahren und die Mütter und Väter einen halben Tag lang bespaßen.«

Immerhin durfte der Sohn dabei sein

»Ein Vater begleitete seinen Sohn zu einem Vorstellungsgespräch für einen Ausbildungsplatz in unserer Firma. Der Sohn sagte kaum etwas. Der Vater beantwortete alle Fragen und erklärte die Motivation des Sohnes für den Ausbildungsberuf. Wir mussten mit einem Abbruch des Gespräches drohen, um den Vater aus dem Raum zu bekommen. Als er draußen war, entschuldigte sich der junge Mann. Er sei keineswegs an einer Ausbildung in unserem Bereich interessiert. Sein Vater habe die Bewerbung abgeschickt und im Vorfeld alle Telefonate mit uns geführt.«

Der Wehrdienst muss warten – unser Sohn hat Männerschnupfen

»Ich saß an einem Montagmorgen beim Zahnarzt, als der Herr Doktor zum Telefon gerufen wurde. Es handelte sich um einen Rückruf, auf den er dringend gewartet hatte – vom Kommandeur der Kaserne, wo sein Sohn Wehrdienst machte. Da die Tür offen blieb, musste ich mithören: ›Herr Major, danke, dass Sie zurückrufen. Hier Dr. med. XY. Es geht um meinen Sohn. Ja genau, wir sprachen schon mal über ihn. Mein Sohn hatte am Wochenende einen schweren grippalen Infekt, und er sollte noch die nächsten drei Tage keinesfalls an anstrengenden Übungen teilnehmen. Können Sie mir das versprechen?‹«

Eine Berufsschullehrerin erfuhr etwas über den Radius junger Erwachsener: Wie alle Schüler in der Berufsvorbereitung sollte eine 17-Jährige ein mehrwöchiges Praktikum absolvieren. In ihrer unmittelbaren Nachbarschaft hatte sie angeblich alles abgeklappert, aber nichts gefunden. Also gab die Lehrerin ihr einige Adressen, wo sie sich bewerben konnte. Dann aber rief die Mutter an:

Mutter: »Sie haben unserer Tochter Adressen gegeben, die viel zu weit weg sind!«
Lehrerin: »Ihre Tochter kann von ihrem Zuhause aus den Praktikumsplatz in einer halben Stunde mit dem öffentlichen Nahverkehr erreichen. Sie hat doch ohnehin eine Großbereichskarte für Hamburg.«

Mutter: »Das geht nicht. Das ist viel zu weit, das kann sie nicht!«

Lehrerin: »Ihre Tochter ist siebzehn, nicht sieben.«

Kurzes, aber denkwürdiges Vorstellungsgespräch
»Wir führten damals Gespräche, um eine Volontariatsstelle in unserer Redaktion zu besetzen. Als ich die 25-jährige Bewerberin am Empfang abholte, befand sie sich in Begleitung einer mittelaltrigen Dame, die ihr ein munteres »Viel Glück, Hasi!« zurief und dann in einem der Sessel im Foyer Platz nahm: ihre Mutti. Das Ergebnis des Vorstellungsgesprächs stand damit eigentlich schon fest. Aus Höflichkeit sprachen wir einige Minuten mit ihr und gaben ihr zum Abschied den Rat, ihre Mutter bei künftigen Vorstellungsgesprächen in einem Café um die Ecke zu ›parken‹ – es sei kein Zeichen der erforderlichen Selbständigkeit, wenn man sich in ihrem Alter noch von Mama zu solchen Terminen begleiten lasse. Ihr völlig verständnisloser Blick lässt mich vermuten, dass sie bis heute in Begleitung ihrer Eltern am Arbeitsplatz erscheint – wenn sie denn einen gefunden hat.«

Unternehmen gehen unterschiedlich damit um, wenn Überwachungshubschrauber über den Köpfen der jugendlichen Bewerber kreisen. Einige passen sich der neuen Zielgruppe – den Eltern – an und organisieren wie die Universitäten spezielle Veranstaltungen. Das Medizintechnikunternehmen Fresenius etwa postete bei Facebook folgenden Eltern-Aufruf:

»An alle Eltern, deren Kinder demnächst mit der Schule fertig sind: Am 2. November findet in Bad Homburg wieder ein Elterninformationsnachmittag zum Thema ›Ausbildung bei Fresenius‹ statt. Wenn Ihr wissen wollt, welche Ausbildungsberufe und dualen Studiengänge Fresenius anbietet, welche Voraussetzungen Eure Kinder mitbringen sollten und wie das Auswahlverfahren bei uns abläuft, solltet Ihr diesen Termin auf keinen Fall verpassen!«

Bis zu dreimal im Jahr bietet Fresenius solche Nachmittage an und schreibt stolz dazu: »Einige Eltern bringen auch ihre Kinder mit.« Auch die Deutsche Bahn, mit 3250 Ausbildungsplätzen einer der größten deutschen Ausbilder, bindet notgedrungen die engagierten Eltern mit in den Bewerbungsprozess ein. Eine Kampagne im Jahr 2016 sprach gezielt die Mamis und Papis an. In den entsprechenden Anzeigen waren ratlos blickende Jugendliche zu sehen, darunter der Satz: »Ist der Berufseinstieg Ihres Sohnes auch so durchdacht?«

Andere Unternehmen hingegen finden nichts schlimmer als Azubikopter, von denen einige nicht zulassen, dass das Kind kritisiert wird. Wundert es da noch, dass genervte Betriebe keine Lust mehr auf Auszubildende haben, wie dieser Jobcoach berichtet?

»Neulich sprach ich mit dem Verantwortlichen eines Partnerunternehmens. Dieses Unternehmen ist bestens im IT-Markt unterwegs und hat sehr renommierte Kunden. Er suchte einen JAVA-Entwickler. Antwort auf meine Frage, warum sie ihre Entwickler nicht mehr selbst ausbilden: ›Weil wir keine Lust mehr auf Eltern haben, die uns sagen, wie wir auszubilden haben!‹«

Betreutes Arbeiten

»Wir erwarteten eine neue Praktikantin zu ihrem ersten Arbeitstag. Die übliche Prozedur ist, dass die Praktikanten zunächst in der Personalabteilung die Formalitäten erledigen und dann mit einem Übersichtsplan ausgestattet selbständig den Weg zur Fachabteilung finden sollen. Zu unserem Gebäude sind das etwa 500 Meter Fußweg. Die neue Praktikantin erschien aber in Begleitung ihres Vaters, der offenbar ebenfalls bei uns in der Firma tätig war. Er belehrte mich, dass es unverantwortlich sei, ein 19-jähriges Mädchen an seinem ersten Arbeitstag unbegleitet über das Werksgelände spazieren zu lassen. Jemand aus unserer Abteilung hätte sie abholen müssen, und weil das nicht passiert sei, habe er seine Tochter begleitet und werde das nun bei der Personalabteilung melden. Mein Hinweis, dass sogar 16-jährige Azubis unbegleitet über das Werksgelände spazieren und ich 19-jährige Frauen kenne, die per Rucksack durch Südamerika gereist sind, konnte ihn nicht überzeugen. Die Personalabteilung hat dann selbstverständlich

bestätigt, dass das Vorgehen konform mit allen Rege-
lungen des Arbeits- und Jugendschutzes ist.«

Aber wie empfinden Kinder von Helikopter-Eltern die **ständige Überbehütung** eigentlich selbst? Dazu mehr im folgenden Kapitel.

Erzählen Sie mir doch mal von der Beziehung zu Ihren Eltern.
Das geht so nicht! Ich brauche eine richtige Therapeutin, Mama!
H&B

Kinder erzählen: Meine Eltern machten mich zum Therapiefall

Was bei allem Spott und Augenrollen nicht vergessen werden darf: Helikopter-Eltern machen nicht nur Erzieher, Lehrer, Professoren, Ärzte und Krankenpfleger wahnsinnig, sondern auch ihre eigenen Kinder. Viele scheinen gar nicht zu wissen, was sie ihren Kindern mit diesem Kontrollwahn antun: Das Eltern-Kind-Verhältnis kann nachhaltig geschädigt werden, so dass am Ende der Jugend nur noch Wut, Flucht und Sprachlosigkeit übrig bleiben. Einige Jungen und Mädchen benötigen später sogar psychotherapeutische Hilfe, um sich aus dem Käfig herauszukämpfen. »Es mag Kinder geben, die gern ihren eigenen Willen abgeben. Aber es gibt auch Kinder, die es hassen, wenn sie ihr eigenes Leben nicht eigenverantwortlich leben können«, sagt ein junger Mann, der als Sechstklässler nicht mit auf Klassenreise fahren durfte, weil Mama und Papa zu große Angst um ihn hatten. In diesem Kapitel kommen gehelikopterte Kinder zu Wort: Sie berichten von Eltern, die ihnen heimlich auf Schritt und Tritt folgen, sie um ihre Berufschancen bringen oder sich in die Vorbereitung jedes

Uni-Referats einschalten. Spoiler: Nicht alle Kinder finden so etwas schlimm.

Wie ich mal in die große Stadt durfte

»Meine überaus engagierten Eltern haben sich für mich – ihren einzigen Sohn – mächtig ins Zeug gelegt. Doch leider war nicht alles gut, was sie in bester Beschützer-Absicht taten: In der 7. Klasse fragten mich zwei Mitschülerinnen unseres Vorstadt-Gymnasiums, ob wir zusammen in München ins Kino gehen wollten. Ich fand die Mädchen super und wollte unbedingt! Die Bedingung meiner Eltern: Meine Mutter würde uns inkognito folgen.

Dass meine Mutter uns die ganze Zeit beobachtete, war für mich natürlich ohnehin stressig, aber richtig schlimm wurde es, als die Mädels unbedingt ein paar U-Bahn-Haltestellen früher aussteigen wollten, um noch zu McDonald's zu gehen. Meine Mutter strauchelte hektisch und sichtlich irritiert hinter uns her und stellte sich uns schließlich als eine Nachbarin von mir vor. Ich versuchte, cool zu bleiben, obwohl meine Begleiterinnen durchaus verwundert wirkten – vor allem, weil ›die Nachbarin‹ sich weiterhin in unserer Nähe aufhielt.

Auch nach dem Abend tat ich in der Schule so, als wäre nichts Besonderes passiert – bis zur nächsten Klassenparty, zu der mich meine Mutter natürlich hinfuhr und von der sie mich auch persönlich wieder abholte. Zum Glück hat mein Gedächtnis die peinlichsten Details dieser Episode gelöscht. Und, na ja, Vernachlässigung ist im Vergleich wahrscheinlich noch schlimmer, oder?«

Danke für nichts!

»Ich hatte ein Vorstellungsgespräch bei der Stadt, es ging um eine Ausbildung zur Fotografin, die ich machen wollte. Da meine Mutter ebenfalls bei der Stadt angestellt war, dachten meine Eltern, es würde Eindruck schinden, wenn sie mitkämen und darauf hinwiesen – obwohl sie nicht mal in einer nennenswerten Position arbeiteten. Die Fotos, mit denen ich mich beworben hatte, hätten mir den Ausbildungsplatz garantiert, doch leider bekam ich die Stelle nicht, weil meine Eltern dabei gewesen waren. Von dem anderen Lehrling erfuhr ich hinterher, dass man mich sehr gern eingestellt hätte, wenn ich allein zum Bewerbungsgespräch gekommen wäre. Natürlich war meine Motivation danach mehr als im Keller.«

Eine junge Frau erzählt:

»Ich bin 21 Jahre alt und habe eine Helikopter-Mutter. Meinen Stiefvater schert alles nicht so sehr, dafür ist meine Mutter gedanklich umso mehr in meinen Kram vertieft. Ständig denkt sie, ich sei zu doof, zu langsam oder zu uninteressiert, um meine Dinge selbst zu erledigen. Der letzte unschöne Vorfall: Ich hatte ein freiwilliges soziales Jahr gemacht und brauchte, um mich im Anschluss an der Uni einschreiben zu können, das Abschlusszeugnis. Leider musste ich sehr lange darauf warten. Zigmal telefonierte ich mit allen beteiligten Institutionen, bis meine Mutter die Sache in die Hand nahm und meinen Chef anrief. Die Anschuldigungen und ihre fordernde, durchaus auch unfreundliche Art machten ihn jedoch dermaßen sauer, dass er einfach auflegte. Dabei ist er eigentlich ein sehr besonnener, klarer und argumentationsfreudiger Mensch – aber das war ihm wohl eindeutig zu viel. Seitdem traue ich mich nicht mehr, dort anzurufen; eingeschrieben bin ich mittlerweile aber.«

Flirt futsch, Ausbildungsplatz futsch, gutes Verhältnis zum Chef futsch – und das, weil Eltern ihren Kindern dazwischengefunkt und sich über die Maßen eingemischt haben. Die Folgen sind offensichtlich: Die jungen Menschen schämen sich vor anderen, fühlen sich als eigenständige Persönlichkeit entwertet, ihr Selbstwertgefühl leidet. Manchmal führt das so weit, dass die gehelikopterten Kinder eine Therapie brauchen.

So wie dieser junge Mann, der sagt: »Ich bin neunzehn Jahre alt, stehe kurz vor dem Abitur, und ich habe sehr viele Probleme mit meinen Helikopter-Eltern.« Hier sein leider nicht mehr komischer Bericht:

»Als ich in der fünften Klasse war und die Klassenreise ins Schullandheim anstand, beschwerten sich meine Eltern bei der Schule: Ich hätte noch nie ohne meine Eltern irgendwo übernachtet, und sie würden sich große Sorgen machen, wenn ich eine Woche nicht zu Hause schlafe. Glücklicherweise konnte meine Direktorin dagegenhalten, und ich durfte mitfahren. In der sechsten Klasse durfte ich dafür nicht mit ins Skilager, mit der Begründung, ich könne mich verletzen und sei generell nicht alt genug dafür. Als es in der elften Klasse langsam mit den Vorbereitungen zum Abitur losging, riefen meine Eltern bei der Hilfsorganisation an, für die ich ehrenamtlich als Sanitäter arbeitete, und baten darum, mich vom Dienst zu suspendieren – damit ich mich auf die Schule konzentrieren könne. Zudem meldeten sie mich beim Sportverein ab. Weiter ging es mit meinem besten Freund, den sie baten, weniger Zeit mit mir zu verbringen. Die Folgen: Ich war immer der Außenseiter, wurde sozial ausgeschlossen, habe immer wieder Freunde und den Anschluss an Cliquen verloren, weil ich ständig absagen musste oder von vornherein nicht dabei sein konnte. Irgendwann melden sich die Leute dann nicht mehr. Das war eigentlich die schlimmste Konsequenz für mich: dass ich immer wieder alleine dastand. Dabei bin ich ein Typ, der gerne neue Leute kennenlernt. Irgendwann wurde ich in der Schule immer schlechter, das fiel den Lehrern auf, und sie schickten mich zum Schultherapeuten. Mittlerweile mache ich eine Psychotherapie. Noch immer herrscht zwischen meinen Eltern und mir ein aggressiver Grundton, das liegt vielleicht auch an mir, aber wir kriegen es einfach nicht hin. Nach dem Abi möchte ich so schnell es geht ausziehen, das ist das Wichtigste.«

Einfach nur weg, weg von den Eltern. Der Impuls ist verständlich. Was das Ganze so bedauerlich und absurd macht: Dass die Kinder sich ihnen entziehen, ist ja genau eine der größten Ängste der Helikopter. Tja, dumm gelaufen.

Es gibt allerdings auch Kinder, die finden es großartig, wenn Mami und Papi alles für sie erledigen und sie sich noch im Erwachsenenalter fühlen können wie ein Kleinkind, das immer schön gepampert und gefüttert wird. So wie diese jungen Frauen:

»Meine Mutter hält mir den Rücken frei« – eine 23-Jährige erzählt:
»Dass ich mein Lehramtsstudium in der Regelstudienzeit schaffe, verdanke ich meinen Eltern. Meine Mutter hält mir den Rücken frei, kauft ein, wäscht, kocht. Viele Studenten müssen nebenher arbeiten, ich konzentriere mich voll aufs Studium. Morgens nimmt mich mein Vater zum Bahnhof mit, abends holt mich oft mein Bruder ab. Für Referate oder die Vorbereitung von Unterrichtseinheiten spanne ich die ganze Familie ein. Wir sitzen dann zusammen vor dem Fernseher und schneiden Schablonen aus. Jeden Abend treffen wir uns zum Reden. Und mehrmals in

der Woche spielen wir zusammen ›Siedler von Catan‹, am Wochenende manchmal von mittags bis abends. Als ich nach Schottland ins Auslandssemester gegangen bin, hat mir meine Mutter Rezepte mit-gegeben, damit ich jeden Tag etwas anderes kochen kann.«

»Danke, Mama! Danke, Papa!« – Eine 22-Jährige erzählt:

»Meine Eltern haben sich schon immer in mein Leben eingemischt – und tun das bis heute. Ständig kreisen sie um mich, wollen nur das Beste und noch mehr. Als ich zum Beispiel von zu Hause auszog, begleitete mein Vater mich zu den Wohnungsbesichtigungen. Ich war froh. Wer hätte mir sonst sagen sollen, dass etwa der Nebenkostenpreis zu niedrig angesetzt war und ich hätte nachzahlen müssen? Woher hätte ich wissen sollen, dass der kleine blaue Fleck in der Ecke eine Spur von Schimmel ist? Anfangs fuhr ich noch an jedem Wochenende nach Hause, meine Mutter backte Weintraubentorte, und ich erzählte von meinem Studium. Jetzt, fünf Jahre später, treffen wir uns alle zwei Wochen und telefo-nieren alle drei Tage, mindestens. Und als ich fünf Monate lang um die Welt reiste und mich das Heimweh plagte, schrieben wir uns fast täglich Mails. Während die Eltern meiner Kommilitonen gerade noch wissen, wann die nächste Prüfung ansteht, wollen meine er-fahren, welche Fragen drankamen, was ich beantworten konnte, welches Gefühl ich habe und wann es die Ergebnisse gibt.

Ich würde sagen, dass meine Eltern in meinem Leben eine Hauptrolle spielen. Meine Freundin Jenny und ich haben uns immer ein Mutter-Tochter-Verhältnis gewünscht wie bei den ›Gilmore Girls‹ – und sind dem ziemlich nahegekommen. Wenn ich mich mit meinem Freund streite, fahre ich nach Hause und weine mich aus. Bevor ich eine Bewerbung abschicke, korrigiert meine Mutter die Rechtschreibfehler. Und wenn ich einen Artikel schreibe, frage ich meinen Vater, wie er ihn findet. Klar, auch ungefragt teilen mir meine Eltern ständig mit, was sie über mein Leben denken. Und, ja, manchmal stört mich das. Aber dieser Anflug von Genervtheit ist nichts gegen die Vorstellung, dass meine Eltern irgendwann nicht mehr da sein werden.«

»Ich hatte einen Helikopter-Opa«

»Ich hatte keine Helikopter-Eltern, sondern einen Helikopter-Opa. Da meine Eltern morgens früh aus dem Haus mussten, brachte er mich immer mit dem Rad zur Schule. Einmal ließ er mich nicht in die Schule, da es recht stark regnete und er Angst hatte, ich würde mich auf dem Weg erkälten. Ein anderes Mal, ich war damals in der 4. Klasse und er hatte mich an dem Morgen wegen eines Termins nicht persönlich zur Schule bringen können, kam der Direktor während der Schulstunde besorgt ins Klassenzimmer und sagte, mein Opa sei am Telefon. Ich dachte, etwas Schlimmes sei passiert. Opa war auch ganz aufgeregt, aber nur, weil er dringend wissen wollte, ob ich gefrühstückt hatte. Nachhaltig beeinflusst haben mich diese Situationen nicht, sie bringen mich nur immer noch zum Schmunzeln.«

Ob den Helikoptern klar ist, wie ihre Kinder sich fühlen? Und vor allem, wie ihre Kinder sie sehen? Auf den kommenden Seiten erzählen **Mütter und Väter**, warum sie so ängstlich sind, ihre Kinder verhätscheln – und das auch noch gut finden.

Jetzt reden wir: Die besten Eltern der Welt!

Sie behüten ihre Kinder beinahe fanatisch, versuchen, alle Probleme von ihnen fernzuhalten, ihre Zukunft in die richtige Bahn zu lenken und stellen dafür ihre eigenen Bedürfnisse zurück. Das Kind ist der Lebensmittelpunkt, ihr ganzer Stolz und das häufigste Gesprächsthema. Das klingt für Außenstehende nach einem ziemlich anstrengenden Leben, doch Helikopter-Eltern sehen das nicht so. Eine Studie von niederländischen und kanadischen Psychologen legt sogar nahe, dass diese Eltern gerade in der übermäßigen Betreuung ihrer Kinder ihr persönliches Glück finden. Denn: Je engagierter sie ihr Kind behüten, desto eher leiten sie den Sinn ihres Lebens von der Tatsache ab, Kinder zu haben. Einen erfolgreichen Tag zu haben ist für Helikopter-Eltern also ziemlich einfach: Sie packen morgens das üppigste Lunchpaket mit lustig geschnitzten Möhrenstückchen und gepelltem Ei in den Schulranzen, machen nachmittags ein paar Hausaufgaben für Sechstklässler und fahren anschließend die Kinder noch 800 Meter weiter zum Hockeytraining. Ein Leser gestand in einer E-Mail: »Helikoptern, das ist eine Art Suchtverhalten. Es macht uns zufrieden, uns perfekt um unsere Kinder zu kümmern. Wir wollen immer mehr von diesem Glücksgefühl, obwohl wir ahnen, dass wir unsere Kinder auf Dauer unglücklich machen.«

Wie es sich anfühlt, Helikopter-Eltern zu sein, warum sie das Gefühl haben, nichts dagegen tun zu können, und welche gravierenden Folgen das haben kann, beschreiben einige von ihnen auf den folgenden Seiten.

»Unsere Ehe ist an meinem Helikopter-Verhalten gescheitert«

»Ich bin eine stolze Mutter. Ich habe meine Tochter mit 42 Jahren bekommen und war darüber sehr glücklich, so sehr, dass mir bald gesagt wurde, dass ich eine Helikopter-Mutter sei. Mein Exmann sagt, er habe es aufgegeben, sich in Pflege und Erziehung einzubringen, weil ich unsere Tochter überbehütet hätte. Unsere Ehe ist darüber in die Brüche gegangen. Ich konnte aber nicht anders, als ihn ständig darauf hinzuweisen, wie er ›richtig‹ mit dem Baby umgehen müsse, und was er alles falsch mache. Ich bin schließlich die Mutter und weiß das besser als er.«

»Ich nerve aus Leidenschaft«

»Wenn es um meine Tochter geht, bin ich ein Helikopter-Vater, und ich bin es aus Leidenschaft. Nicht in dem Sinne, dass ich sie zu Leistung anpeitsche, um aus ihr das Bestmögliche herauszuholen. Nein, ich will mich einfach nur kümmern und sie mit allem verwöhnen, sie verzärteln. Ich begleite sie jeden Tag zur Schule, weil sie über eine Straße muss, auf der in den vergangenen zehn Jahren vier tödliche Unfälle passiert sind. Ich lasse mich im Gespräch mit anderen Erwachsenen von ihr unterbrechen. Zuwendung, Süßigkeiten, iPad – ich gebe nach, wenn sie etwas will. Sie appelliert an mein Herz, und ich verliere immer. Sollte mal etwas in der Schule nicht laufen, werde ich bestimmt auch zu den Nerveltern gehören. Noten sind mir dabei herzlich egal – aber ich könnte es niemals aushalten, wenn sie jemand unglücklich machen würde. Kann auch gut sein, dass ich mich später um einen Praktikumsplatz für sie kümmere oder ihr bei der Wohnungssuche helfe. Das mache ich schließlich für Bekannte und Verwandte auch, warum dann nicht für mein Kind?

Ich habe leider das Gefühl, dass allmählich die Kindheit abgeschafft wird. Schon die Kleinsten müssen performen, sich in Wettkämpfen messen und Leistungskontrollen bis auf zwei Nachkommastellen über sich ergehen lassen. Davor möchte ich meine Tochter bewahren, da bin ich fast militant. Ich will sie nicht möglichst früh erwachsen und reif machen, sondern ich glaube, dass man für das Leben am besten gewappnet ist, wenn man eine stabile Psyche hat. Und deshalb möchte ich sie mit Liebe, Zärtlichkeit und Genuss impfen.«

»Ich helikoptere aus Angst«

»Früher hatte ich vor nichts Angst. Ich bin schon als Jugendliche allein verreist, in meinen Zwanzigern wollte ich alles ausprobieren und sehen, was das Leben zu bieten hat. Ich fühlte mich stark und allen Herausforderungen gewachsen. Bis ich schwanger wurde. In der 25. Woche bekam ich vorzeitige Wehen, lag im Krankenhaus – da wurde mir zum ersten Mal bewusst, wie schnell etwas schiefgehen kann. Mein Sohn wurde dann in der 36. Woche geboren, er war sehr klein, hatte Trinkprobleme, und ich war in meiner neuen Rolle völlig unerfahren und hatte niemanden, der mir im Umgang mit Babys etwas hätte zeigen können. Es war eine Zeit großer Verunsicherung und manchmal auch Panik. Vielleicht liegt es an diesem holprigen Start, vielleicht auch nicht, aber seitdem tue ich alles, was dieses Kind möchte, und zwar sofort.

Ich trug ihn in den fünften Stock, wenn er das wollte, obwohl er schon drei Jahre alt und ich wieder schwanger war. Ich bekam Angst, wenn ich ihn auf dem Spielplatz mal eine Minute nicht sah, weil er sich hinter einem Busch versteckte. Ich gab ihm Anschwung auf der Schaukel, obwohl er längst allein schaukeln konnte. Ich schnitt die Kruste von Brotscheiben ab und schälte die Äpfel, nur weil er ungern kaute. Und ich lag abends eine Stunde neben ihm, bis er eingeschlafen war, und schlief dabei oft selbst vor Erschöpfung ein.

Ich versuchte, ihn in eine Krippe zu geben, aber es klappte nicht. Am dritten Tag der Eingewöhnung – ich war noch anwesend – ließ die Erzieherin für einen kurzen Moment seine Hand los, er lief in Richtung Treppe, und ich musste mit ansehen, wie er mit dem Kopf voran zwölf Stufen hinunterfiel. Diesen Schock kann ich kaum beschreiben. Ich hatte dieses Kind eineinhalb Jahre gehütet wie meinen Augapfel, jede Sekunde mit ihm verbracht – und nun sollte ich ihn weggeben, damit er sofort die Treppe hinunterstürzt? Ich weiß, Unfälle passieren nun mal, und mein Kleiner hatte nicht einmal eine Beule. Ich habe ihn von der Krippe trotzdem wieder abgemeldet.«

Angst, Unsicherheit, Unerfahrenheit – all dies kann zu Helikopter-Verhalten beitragen. Doch bei weitem nicht alle Eltern sind so reflektiert und hinterfragen sich selbst. Nein, viele finden sich und ihr Verhalten einfach nur: großartig.

»Es hat ihnen nicht geschadet«

»Ja, ich würde mich selbst als Helikopter-Mutter bezeichnen. Ich habe meine Kinder so lange zur Schule kutschiert, wie sie das wollten. Beim dritten bin ich noch immer in dieser Phase, obwohl die junge Dame schon zwölf Jahre alt ist. Bei Sonnenschein fährt sie mit dem Rad, aber da muss das Wetter schon sehr schön sein. Ich bin berufstätig, und da war und ist es schon bisweilen anstrengend. Aber ich bin mir sicher, dass es für meine Kinder schön ist, so fürsorglich behandelt zu werden. Sie haben auch keinerlei Schaden genommen, die beiden Älteren sind erwachsen und studieren.

Außerdem: Wenn wir uns dem Willen der sogenannten Pädagogen gebeugt hätten, dann wäre mein Sohn nicht auf dem Gymnasium gelandet, sondern in einer Schule für schwererziehbare Kinder. Dann würde er heute nicht Luft- und Raumfahrttechnik studieren, sondern bestenfalls eine Larifari-Lehre machen, wie andere unartige Kinder. Während meiner Kämpfe habe ich zum Beispiel mit dem Anwalt – den ich gar nicht habe – gedroht und auch schon mal die Polizei eingeschaltet.

Ich werde mich so um meine Kinder kümmern, wie ich das für richtig halte. Wenn vor der Schule die Polizei lauert, um Mütter dumm anzumachen, die eine Sekunde im Halteverbot stehen, muss diese Erde wirklich ein sehr sicherer Ort sein – offenbar werden die Polizisten nirgendwo anders gebraucht. Ich fahre übrigens einen Geländewagen aus deutscher Produktion, und mit dem fahre ich auch auf den Schulhof, wenn es sein muss. Helikopter-Eltern sind die besten Eltern der Welt!«

»Wer soll sich denn sonst kümmern?«

»Ich finde es richtig, dass sich Eltern darum kümmern, was mit ihrem Kind an der Uni passiert. Denn Studierende sind dermaßen ausgeliefert und abhängig, wenn man nicht zufällig genau Bescheid weiß, weil man sich im Studierendenrat engagiert. Auch die Professoren dürfen ruhig von den Eltern behelligt werden. Es ist normal, wenn Mütter und Väter darauf achten, dass gute Arbeit geleistet wird an der Uni, an der ihr Kind studiert.«

**»Heute ist sie glücklich darüber« –
eine Mutter berichtet:**

»Meine Tochter wurde von mir ›chinesisch‹ erzogen: Gut ist nicht gut genug. Es war zwar hart und langwierig, sie dahin zu bringen, aber heute ist sie glücklich darüber. Dazu gehörte auch gnadenloses Helikoptern in der Schule, denn es gab genügend Lehrer, die aus Mitleid schlechtere Noten gaben, um den vermeintlichen Gymnasiumsstress von dem Mädel zu nehmen. Ich habe Tochterherz gnadenlos unterstützt und mehrere Verfahren vor dem Verwaltungsgericht gewonnen. Unter anderem wurden zwei Lehrkräfte meinetwegen versetzt. So sah meine Tochter, was ich durch Intervention für sie erreichte. Das spornte sie zu noch mehr Leistung an. Jetzt ist meine Tochter erfolgreiche Volljuristin im Staatsdienst, mit entsprechend gut situiertem Partner – auch da habe ich helikoptert und unpassende Typen wieder der Gosse überantwortet.«

Nun ja, Eigen- und Fremdwahrnehmung gehen bekanntermaßen häufig auseinander. Auf den nächsten Seiten schildert der renommierte **Kinder- und Jugendpsychiater Michael Winterhoff**, wie das Helikopter-Phänomen zu erklären ist, wie es Kindern schadet – und was Eltern dagegen tun können.

Frag den Psychologen: Kindheit mit Heli-Eltern – Paradies oder Problem?

Wir haben in den vorangegangenen Kapiteln von vielen Begebenheiten berichtet, die mal zum Lachen, mal zum Haareraufen sind. Doch nun wird es auf ein paar Seiten ein wenig ernster. Wir möchten die psychologische Seite dieser engen wie ängstlichen Eltern-Kind-Beziehung beleuchten. Denn es stellt sich die Frage: Warum bloß sind Eltern heutzutage so furchtsam? Warum können sie nicht loslassen? Und was macht das mit den Kindern? Der Bonner Kinder- und Jugendpsychiater Michael Winterhoff beschäftigt sich seit vielen Jahren mit Helikopter-Eltern und ist überzeugt davon, dass ihr Verhalten der Psyche ihrer Kinder schadet. Zwar lehnt Winterhoff die umgangssprachlichen Bezeichnungen »Helikopter-Eltern« und »Curling-Eltern« ab, weil sie ihm diffamierend erscheinen, doch er ist der Meinung, dass es durchaus immer mehr ängstliche und überbehütende Eltern gibt. Für ihn sind sie ein Phänomen, das sich erst in den vergangenen zwanzig Jahren geformt hat. Auf den nächsten Seiten erklärt Winterhoff den Zusammenhang zwischen Überfürsorge und Persönlichkeitsstörungen bei

Kindern – und gibt einen ausgefallenen Ratschlag, wie sich dieses Problem lösen lässt.

Warum gibt es Helikopter-Eltern?

Michael Winterhoff: »Diese Eltern sind nicht in der Lage, sich von ihren Kindern abzugrenzen. Das passiert, weil Eltern seit den vergangenen zwei Jahrzehnten zunehmend verunsichert sind. In der modernen, globalisierten Gesellschaft haben sich die sozialen und familiären Strukturen des letzten Jahrhunderts weitestgehend aufgelöst, viele haben das Gefühl, auf sich allein gestellt zu sein. Zudem ist in den Nachrichten permanent die Rede von Krisen, bedrohten Arbeitsplätzen, unsicheren Renten. Irgendwann verkraftet unsere Psyche das nicht mehr. Wenn man nun ein Kind hat, ist die Gefahr groß, dass man vor lauter Angst das Kind zum Ausgleich für mangelnde Sicherheit und Bestätigung durch die Gesellschaft nimmt.«

Was passiert dann?

Winterhoff: »Unbewusst machen diese Eltern das Glück ihres Kindes zum eigenen Glück. Es geht also eigentlich gar nicht um Überprotektion. Vielmehr nehmen die Eltern das Kind als Teil ihrer selbst wahr, wie einen Körperteil. Sie leben mit ihm in einer Symbiose – doch die sollte es nur in der Schwangerschaft und den ersten neun Lebensmonaten geben. In dieser Zeit fühlt man für sein Kind, denkt für sein Kind. Wer in sich ruht, fängt aus dem Bauch heraus an, das Kind ab dem neunten Monat auch mal warten zu lassen. Der Motor, richtig miteinander umzugehen, ist dabei nicht Fachwissen, das ich mir anlese, sondern die Intuition.«

Warum ist fehlende Abgrenzung ein Problem?
Winterhoff: »Weil sie die Persönlichkeitsentwicklung der Kinder massiv beeinträchtigt. Das Kind wird von den Eltern unbewusst nicht als eigenständiges Wesen betrachtet, sondern als Teil ihrer selbst. Wenn das Kind etwas will, sagen sie reflexartig ja. Sie verlieren die Fähigkeit, Äußerungen des Kindes kritisch zu hinterfragen. Sie verstricken sich in Diskussionen mit ihm. Weil sich die Eltern nie abgrenzen und ihnen immer geben, was sie wollen, bleiben viele Kinder und Jugendliche auf dem Stand von Zweijährigen. Sie sind mit sechs Jahren nicht schulreif, mit 16 Jahren nicht ausbildungsreif. Das Phänomen geht durch alle sozialen Schichten. Viele Eltern, die zu mir kommen, sind beruflich in Führungspositionen – beim eigenen Kind aber versagt ihre Fähigkeit, Menschen zu führen.«

Sollte man mit mehr Härte erziehen?
Winterhoff: »Es geht nicht um Strenge, es geht um Intuition. Eltern müssen sich bewusst machen, dass sie nicht die besten Freunde ihrer Kinder sein können. Ihre Aufgabe ist es, das Kind aktiv anzuleiten, es zu führen und zu beschützen – und natürlich auch mal nein zu sagen. Eltern, die in einer Symbiose leben, können das aber nicht. Für sie kommt ein maulendes oder weinendes Kind körperlichen Schmerzen gleich, die sie abstellen wollen. Auch sehr intelligente Eltern können dem nichts entgegensetzen.«

Was kann man dagegen tun, ein Helikopter zu sein?

Winterhoff: »Betroffene müssen sich auf ein Experiment einlassen. Sie müssen einen Spaziergang machen, und zwar allein – ohne Handy, ohne zu joggen, ohne Hund. Sie können in den Wald gehen oder an den Strand, dürfen Menschen begegnen, nur nicht Freunden oder Bekannten. Und sie sollten sich eine Kleinigkeit zu essen und zu trinken mitnehmen, denn jetzt kommt der Haken: Sie müssen vier bis fünf Stunden im Wald bleiben. Das ist in dem Zustand, in dem Helikopter-Eltern sind, nicht vorstellbar: fünf Stunden mit sich alleine zu sein, ohne Ablenkung.«

Ein Waldspaziergang soll es richten?

Winterhoff: »Ja. Ich garantiere, dass Folgendes passiert: Kaum sind die Betroffenen im Wald, verspüren sie einen Wahnsinnsdruck und haben tausend Gedanken. Doch nach zwei bis drei Stunden verändert sich etwas: Von jetzt auf gleich sind sie in einer anderen Verfassung, haben keinen Druck mehr, werden entspannt, merken erst, wie angespannt sie waren, Glücksgefühle stellen sich ein. Probleme, die die Personen hatten, werden keine mehr sein, oder sie können sie nun aus einer Distanz betrachten. Wenn die Eltern in einer Symbiose mit ihrem Kind sind, könnten sie nun daran arbeiten, ihr Kind nicht mehr als Teil von sich, sondern als Person ihnen gegenüber wahrzunehmen.«

Schlusswort

»Helikopter-Eltern? Den Begriff braucht man doch gar nicht. In Wahrheit sind wir doch alle Helikopter. Wir sind involviert und ehrgeizig und lieben unsere Kinder. Was ist daran so besonders?«, fragte ein SPIEGEL-ONLINE-Kollege kurz vor Fertigstellung dieses Buches. Ein wenig stimmt das natürlich, denn für fast alle Eltern ist ihr Kind das Wichtigste in ihrem Leben.

Vielleicht haben Sie deshalb an einigen Stellen in diesem Buch gedacht: »Na und? Das habe ich auch schon mal gemacht.« Aber ein paar Seiten weiter waren Sie dann doch entsetzt, wie weit andere Eltern gehen. Schließlich setzt jeder in der Erziehung andere Schwerpunkte. Einige sehen den Weg zum Glück in guten Schulnoten, andere in sportlichem Erfolg, wieder andere möchten möglichst wenig Vorschriften machen, die nächsten hingegen schwören auf autoritäre Grenzen. Wirklich pathologische Helikopter sind die wenigsten, lassen wir es fünf Prozent sein – na gut: in Großstädten zehn –, und vielleicht vergeigen es geschätzte weitere fünf Prozent mit dem Elternsein so richtig, weil sie ihre Kinder brutal vernachlässigen. Die übrigen 85 bis 90 Prozent sind: alright.

Trotzdem schadet es auch diesen Eltern nicht, zu versuchen, ihren Umgang mit Kindern zu reflektieren. Gibt es ein »Zuviel des Guten«? Gibt es Momente, in denen mit ein wenig Gelassenheit Eltern und Kindern geholfen wäre? Der dänische Familientherapeut Jesper Juul hat mal gesagt: »Gut genug ist perfekt.« Er meint damit: Kinder brauchen keine perfekten Eltern. Und Eltern sollten keine perfekten Kinder erwarten. Sonst surren die Helikopter-Rotoren endlos, wie ein Leser befürchtet:

> »Das hört vielleicht nie auf. Ich bekam neulich einen Anruf von einem Herrn Dr. auf eine Annonce, der eine Wohnung für seine Tochter suchte. Die Frau sollte als Lehrerin in unsere Stadt versetzt werden.«

Danksagung

Wir danken den Leserinnen und Lesern von SPIEGEL
ONLINE für zahlreiche E-Mails mit Anekdoten und Kommentaren; außerdem allen Eltern, Großeltern, Lehrern, Erziehern und Trainern, die uns in persönlichen Gesprächen von ihrem Alltag im Kinder-Kosmos berichtet haben. Außerdem danken wir Stan, Marcin, Nadine, Silke, Nina, Ingo und Konstantin.

Ich muss mit auf **Klassenfahrt** – meine **Tochter** kann sonst nicht **schlafen**!

Inhaltsverzeichnis

Einleitung

Rohe Eier im Haar und Überschwemmung im Wohnzimmer, allein durch die Stadt stromern, sich Polizisten oder dem Fräulein Prusseliese widersetzen: Das sind die Abenteuer eines neun Jahre alten, mutigen Mädchens, das seit Jahrzehnten weltweit geliebt wird. Aber eigentlich ist Pippi Langstrumpf, die es mit allen Erwachsenen aufnimmt und niemals groß werden will, ein verwahrlostes Kind, das allein und ohne Schulbildung, dafür aber mit Affe und Pferd aufwächst. Wie konnte so ein Mädchen zur Heldin ganzer Generationen von Kindern werden?

Auch Michel aus Lönneberga ist sehr oft allein. Er kann nur so viel Unfug machen, weil er beinahe ständig unbeobachtet ist. Und die Kinderbuch-Heldin Seeräuber-Moses erlebt große Abenteuer – natürlich nicht mit ihren Eltern, sondern als Findelkind auf einem Piratenschiff.

Ob alt oder neu: Es sind romantische Geschichten über Freiheit, die viele Eltern ihren Kindern kurz vor dem Schlafengehen servieren – und das, nachdem sie sie den ganzen Tag herumkutschiert, observiert und verhätschelt haben. Abenteuer und Risiko, eigene Entscheidungen, kleine Regelverletzungen und Geheimnisse haben heutzutage in der Kindheit kaum mehr Platz.

Stattdessen sind Eltern unterwegs, die einen ganz bestimmten Auftrag verspüren: Ihre Kinder bis zum (eigenen) Umfallen zu verwöhnen, zu fördern und zu kontrollieren. Nichts fällt diesen Helikopter-Eltern schwerer, als ihre Kinder mal in Ruhe zu lassen. Permanent kreisen sie über ihrem Nachwuchs – jederzeit bereit, zu landen und zu helfen. Immerzu funken sie dazwischen und mischen sich in alles ein. Wie fast alle Eltern meinen sie es natürlich gut. Aber einige überspannen die Überfürsorge bis zur Groteske. Genau von diesen Übertreibungen handeln die gesammelten Anekdoten in diesem Buch.

Wussten Sie, dass einige Mütter ihre Föten per Vaginalsonde mit klassischer Musik beschallen? Andere stillen übrigens nur nackt, weil der Säugling das vermeintlich so liebt. Väter überwachen Kleinkinder mithilfe von Kameras und Schulkinder über GPS-Peilsender, sie tragen Schulranzen wie Packesel und verfolgen den Nachwuchs bis ins Landschulheim. Steht ein Mann mit Handy in der Straße der Schule, wird die Polizei gerufen, und wenn das Kind sich mal stößt, muss – ernsthaft – ein Rettungshubschrauber anrücken. Auch in der Freizeit nimmt der Kontroll- und Überbehütungswahn kein Ende, da trudeln dann nachts bei 25 Eltern diverse WhatsApp-Nachrichten ein, weil Louisa ihr Freundebuch nicht finden kann.

Solche Auswüchse im Wettstreit um die perfekte Elternschaft und Kindheit sind jedoch nicht nur absurd-komisch, sondern bewirken oft sogar das Gegenteil von gut. So zeigte kürzlich eine Studie der Universität Minnesota, dass kontrollwütige Eltern durch ihr Verhalten die Entwicklung ihrer Kinder hemmen. Acht Jahre lang begleiteten Forscher eine Gruppe von Kindern und stellten fest: Die Nachkommen von Helikopter-Eltern können ihre Gefühle und Impulse weniger gut regulieren. Sie kommen mit Frust, Enttäuschung, Angst oder Neid deutlich schlechter klar, weil ihre Eltern ständig versuchen, negative Empfindungen im Vorfeld abzuwenden, anstatt ihnen den Umgang damit beizubringen. Das Ergebnis der Studie lautet in klaren Worten: Man sollte die Kinder ihre eigenen Erfahrungen machen lassen.

Eine sympathische Vorstellung – aber es klingt wohl leichter, als es ist. Selbst Eltern, die von sich sagen, keine Helikopter zu sein – entweder aus Überzeugung oder weil sie es sich zeitlich schlicht nicht erlauben können –, fühlen sich unter Druck. Eine genervte Mutter schrieb: »Schon die Kinder allein zur Schule gehen oder fahren zu lassen wird von den Helikopter-Eltern in meiner Umgebung als Zeichen interpretiert, dass man seine Kinder nicht liebt. Stattdessen tanzen sie noch in der vierten Klasse jedes Mal beim Lehrer an, wenn das Kind nicht den Sitznachbarn hat, den sie sich vorstellen.«

Eine Helikopter-Mutter lässt diese Haltung sogar ganz unverblümt raushängen, wie eine Leserin berichtet: »Sie sitzt jeden Morgen mit ihrem vierjährigen Sohn in der Kita rum, meist im Flur beim Bällebad. Die anderen Kinder frühstücken zusammen in der Gruppe, dieser Junge nicht: Er sitzt bei seiner Mutter, bis diese ihn irgendwann endlich ziehen lässt. Auch beim Abholen am Nachmittag ist sie natürlich schon eine Stunde früher da. Einmal fragte der

Sohn sogar etwas genervt: ›Mama, warum bist du immer hier?‹ Ihre Antwort: ›Weil wir dich lieber haben als andere Eltern ihre Kinder.‹«

Ja, manchmal ist es so schräg, dass es schon wieder witzig ist. So wie die Geschichten, die wir im ersten Band »Verschieben Sie die Deutscharbeit – mein Sohn hat Geburtstag!« über Helikopter-Eltern erzählt haben. »Ich habe das Buch zu Weihnachten geschenkt bekommen und fühle mich sooo verstanden, seit ich es gelesen habe!«, schrieb eine Leserin nach der Lektüre. Und eine Erzieherin berichtete, sie habe das Buch »regelrecht verschlungen« und viele Eltern aus ihrer Kita wiedererkannt.

Und viele von Ihnen, liebe Leserinnen und Leser, haben sich nicht nur verstanden gefühlt, sondern uns Hunderte neue witzige und unglaubliche Anekdoten über Helikopter-Eltern zugetragen. Von Hebammen, Erziehern, Lehrern, Ärzten, Sporttrainern, Polizisten, Rettungssanitätern und Supermarktmitarbeitern, die einfach nur ihre Arbeit machen wollen – und stattdessen beinahe täglich mit solchen Kampfhubschraubern zusammenstoßen. Die besten dieser Berichte lesen Sie auf den folgenden Seiten.

Wir wünschen Ihnen viel Spaß. Und denken Sie daran: Die Kinder einfach mal machen lassen!

Volle Kontrolle
trotz Keimphobie:
Schwangerschaft und Geburt

Eine Schwangerschaft ist ein Wunder. Wie aus einem kleinen Zellhaufen in nur 40 Wochen ein richtiger Mensch wird, ist beeindruckend. Wer bekäme da nicht großen Respekt vor der Biologie, der menschlichen Fortpflanzung, ach, Mutter Natur überhaupt? Jedoch: Es gibt noch eine zweite **höchst erstaunliche Metamorphose** während mancher Schwangerschaft – nämlich die der Eltern. Aufgeklärte, tolerante und mutige Menschen mutieren zu übervorsichtigen Dogmatikern, die schon beim Gedanken an die bevorstehende Geburt so ängstlich werden, dass sie ohne medizinischen Grund einen Kaiserschnitt einfordern. Sie besorgen sich Krankschreibungen von den Ärzten, misstrauen der Hebamme und dokumentieren Wehen in Excel-Tabellen. Gleichzeitig füttern sie das Kind schon im Mutterleib mit Frühförderung – etwa per Vaginalsonde. Und so werden spätestens mit der Entbindung des kleinen Wesens immer öfter auch zwei neue Helikopter geboren.

Natürlich will man diese neue Aufgabe, die vielleicht eine der wichtigsten im Leben ist, unbedingt gut erfüllen und dem Kind auf keinen Fall schaden. Alles soll gut und schön sein. Doch müssen Babys mit Sensormatten und Kameras überwacht werden? Müssen andere Menschen aus dem Raum gewiesen werden, damit die Mutter beim Nacktstillen das Bonding zur Vollendung bringen kann? Müssen Eltern alles aushalten, bis hin zu Thrombosen, Wunden und dem Verlust des sozialen Umfelds, weil ein Baby das angeblich braucht? Aber lesen Sie selbst.

Schwanger?
Sofort in Quarantäne!

Werdende Helikopter-Eltern nerven natürlich zuallererst ihre **Ärzte und Hebammen**, in deren Praxen sie pausenlos notlanden. Besonders reifere Akademikerinnen begreifen ihre Schwangerschaft nicht nur als »Projekt«, sondern auch als äußerst kritischen Zustand, der rund um die Uhr überwacht werden sollte. Volle Kontrolle im Mutterleib ist angesagt. Ohnehin reichlich vorhandene Ängste werden noch befördert durch die Industrie, die an das Gewissen werdender Eltern appelliert, alles maximal richtig zu machen. Weiterhin ihrem Beruf nachzugehen, finden die Frauen dann oft unzumutbar. Dass der Mutterschutz erst sechs Wochen vor dem errechneten Geburtstermin beginnt, scheint ihnen skandalös fahrlässig. Sie wollen von der Feststellung der Schwangerschaft an eine Vollkasko-Existenz führen.

Ein Opfer dieser Panik berichtet:

»Als Frauenärztin bin ich sozusagen am Anfang des Irrsinns. Mittlerweile beansprucht fast jede Schwangere ein Beschäftigungsverbot, da sie ja am Arbeitsplatz mit Menschen in Kontakt kommt, die potenziell eine Infektionsquelle darstellen. Wenn die Verbotsbescheinigung nicht sofort ausgestellt wird, erfolgt sofort ein Arztwechsel, verbunden mit übelster Bewertung auf den bekannten Portalen im Internet.«

Un-ver-ant-wort-lich!

»Ich bin 38 Jahre alt und gehe zu allen normalen Kontrollterminen bei meiner Frauenärztin. Neulich sagte eine andere Mutter zu mir: ›Was, du lässt keine Fruchtwasserpunktion durchführen? Das ist total unverantwortlich!‹«

Gefahr à la carte

»Meine Schwester war mit dem zweiten Kind im sechsten Monat schwanger. Wir waren im Restaurant, und zum Nachtisch gab es ein Dessert mit einem Hauch Zimt. Das gab einen Aufschrei, weil Zimt wehenfördernd ist und meine Schwester Angst hatte, direkt im Restaurant das Kind zu bekommen. Ich fand das übertrieben, sie sagte jedoch, nichts dürfe dem

Ungeborenen schaden, und verließ das Restaurant. Sie ist wirklich eine Helikopter-Mutter: Ihren Siebenjährigen lässt sie immer noch nicht allein auf den Spielplatz, trotz direktem Gartenzugang.«

Familientreff beim Ultraschall – eine Ärztin erzählt:

»Von Stunde eins der Schwangerschaft an wird gejammert, was das Zeug hält. Meistens wird die Schwangere vom Partner in die Praxis eskortiert, selbst ihre Handtasche muss der Mann tragen. Allein kann sie jedenfalls nicht kommen. Gibt es bereits Kinder, kommen auch diese mit und müssen nach ausgiebigem Picknick in den Praxisräumen bereits im Alter von einem Jahr bei vaginalen Untersuchungen und Ultraschall die Schwangerschaft miterleben. Wir mussten dazu übergehen, Schwangere und andere Patienten separat einzubestellen, da Letztere sich über den Lärmpegel und den Dreck der Geschwisterkinder beschwert haben. Gerade ältere Patienten, die selbst auch Kinder großgezogen haben, sind fassungslos und haben kein Verständnis für dieses Verhalten.«

Wer lange auf ein Kind wartet, vielleicht auch die Reproduktionsmedizin bemüht, neigt schon während der Schwangerschaft zur Übervorsicht, berichten Hebammen immer wieder. »Wer älter ist, macht sich mehr Gedanken, ist verkopfter«, sagt eine Hebamme aus Berlin. »Da wird dann sehr kleinteilig hingeschaut. Manchmal wird jede Käsesorte einzeln besprochen. Eine Schwangere wollte keinen Salat mehr essen, weil sie befürchtete, ihn zu waschen könnte nicht reichen.« Die Hebamme führt diese Ängstlichkeit auch darauf zurück, dass Schwangerschaften von der Medizin defizitorientiert wahrgenommen werden – als handle es sich um eine Krankheit. »Immer wird geschaut: Was könnte nicht stimmen? **Wo ist ein Risiko?** Gibt es Abweichungen von der Norm? Mittlerweile bekommt fast jede Schwangere irgendein Risiko im Mutterpass eingetragen. Je mehr man sucht, desto mehr findet man aber auch. Das fördert Ängste und Unsicherheiten.«

Vom Esstisch in die Notaufnahme?

»Ich bin Hebamme in einer Uni-Klinik. Neulich bekam ich abends einen Anruf im Kreißsaal: Eine Frau hatte versehentlich Rohmilchkäse gegessen. Ihre Frage: ›Muss ich jetzt kommen und mir den Magen auspumpen lassen?‹«

Kein Wunder, dass aus den ängstlichen Schwangeren anschließend **hysterische Gebärende** und helikopternde Eltern werden, deren Ehrgeiz sich auf die ideale Babybekleidung (nur Wolle-Seide-Textilien!), den perfekten Schnuller (Naturkautschuk!) und andere hochpreisige Produkte richtet.

Selbstverständlich werden diese **High-End-Produkte** damit angepriesen, dass sie irgendetwas fördern beim Kind, mindestens das Bonding, wenn nicht gleich Synapsen. Die skurrile Krönung der pränatalen Frühförderung ist diese Erfindung einer spanischen Kinderwunschklinik: Der BabyPod ist ein Player, den Schwangere an ihr Handy anschließen und in ihre Vagina einführen können. Dort spielt er in direkter Nähe zur Gebärmutterwand klassische Musik ab (macht intelligent) oder erste Vokabeln (Zweisprachigkeit). »Mit BabyPod beginnt die Artikulation schon im Uterus«, frohlockt die gynäkologische Klinik in Barcelona. Und bei einem »Vagina concert for foetuses« wurde der Gesang der ESC-Teilnehmerin Soraya den Schwangeren per Baby-Pod sogar live in den Unterleib übertragen – statt Händels Wassermusik also Fruchtwassermusik für Föten. Wir sehen: Viel zu lange verliefen die ersten zehn Lebensmonate eines Fötus quasi ungenutzt. Jetzt ist Schluss mit Chillen im Mutterleib.

Schwangere: »Was kann ich meinem Baby im Bauch so vorlesen, haben Sie einen Tipp?«
Hebamme: »Gedichte von Schiller, wenn Sie sie mögen.«
Schwangere: »Klingt toll!«
Hebamme: »Oder auch das Telefonbuch. Hauptsache, das Baby hört Ihre Stimme.«

Kind ja,
Geburt nein

Will das optimal vorbereitete Qualitätskind sich nach Monaten auf den Weg nach draußen machen, möchten es die werdenden Helikopter nicht dem Risiko einer Geburt aussetzen.

Viele Frauen sehen eine Geburt inzwischen als lebensgefährlichen Weg auf die Welt. »Sie haben Angst vor Schmerzen und um die Sicherheit des Babys«, berichtet eine Hebamme, »sie wollen gar keine natürliche Geburt.« So kommt es, dass ein Drittel aller Geburten in Deutschland ein Kaiserschnitt ist. Medizinisch nötig wäre das in so vielen Fällen ganz sicher nicht.

In den USA ist mittlerweile jede zweite Geburt ein Kaiserschnitt. Unter dem Motto »**Save your love channel**« werden Kaiserschnitte in Frauenarztpraxen sogar beworben. Kein Wunder, dass in Online-Foren – und vor allem unter Gutsituierten – viel diskutiert wird, ob ein Kaiserschnitt nicht doch der beste Weg sei. »Too posh to push« nennen das die Amerikaner – zu Deutsch etwa: »Zu vornehm zum Pressen«. Den Hol- und Bringservice durch die Bauchdecke muss man sich natürlich leisten können. Eine Mutter berichtet, sie habe einen vierstelligen Betrag investiert.

Wunschkaiserschnitt mit Chefarztbehandlung:
»Es stand so viel auf dem Spiel, was ich von anderen Müttern gehört hatte: Die Herztöne plötzlich weg,

Nabelschnur erdrosselt das Baby, Kind bleibt im Geburtskanal stecken, starker Blutverlust. Ich hatte Angst vor den Schmerzen und davor, mein Kind zu gefährden.«

Kaiserschnitte entsprechen außerdem dem durchoptimierten Lebensstil, den viele spätere Helikopter-Eltern pflegen. Der werdende Vater kann den Geburtstermin perfekt mit seinen Dienstreisen abstimmen – oder von seiner Sekretärin abstimmen lassen. Gibt es schon ein älteres Geschwisterkind, wird dieses keiner unnötigen Aufregung ausgesetzt, weil etwa der Mama plötzlich die Fruchtblase platzt – es verbringt einfach drei geplante Tage bei der Oma und erfährt nichts vom Wunder der Spontangeburt.

Der Perfektionismus in den 40 Wochen der Schwangerschaft zeigt: Hier lassen die besten Eltern der Welt schon mal ihre Rotoren warm laufen. Bis zur Geburt studieren sie dann noch alles an verfügbarer Ratgeberliteratur und sind über Geburtsstellungen und mögliche Risikolagen bestens informiert, sodass ihnen im entscheidenden Moment keine Hebamme vermeintlichen Quatsch erzählen kann. Was hat die denn schließlich für eine Qualifikation – ist das nicht »nur« ein Ausbildungsberuf?

Hebamme: »Ein bisschen Bluthochdruck ist völlig normal im letzten Schwangerschaftsdrittel. Strengen Sie sich nicht zu sehr an, ruhen Sie sich aus.«
Eltern: »Soso, das meinen Sie. Wie viele Semester Gynäkologie haben Sie denn studiert?«

Viele Akademiker-Eltern meinen, erfahrenen Kräften aus anderen Berufen erzählen zu können, wo's langgeht. Vertrauen tun sie eh nur sich selbst, und schließlich geht es hier um den Thronfolger persönlich. Vor allem Hebammen und Erzieher sind von dieser Entwicklung be- und getroffen, wie die Aussage dieses selbstbewussten Vaters belegt:

Wer ist hier der Experte?

»Das Wissen von Hebammen basiert zu großen Teilen nur auf Erfahrung. Da wird zum Beispiel in von Hebammen geschriebenen Fachbüchern noch immer behauptet, ein gestilltes Kind könne Blähungen bekommen, wenn die Mutter blähende Lebensmittel wie Sauerkraut isst, dabei ist das ganz offensichtlich kompletter Quatsch. Und wenn eine Mutter mit Hochschulabschluss mit einer Erzieherin diskutiert, dann wundert es nicht, wenn die Erzieherin den Kürzeren zieht. Erfahrung reicht heutzutage nicht mehr, weil viele Eltern die Erzieher schlicht und einfach von der Kompetenz her überholt haben.«

Händchenhalten war gestern – jetzt ist Excel!

»Ein werdender Vater saß bei der Geburt vor seinem Rechner und hat jede Wehe in eine Excel-Tabelle eingetragen. Sein Beitrag zu der Geburt war, dass er alle Wehen auf seinem Laptop festgehalten und notiert hat, wie lang oder wie heftig sie jeweils waren.«

Ach ja: **Ein perfektes Baby braucht ein perfektes Babyzimmer**, ist klar. Hinter dieser Idee steckt eine Industrie, die durch sanften Druck aufs elterliche Gewissen die schicksten Interieurs für Neugeborene verkauft. Die Möglichkeiten sind ungeahnt, und Helikopter-Eltern überschlagen sich mit Planungen.

Eine glückliche Mutter berichtet stolz:

»Wir machen alles zum Thema Wald und Zwerge. Die Wand wird eher sandfarben, und dann malen wir einen Baum mit Blättern und vielleicht ein paar Vögel oder Eulen an die Wand. Dann wollte ich noch ein paar Baumscheiben, die gibt es im Tierhandel für Wellensittiche, anbringen und kleine Puppenhausmöbel draufstellen. Und ich habe eine Kuschelecke mit Lichterkette und Himmel eingeplant, die Kissen mit Zwergen oder Waldoptik. Der Fußboden wird aus Kork.«

Mütter mit Keimphobie
und andere Wahnideen

Und dann ist das Baby da. Und seine Eltern lieben es und wollen selbstverständlich nur das Beste für ihren Liebling. Klar: Menschen verändern sich, wenn sie Eltern werden – alles andere wäre auch sehr merkwürdig. Aber ist es normal, wenn selbst die engsten Freunde **frischgebackene Eltern nicht wiedererkennen**? Aus selbstbewussten Menschen werden ängstlich umherkreisende Rettungshubschrauber. Sie haben Angst vor Keimen und Geräuschen, Feuchttüchern – und selbst den eigenen Brustwarzen.

Eine verwunderte Leserin berichtet:
»Kurz nach der Geburt haben unsere Freunde eine spezielle Matte fürs Bettchen gekauft, damit die Herztöne überwacht werden können. Das Babyphon ist mit Kamera ausgestattet, sodass das Kind jederzeit beobachtet werden kann. Feuchte Tücher beim Wickeln sind, vermutlich aufgrund schädlicher Inhaltsstoffe, grundsätzlich verboten. Meine ironische Frage, ob Stoffwindeln oder das bewährte ›Abhalten‹ Alternativen sein könnten, wurde ernsthaft diskutiert.«

Ist unser Modell eigentlich geländetauglich?
Ob es vielleicht dem Babyhirn schaden könne, wenn sie mit dem Kinderwagen über Kopfsteinpflaster fahre, wollte eine Schwangere von ihrer Hebamme wissen.

Der blieb der Mund offen stehen: Das hatte sie in all den Berufsjahren wirklich noch niemand gefragt. Aber sie konnte die werdende Mutter beruhigen: Alle Babys sind SUVs.

Ebenfalls eine Hebamme erzählt das Folgende:

Sterile Zone

»Immer wieder erlebe ich bei Hausbesuchen, dass Mütter ihren halben Haushalt desinfizieren. Sie benutzen antiseptische Flüssigseife und wischen Küchentisch, Arbeitsplatten und alles, was das Baby berührt, mit Sagrotan ab. Neulich habe ich eine Mutter betreut, die die Kleidung ihres Babys mit einem speziellen desinfizierenden Waschmittel wusch. Eine Hygienemaßnahme konnte ich ihr aber zum Glück wieder ausreden: vor dem Stillen ihre eigene Brust zu desinfizieren.«

Pssssst!

»Die ersten Wochen durfte man sich unserem Patenkind nur im Flüsterton und mit langsamen Bewegungen nähern – es hätte überreizt werden können. Beim Stillen wurden alle Menschen aus dem Raum gebeten, damit die Bindung zwischen Mutter und Kind enger wird. Staubsaugen war nur noch möglich, wenn das Kind eine Etage darüber bei geschlossener Tür schlief, ansonsten wurden die Räume gefegt. Ich brauche wohl nicht zu erwähnen, dass Telefon und Klingel noch immer regelmäßig abgeschaltet sind und die Familie nicht zu erreichen ist.«

Helmpflicht in jeder Lebenslage

»Meine Schwester hatte panische Angst vor Krankheiten. Alle Besucher der Babys mussten immer die Hände desinfizieren. Hatte ein Mensch im Umfeld mal einen Schnupfen, lief sie mit den Kindern zum Kinderarzt, auch wenn diese kerngesund und munter waren. Draußen spielen war grundsätzlich nur unter höchsten Sicherheitsvorkehrungen erlaubt: So trugen die Kinder auf dem Spielplatz einen Helm und bei jedem Wetter Sonnenschutz mit Lichtschutzfaktor 50.«

Nur eine gesunde Oma ist eine gute Oma

»Nach einem Treppensturz der Oma durfte unser Patenkind sie ein paar Wochen nicht sehen. Wahrscheinlich, so orakelten die Eltern, würde es den Einjährigen verwirren und stressen, wenn die Oma nur im Sessel sitze und sich nicht um ihn kümmere.«

Schlaf, Kindchen, schlaf ...

Besonders für den **heiligen Schlaf** ihrer Lieblinge lassen sich Eltern zu den bizarrsten Hilfestellungen hinreißen, und das oft jahrelang. Sie kommen gar nicht auf die Idee, dass es vielleicht anders gehen könnte, und akzeptieren bereitwillig auch körperliche Schmerzen. Klitzekleines Problemchen bei der Sache: Selbstständig ein- und durchzuschlafen lernt ein Kind auf diese Weise eher nicht.

Papas Finger als Schnuller

»Unsere Tochter hat keine Schnuller gemocht. Deshalb haben meine Frau und ich ihr zum Einschlafen immer unseren kleinen Finger zum Nuckeln in den Mund gesteckt.

Zwei Jahre lang saßen wir mittags, abends und nachts neben ihrem Bettchen und mussten unseren Finger hinhalten. Ich hatte regelmäßig Nagelbettentzündungen und immer eine Furche im Finger durch ihre Zähne. Und ein Babysitter war undenkbar.«

Eine Hebamme erlebte Kurioses:

»Um den Schlaf ihrer Babys nicht zu stören, denken sich junge Eltern Kniffe aus, die ihre Mitmenschen sehr verwundern. Das Telefon und die Klingel auszustellen ist da noch harmlos. Ein Paar hatte den gesamten Dielenboden seiner Altbauwohnung mit bunten Klebestreifen markiert, damit sie ihre Schritte so platzieren konnten, dass die Dielen nicht knarzten. Und ein Vater hatte tatsächlich Angst, die Klospülung zu betätigen, wenn das Baby schlief. Er pinkelte deshalb ins Waschbecken.«

In Eltern-Foren geben sich Mütter und Väter gegenseitig Rat, wie sie die Forderungen ihrer Kleinkinder aushalten und umsetzen können. Einfach mal *nicht* zu erfüllen, was ihr kleiner Nervbolzen verlangt, kommt für diese Eltern offenbar gar nicht in Betracht.

Mamas Kopf als Kopfkissen

»Als mein Sohn zwei Jahre alt war, forderte er immer vehement, auf meinem Kopf einzuschlafen. Ich musste mich auf die Seite legen, und er hockte sich in Embryohaltung neben mich und legte seinen Kopf auf meinen. Auf diese Art schlief er sehr schnell ein, und ich ließ es zu – teils aus Bequemlichkeit und um den Einschlafvorgang abzukürzen, aber auch, weil ich dachte, ich müsste ihn unbedingt glücklich machen. Das Problem war aber, dass er, wenn er nachts aufwachte, zu mir ins Bett kam und sich wieder auf meinen Kopf legte.«

Eine andere Mutter legte ihr Baby sechs Monate lang ausschließlich auf ihrem Körper schlafen und verbrachte deshalb fast ein halbes Jahr im Bett. Erst als sie **echte gesundheitliche Probleme** bekam, traute sie sich, andere Mütter um Rat zu fragen:

»Ich habe mich zwar mittlerweile daran gewöhnt, die meiste Zeit im Bett zu verbringen, aber so kann es nicht weitergehen. Sie wird langsam ziemlich schwer, und ich habe durch das häufige Liegen auf dem Rücken bereits eine Thrombose im rechten Bein.«

Und die Psychologin Annette Kast-Zahn, Autorin des erfolgreichen Eltern-Ratgebers »Jedes Kind kann schlafen lernen«, berichtete der *Süddeutschen Zeitung* aus ihrer verhaltenstherapeutischen Praxis:

»Ein Paar hatte einen Föhn über dem Bett angebracht, der musste eine halbe Stunde laufen, bis das Kind schlief. Auch nachts mehrmals. Und er musste tatsächlich blasen, das Föhngeräusch von einer CD wirkte nicht. Ein anderer Vater, 1,90 Meter groß, quetschte sich immer mit ins Kinderbett. Eine Mutter lag auf dem Lammfell davor.«

Nacktstillen ist total wichtig

»Meine Freundin bekam ihr zweites Kind im Juli. Ein paar Wochen später besuchte ich sie in ihrer Wohnung und bekam fast einen Hitzschlag. Im Wohnzimmer bollerte die Heizung, die Couch war zu einem riesigen Bett umfunktioniert worden. Sie erklärte mir: Jedes Mal, wenn ihr Baby schlafen möchte, lege sie sich mit dem Kind nackt hin. Co-Sleeping und Nacktstillen seien total wichtig für das Bonding. Ich finde: Sie hat sich aufgegeben. Es ist unmöglich, sich mit ihr zu verabreden. Vielleicht wieder in sechs Jahren, wenn das Kind in die Schule muss.«

Andere Kinder lieben es, noch nach dem Abstillen mit den Brüsten ihrer Mütter zu spielen. Auch diese Marotte akzeptieren viele dann einfach als **Vorliebe ihres Schätzchens** – sogar in der Öffentlichkeit.

Busengrapscher
»Wenn sie müde oder quengelig ist, steckt sie ihre Hand in meinen Ausschnitt und fummelt los. Auf ›Nein!‹ hat sie nicht reagiert, und weil es ihr augenscheinlich guttat, um sich zu beruhigen, habe ich sie gelassen. Jetzt nervt es mich allerdings. Und gerade zum Einschlafen knetet sie oft wie wild drauflos. Es stört mich, aber wenn ich Nein sage, weint sie.«

Und eine andere Mutter erzählt:
»Einmal hat sie das auch bei einem Termin gemacht. Sie sagte laut: ›Oooh, Titti‹, und griff mir voll ins Dekolleté. Das war echt peinlich.«

Peinlich, ja – aber offenbar nicht peinlich genug. Gibt es eine Konkurrenz unter Helikoptern, wie sehr sie sich für ihr Kind aufopfern? Liefern sie sich einen Wettstreit darum, wer die besten Eltern sind, und steigern sich deshalb in immer absurdere Dienstleistungen an ihren Babys hinein? Manchmal scheint es so. Wenn dann Mütter andere Frauen sehen, die es anders machen als sie selbst und damit das eigene Verhalten infrage stellen, müssen die irgendwie bestraft werden. Ist doch klar, oder?

Babyschlaf scheidet die Geister

»Eine gute Bekannte verkündete, sie könne mit einer Frau, die sie aus dem Geburtsvorbereitungskurs kannte und mit der sie fast zeitgleich entbunden hatte, nicht mehr befreundet sein. Der Grund: Die andere Frau lasse ihr Baby nicht bei sich im Bett schlafen. Als ich irritiert nachfragte, ob das Baby denn viel weinen würde, weil es im eigenen Bett schlief, sagte sie: ›Nein, aber das arme Kind weiß es ja auch nicht besser. Und eine gute Mutter hat das Bedürfnis, ihr Kind neben sich schlafen zu fühlen.‹«

Na dann: Gute Nacht.

Auch wenn diese Mutter zu wissen meint, was alle Säuglinge brauchen, sind sich einige Eltern unsicher, ob sie die Wünsche ihres Schützlings perfekt erfüllen. Denn leider können Babys in den ersten zwei Lebensjahren nicht sprechen. Um diese Lücke zu schließen, nehmen Helikopter-Eltern mit Babys ab sechs Monaten an Kursen teil, um ihnen Gebärdensprache beizubringen. Mit etwa 70 Handzeichen können sich Eltern und Babys dann verständigen – was vor allem die Eltern beruhigt und ihnen das Gefühl gibt, alles getan zu haben, um ihrem Kind *as soon as possible* jedes Bedürfnis zu erfüllen. Ein Hamburger Arzt berichtet verwundert:

»Neuerdings lassen sich Eltern in Babyhandzeichen schulen. Sie meinen, es klaffe sonst eine Lücke in der Kommunikation mit ihrem Säugling. Ich halte das bei hörenden Kindern nicht für sinnvoll, zumindest nicht für die Kommunikation. Eigentlich ist ja lautsprachliche Verständigung das Ziel. Möchte man diese fördern, sollte man sich nicht mit Handzeichen unterhalten.«

Das alles klingt schon irgendwie übertrieben. Aber wir wollen nicht so streng sein, denn wer könnte Säuglingseltern nicht verstehen: Die hilflos-süßen Wonneproppen sind doch noch so klein. Irgendwann wird allerdings jedes Baby zum Kleinkind. Und viele Eltern nehmen es dann mit dem Komplettservice sehr wörtlich und kämpfen auch **im Kindergarten** für jede Extrawurst. Natürlich nur fürs eigene Kind.

»Wärmen Sie die Klobrille vor!« Hubschrauber-Einsatz in der Kita

Solange ein Kind zu Hause betreut wird, helikoptert es sich noch ganz leicht. Das Kleinkind wird verwöhnt, und niemand darf es wagen, die Eltern zu kritisieren. Komplizierter wird es für die Heli-Eltern, wenn Prinz oder Prinzessin irgendwann fremdbetreut werden sollen. Denn welche Kita könnte gut genug sein für den eigenen Augapfel? Wer kann garantieren, dass das Kind den gleichen Service erfährt wie zu Hause? Niemand kann das – weil es unmöglich ist. Und das kann Helikopter-Eltern wahnsinnig machen. Sie wollen weiter alles kontrollieren und auch von der Arbeit aus permanent ihre schützende Hand über ihr so verletzliches und ständig gefährdetes Kind halten. Und sie übertreiben es damit manchmal gehörig, wie genervte Erzieher immer wieder berichten. Die **Sicherheitsfreaks** fordern Überwachungskameras für den Mittagsschlaf, lassen ihr Kind beim Arzt testen, ob es gegen die Billigpflaster aus der Kita allergisch ist, und diskutieren auf dem Elternabend über eine Helmpflicht für Rutschautos und Dreiräder. Die **Öko-Fraktion** hat Angst vor Gift im Essen und vor Zucker sowieso. Supermarkt-Bio ist ihnen nicht Bio genug, und Geburtstagskuchen gehören generell verboten. Die **Kampfhubschrauber** unter den Eltern hingegen drohen mit dem Anwalt, wenn ein Erzieher eine Zecke entfernt, wollen Schadensersatz, wenn die Kleidung zerreißt, oder rufen das Jugendamt an, wenn ein Kind in der Gruppe die anderen kneift. Und schließlich sind da noch die **überambitionierten Performer** – für sie kann es gar nicht genug Förderung geben im Kindergarten. Da wird die Erzieherin zur Rede gestellt, wenn die Kinder im Matsch toben, statt Bogenschwünge zu üben. Und vor dem Ausflug auf den Ponyhof informieren sie sich, auf welcher Rasse die Kleinen sitzen werden – schließlich möchten sie den eleganten Reitstil ihrer Fünfjährigen nicht verderben.

Beim Spielen hört der Spaß auf!
Eltern in Angst und Rage

Immer wieder berichten Pädagogen, dass **Eltern nicht loslassen können**. Das ist nicht nur anstrengend für die Kinder und supernervig für die Erzieher, es muss auch belastend für Helikopter-Eltern selbst sein. Ohne Pause kreisen ihre Gedanken darum, was im Kindergarten schieflaufen könnte. Morgens geben sie nicht nur das Kind, sondern auch eine Checkliste ab, was die Erzieher über den Tag alles beachten sollen, damit auch ja alle Standards eingehalten werden wie zu Hause – und seien sie auch noch so absurd:

Kleidervorschrift
»Wenn die Kinder rausgehen, bitte Johanna die gefütterte Hose UND die Thermohose anziehen, es sollen heute nur elf Grad werden, das ist sonst zu kalt.«

Diätplan
»Ich habe auf dem Essensplan gesehen, dass die Gruppe heute Milchreis bestellt hat. Theo mag keinen Milchreis, könnt ihr ihm bitte sein Essen aus der Tupperdose aufwärmen?«

Verdauungskontrolle
»Malte war heute noch nicht auf Klo, achtet ihr bitte darauf, dass er geht?«

In Kindergärten spricht sich unter dem Personal schnell rum, welche Eltern besonders betreuungsintensiv sind. Das Paradoxe daran: Eigentlich wollen die Eltern ihrem Kind jeglichen Stress ersparen – aber es ist genau ihr Verhalten, das unnötigen Stress im Kindergarten erzeugt. Dabei werden **Pädagogen auch heimlich überwacht**: »Ich erlebe nicht selten, dass sich Mütter in die Kita schleichen und an der Wand zum Gruppenraum lauschen«, erzählt eine Erzieherin. Und eine Kita-Chefin berichtet, sie habe sich mit den Kollegen dabei abgewechselt, eine Mutter zu betreuen, die von ihrer kontrollsüchtigen Kita-Spionage kaum abzubringen war:

> »Schon während der Eingewöhnung erwischten wir sie, wie sie uns und ihre Tochter heimlich durchs Fenster beobachtete. Am nächsten Tag brachte sie einen Phasenprüfer mit, um unsere – natürlich gesicherten – Steckdosen zu überprüfen. Kurzum: Es fiel ihr schwer, unserer Einrichtung Vertrauen zu schenken. In den folgenden drei Jahren fürchtete die Mutter stets, ihre Tochter könne in Gefahr sein oder ungerecht behandelt werden. Immer wieder rief sie an: ›Stimmt es, dass Lina kein Malpapier benutzen darf?‹, ›Stimmt es, dass ein Kind sie bedroht hat?‹, ›Stimmt es, dass Lina keinen Nachtisch bekommen hat?‹ Wir haben uns im Team abgewechselt, wer ans Telefon geht. Immer wieder beschuldigte oder beleidigte sie uns. Da wir aber fürchteten, dass sie ihr Kind bis zur Schule zu Hause behalten würde, und wir schon ihre dritte Kita waren, bissen wir uns um des Kindes willen durch.«

Tja, Spielen ist eben kein Spaß. »Auch wenn sich zwei Dreijährige bloß um eine Schaufel gestritten haben, kommen Eltern am nächsten Tag und wollen einen Bericht über den ›Vorfall‹«, berichtet eine Erzieherin. Eine Kindheit ohne Streit und Frust ist sicher nicht der optimale Weg, um den Umgang mit negativen Gefühlen zu lernen. Doch die Kleinen wachsen auf wie in Watte gepackt und werden permanent um Angst, Traurigkeit oder Schmerz herummanövriert.

Apropos Schmerz: Wussten Sie, dass das eigenmächtige Anbringen eines Pflasters an einem aufgeschürften Knie als Körperverletzung ausgelegt werden kann? Einige Eltern müssen das so gesehen haben, weshalb eine Berliner Kita 2017 dazu überging, im Vorhinein von allen Eltern **Einverständniserklärungen für Pflaster** einzuholen. Das regte die grüne Bezirksbürgermeisterin von Friedrichshain-Kreuzberg, Monika Herrmann, so auf, dass sie auf ihrer Facebook-Seite ein Foto der Einverständniserklärung postete und dazu schrieb: »Drehen wir eigentlich alle nur noch am Rad?« Daraufhin entwickelte sich in verschiedenen sozialen Netzwerken eine beachtliche Diskussion über Pflasterallergie und den Umfang von Erster Hilfe. »Bei uns wollte ein Vater ein Pflasterbuch einführen«, erzählt ein Vater, andere nahmen es mit Humor: »Manche bestehen eben auf veganes Bio-Sprühpflaster. Etwas mehr Toleranz bitte.«

Eine Mutter berichtete, sie habe unterschreiben müssen, dass ihr Kind auf Läuse untersucht werden darf, eine weitere hatte erlebt, dass die Kita zur Absicherung gegenüber den Eltern keine Sonnencreme mehr auftrug. Und eine andere erzählt: »Mein Sohn kam neulich mit einem Splitter im Finger nach Hause und fragte: »Mama, was ist Körperverletzung?« Die Erzieherin hatte dem Kind erklärt, sie dürfe ihm nicht helfen, sie riskiere sonst eine Anzeige. Dasselbe gilt übrigens für Zecken:

»Ich organisiere Wald-Kindergeburtstage und bin deshalb als Outdoor-Notfallhelfer ausgebildet. Ich wurde mal angezeigt, weil ich einem Kind eine Zecke entfernt hatte. Der Papa war Anwalt. Kam dann zwar nix mehr hinterher, aber: Traurig finde ich das.«

Die **Überwachungshubschrauber** unter den Eltern verlangen immer die höchste Sicherheitsstufe für ihr Kind, egal ob beim Baden, Spielen oder Schlafen:

Badeklausel

»Kürzlich maulte ein Anwaltspapa, auf unserer Bade-erlaubnis sei nicht eindeutig zu erkennen, dass Erzieher anwesend sind. Als ob wir die Kinder allein zum Strand schicken und in der Zeit Käffchen trinken würden.«

You give me fever

»Ein sechsjähriges Kind hatte leichtes Fieber von 38,4 Grad. Ich rief die Eltern an, um zu fragen, ob sie das Kind etwas eher abholen könnten. Zehn Minuten später standen da: Vater, Mutter, Onkel, Tante und der volljährige Bruder. Alle sehr aufgeregt. Sie sind dann mit dem Kind sofort in die Notaufnahme.«

Profi-Paten

»Die Eltern unseres Patenkinds haben meinem Mann und mir bereits vor der Geburt nahegelegt, einen Erste-Hilfe-Kurs für Kleinkinder zu besuchen. Die

Bescheinigung über die Teilnahme sollten wir ihnen vorlegen. Ansonsten könne das Kind nicht alleine bei uns bleiben, was übrigens auch bis heute – das Kind ist inzwischen sechs Jahre alt – nicht passiert ist.«

Kameras in die Kita!
»Mittags legen wir unsere Krippenkinder im Gruppenraum schlafen. Wenn alle eingeschlafen sind, können auch wir Erzieher eine Mittagspause machen und etwas essen. Das Babyphon haben wir immer dabei. Manchmal passiert es aber, dass ein Kind aufwacht und vielleicht auch ein anderes weckt. Das ist kein Drama, allen geht es gut dabei. Trotzdem fordern Eltern regelmäßig, dass wir die Kleinen beim Schlafen mit einer Kamera überwachen und Kinder, die nach und nach aufwachen, sofort aus dem Raum holen, denn: ›Carl hat nachmittags ganz schlechte Laune, wenn er mittags eine halbe Stunde weniger schläft.‹«

Was bringt Helikopter-Eltern dazu, ihre Umgebung derart nach Defiziten abzuscannen? Nur das Negative zu sehen? Für sie ist die **Welt voller Gefahren**. Sprechen sie über ein Bobby-Car, denken sie an Unfälle. Gehen sie in den Wald, haben sie Angst vor Stöcken und Zecken. Durch Glastüren könnte jemand einen Blick auf ihr Kind werfen, was natürlich verhindert werden muss. Und stellen Sie sich mal vor, die Sonne wagt es, sich kurz hinter dem Mond zu verstecken! Wäre das nicht total traumatisch für ein Kind?

Eine Musikpädagogin wundert sich:

»In der Kita meiner Tochter wurden jetzt die Scheiben der schmalen Glastüren zu den Wickelräumen zugeklebt, weil einige Eltern nicht wollen, dass man bestimmte Körperteile ihrer Kinder sieht. Ich finde das einfach absurd, und es hat für mich nichts mit dem Schutz von Persönlichkeitsrechten zu tun. Es würde mich nicht wundern, wenn genau diese Eltern Fotos ihrer Kinder auf Facebook posten.«

Manchmal fragt man sich, warum sich Eltern für ein bestimmtes Kita-Konzept entscheiden, obwohl es ihr Kind in permanente Lebensgefahr bringt. »Während eines Elternabends in unserer Wald-Kita bat eine besorgte Mutter darum, den Kindern bei ihrem täglichen Spaziergang durch den Wald das Spielen mit Stöcken zu verbieten. Der Grund: Das sei zu gefährlich.«

Sie fallen weich

»Eine Mutter packte ihre zwei Kinder in bis zu fünf Schichten Kleidung ein. Die beiden waren immer total verschwitzt, denn die Mutter bestand darauf, dass sie sich nicht ausziehen. Dabei tobten die beiden doch so gern. Es dauerte ziemlich lange, bis wir begriffen, warum die Kinder nichts ausziehen sollten: Die Eltern waren der Meinung, die Kleidung biete Schutz vor Verletzungen.«

Böse Sonne! Böser Mond!

»Während einer partiellen Sonnenfinsternis wurde es um die Mittagszeit herum draußen dunkler. Plötzlich klopfte es, und da standen die Eltern und die Großmutter eines der Kinder: Die drei hatten Sorge, dass die Sonnenfinsternis ihren Sprössling verwirren oder beunruhigen könnte. Der Anderthalbjährige saß derweil quietschvergnügt zwischen Bauklötzen und wurde lediglich von den panischen Mienen der Erwachsenen, die auf ihn einredeten, verwirrt. Dass es draußen dunkler war als sonst, hatte der Kleine natürlich überhaupt nicht bemerkt.«

Bio ist nicht gleich Bio!

Ein weiteres Lieblingsthema der überprotektionistischen Eltern in Kindergärten ist natürlich die Ernährung. Ein schwieriges Feld, denn hier gibt es viele Dogmatiker: Die einen haben Zucker auf dem Kieker, die anderen verteufeln Weißmehl und halten Gluten für einen von der Industrie ins Mehl gemischten Giftstoff, die dritten finden nur bestimmte Bio-Siegel akzeptabel, und wieder andere würden ihrem Kind nie Fleisch anbieten oder ernähren sich selbst vegan, was natürlich auch ihre Kinder zu Veganern macht. Das ist schon für jeden Caterer ein herausfordernder Balanceakt, ganz zu schweigen von Kitas, die das Essen selbst kochen. Und sogar, wenn ein Kind von Haus aus eigentlich alles essen darf, fällt manchen Eltern noch ein, dass ein Eis vielleicht zu kalt sein könnte für das Kehlchen ihrer Prinzessin, die deshalb natürlich eine Sonderbehandlung braucht. **Kulinarische Extrawünsche an Erzieher** posaunen Helikopter ganz ungebremst hinaus, schließlich geht es darum, dass das Kind nicht verhungert. Da kann man doch wohl verlangen, dass die Kita-Mitarbeiter vor jedem Essen den Kindermund massieren und dabei ein Liedchen singen.

Lutschfinger vom Therapeuten

»Ich bin Erzieherin in einer Kinderkrippe. Bei uns gibt es ein drei Jahre altes Kind, das angeblich eine Nahrungsphobie hat. Eigentlich isst das Kind alles auf, worauf es gerade Lust hat, und verweigert nur – wie die meisten Kinder in dem Alter – Obst und Gemüse. Jedoch glauben die Eltern, dass dieses Kind eine echte Krankheit hat. Sie haben uns einen Bericht ihres Therapeuten mitgebracht. Von uns Erziehern wollen sie jetzt, dass wir vor dem Kind mit den Fingern essen, dabei ein Lied singen (›Mmhhmm, das schmeckt so gut, mmhhmm, das ist so lecker‹) und dem Kind gleichzeitig unsere Finger anbieten, damit es daran lutschen kann. Zudem sollen wir bei dem Kind vor jeder Mahlzeit eine Massage im Mund machen.«

Biogurken-Zulage

»Ich werde nie vergessen, wie ich mit anderen Müttern einer privaten Kita darüber diskutieren musste, ob eine Biogurke aus dem Supermarkt für das Frühstück der Kleinen geeignet sei. Supermarkt-Bio sei eben kein echtes Bio, und nur das sei eigentlich gut genug für unsere Liebsten, fanden die besorgten Frauen. Eine Mutter wollte auch nicht gelten lassen, dass ›echte‹ Biogurken im Februar sehr teuer sind und nicht von dem einen Euro, den zehn Eltern pro Tag und Frühstück zahlen, finanziert werden können. Sie wollte eine saisonabhängige Bio-Zulage einführen, damit es auch im Winter feines Demeter-Gürkchen gibt. Wer das ablehnte, dem warf die Mutter gesundheitsschädigendes Verhalten vor.«

Eis vor Verzehr aufwärmen

»Ich arbeite als Erzieherin in einer Kita. Freitags gibt es nach dem Mittagessen immer ein Eis. Ein Vater gab uns einen Brief, in dem er erklärte, dass seine Tochter erkältet sei. Er wolle aber nicht, dass sie deshalb auf den Nachtisch verzichten muss. Wir sollten daher bitte das Eis vor dem Verzehr ein paar Sekunden in der Mikrowelle erwärmen.«

Katzentisch

»Eine Mutter warnte schon beim ersten Elterngespräch, dass ihr Sohn fremdes Essen immer ablehnen würde. Und sie wollte wissen, wie wir das mit Geburtstagskuchen in der Kita handhaben würden: Sie plädiere nämlich für gekauften Kuchen, denn niemand könne sicherstellen, dass andere Eltern nicht zum Beispiel Katzen in der Küche herumlaufen ließen, die das Essen verunreinigten. Als wir antworteten, dass bei uns sehr wohl selbst gebackener Kuchen und selbstgemachtes Essen mitgebracht würden, sah man das pure Entsetzen im Gesicht der Mutter. In diesem Moment wurde uns klar, warum ihr Sohn kein ›fremdes Essen‹ mochte.«

In einem Kindergarten in Nordrhein-Westfalen reagierten die Eltern richtiggehend schockiert, als sie erfuhren, dass das Mittagessen von der örtlichen Metzgerei angeliefert werde. Pfui Teufel noch mal! Zwar belieferte die Metzgerei mehrere Betreuungsstätten im Umkreis und kochte regelmäßig vegetarisch. Doch die Eltern machten gegen den Caterer mobil, berichtet eine Mutter:

Caterer-Kater

»In dem Kindergarten gab es eine eingeschworene Elternclique, die hysterisch forderte, dass den Kleinen zu Mittag ausschließlich vegetarische oder vegane Gerichte angeboten würden. Die Gruppe wollte durchsetzen, dass die Speisen von einem alternativ-biologischen Kleinbetrieb geliefert wurden. Das hätte aber einen deutlichen Kostenzuschlag pro Kind bedeutet, was in einer Elternabstimmung glücklicherweise verworfen wurde. Dennoch herrschte keine Ruhe, bis die Metzgerei die unmöglichsten Kompositionen kreieren musste, um die ›armen‹ Kinder fleischfrei zu ernähren.«

»Bewahren Sie die vollen Windeln auf!« Von Feuchttüchern und Fäkalien

Die meisten Hubschrauber-Eltern legen viel Wert auf **Ordnung und Hygiene**, und vor allem soll alles immer tippitoppi aussehen, wie in der Waschmittelreklame. Nun ist aber Werbung bloß Werbung, und der Alltag mit Kindern ist in der Realität, sagen wir es freiheraus, mit viel Dreck verbunden. Denn kleine Kinder können ihre Körperausscheidungen nicht kontrollieren, sie lieben alles, was nass und matschig ist, und sie essen die ersten Jahre mit den Händen. Zu Hause können Heli-Muttis mit ihren tausend Feuchttüchern das Übel noch bekämpfen. Aber Erzieher fühlen sich meist nicht dafür zuständig, diese Standards umzusetzen, was zu Problemen führt:

Saubere Karos

»Und wie kriege ich jetzt die Flecken aus dem Poncho wieder raus? Der ist von Burberry! Könnt ihr nächstes Mal bitte etwas aufpassen?«

Saubere Popos

»Es gibt hier in Hamburg Eltern, die ihren Kindern im Sandkasten Handtücher unter den Popo legen, damit die Hose nicht dreckig wird.«

Sauberes Spielen

»Im Kindergarten unseres Sohnes wurde einmal eine ›Waldwoche‹ abgesagt, weil sich im Vorjahr zu viele Eltern darüber beschwert hatten, dass die Kinder schmutzig und müde vom Spielen bei sommerlichen Temperaturen in der freien Natur heimkamen.«

Dass solche pedantischen Eltern den Pädagogen in der Kita nur schwer vertrauen können, ist klar. Besonders aufreibend ist der Aufenthalt der Kinder in der Kita für Helikopter, solange die Kleinen noch nicht sprechen und nicht von ihrem Tag berichten können. Sie lassen sich deshalb andere Kontrollmechanismen einfallen. Eine Erzieherin erzählt:

Geheimzeichen

»In unserer Kita ist einer Kollegin aufgefallen, dass die Windeln eines Kindes regelmäßig gekennzeichnet waren: mal mit einem kleinen Kreuz, mal mit Glitzerpuder oder anderen kleinen Zeichen. Bis wir kapiert haben: Die Mutter wollte kontrollieren, ob wir wirklich die Windeln wechseln. Wir waren fassungslos.«

Wo wir schon bei den Windeln sind, kommen wir am appetitlichsten Thema aller Kindergärten nicht mehr vorbei: dem Helikopter-Gewese zur kindlichen Verdauung. Eltern werden vom Tag der Geburt ihres Kindes darauf getrimmt, alle Ausscheidungen genau zu überwachen: Zu hell? Zu dunkel? Zu flüssig? Zu fest? Zu selten? Das mag ja bei Säuglingen durchaus sinnvoll sein. Aber, liebe Helikopter-Eltern: Könnte man die Sache nicht nach ein paar Jahren mal etwas lockerer sehen und die **Rundumüberwachung des Stuhlgangs** ein wenig runterfahren? Müssen die folgenden Forderungen an Erzieher wirklich sein?

Kuscheliges Geschäft
»Bitte nehmen Sie mein Kind auf den Schoß, wenn es in die Windel macht.«

Kacke im Kühlschrank
»Ein Kind in unserer Kita hatte dreimal hintereinander Probleme beim Stuhlgang, dieser war entweder zu fest oder zu flüssig. Da schlug die Mutter tatsächlich vor, der Erzieher solle die vollgemachte Windel in den Kühlschrank legen, damit die Mutter sie, wenn sie ihren Sohn abholt, mitnehmen und einem Arzt vorlegen könne.«

Raue Zeiten

»Einigen Eltern erschien das Toilettenpapier in der Kita zu rau. Beim Elternabend wurde dann tatsächlich 15 Minuten lang über weicheres Papier debattiert. Und vor dem Besuch eines Wildparks gab es Bedenken, ob die Benutzung der öffentlichen Toiletten für die Kinder zumutbar wäre.«

Und noch eine Frage an die Helikopter-Eltern, weil es so unglaublich ist, aber immer wieder vorkommt: Denkt ihr wirklich, dass Klobrillen inadäquat für eure Kinder sind? Eine Mutter verlangte zum Beispiel von der Erzieherin im Kindergarten nicht nur, ihre Vierjährige auf die Toilette zu begleiten. Sie forderte außerdem: »Setzen Sie sich vorher auf die Toilettenbrille, ihre Oma wärmt sie ihr bei uns zu Hause auch immer vor. Sonst geht unsere Tochter nicht aufs Klo.«

Ein Praktikant im Kindergarten erzählt:

»Im Gespräch über die morgendliche Routine des Kindes erzählte die Mutter mir, dass sie ihrem Sohn jeden Morgen die Klobrille warmföhnt, damit ihm nicht so kalt auf dem Thron ist.«

Und dann war da noch die Therapeutin-Mutter mit einer ganz eigenen entwicklungspsychologisch sicherlich höchst fortschrittlichen, aber nicht sehr sozialverträglichen Idee:

»Sie bat uns Erzieher, ihrem zweieinhalbjährigen Kind

nicht mehr zuzumuten, in die Windeln machen zu müssen. Die von uns angebotenen Töpfchen oder eine Toilette mit Aufsatz kamen aber auch nicht infrage, das möge ihre Tochter nicht. Wir sollten einfach ein Handtuch nehmen, auf das sich ihre Tochter dann lege, um darauf Pipi zu machen. Selbstverständlich haben wir das aus hygienischen Gründen abgelehnt. Später erzählte die Mutter, dass es zu Hause nicht beim Pipi blieb: Es war ganz normal, dass das Mädchen, auch in Anwesenheit von Besuchern, alle ›großen Geschäfte‹ auf einem Handtuch unter dem Tisch erledigte. So sei es ihr einfach am liebsten.«

»Mein Kind soll niemals weinen«

Eines ist für Helikopter-Eltern absolut inakzeptabel: Wenn ihr Kind gerügt wird, wenn es eine negative Formulierung ertragen muss oder womöglich ein ganz konkretes NEIN. Wenn es also seinen Willen nicht bekommt. Solche lebenslang wirksamen, traumatischen Frustrationen müssen um jeden Preis vermieden werden.

Ein Erzieher fasst genervt zusammen:

»Frustrationstoleranz, Geduld und Rücksichtnahme sind bei vielen Eltern keine relevanten Größen in der Erziehung mehr. Oder wie es eine Mutter entschuldigend formulierte, die ihr ›Nein‹ sofort zurücknahm, weil ihr Zweijähriges das Gesicht weinerlich verzog: ›Mein Kind soll niemals weinen müssen.‹ Was für ein realitätsferner Anspruch!«

Bitte sprechen Sie positiv

»In der Kita meines Neffen wollte eine Mutter verhindern, dass die Erzieher zu ihrem Kind Nein sagen. ›Nein‹ sei ein negatives Wort, und sie wolle nicht, dass ihr Kind mit so viel Negativem aufwachse.«

Selber Arschloch

»Eine Mutter beschwerte sich erbost bei der Kita-Leitung darüber, dass eine Erzieherin ihren Sohn ›Spielverderber‹ genannt hatte. Er habe sich schlicht nicht an der Gemeinschaftsaktion beteiligen und nicht mitturnen wollen. Gar nicht schlimm fand die Mutter, dass der Kleine zur Erzieherin dabei ›Arschloch‹ gesagt hatte.«

Das Vorschuljahr:
Fördern, bis der Schularzt kommt

Irgendwann kommen die lieben Kleinen ins Vorschulalter. Wenn sie vier oder fünf sind, greifen dann erste politische Maßnahmen, die verhindern sollen, dass benachteiligte Kinder durchs Bildungssystem rutschen. Beim Hamburger Test für Viereinhalbjährige etwa schätzen Erzieher und Schulleiter jedes einzelne Kind ein und erwägen, ob es vielleicht eine zusätzliche Sprachförderung braucht, um in der ersten Klasse mithalten zu können. Und unmittelbar vor der Einschulung prüft ein behördlicher Schularzt, ob sich das Kind konzentrieren kann, dem Alter angemessen spricht und motorisch fit ist. Wer diese Untersuchungen allerdings fürchtet oder gar dafür übt, sind nicht etwa die bildungsfernen Familien, denen diese Tests helfen sollen, sondern: **die ehrgeizigen Mittelstandseltern**. Das wäre natürlich gar nicht nötig, denn sie fördern ihre Kinder schon Jahre vor der Einschulung mit Babyschwimmen und Musikgarten und lesen ihnen jeden Abend vor. Doch mit den Schularztterminen, die als erste »Prüfungen« empfunden werden, kommen den Eltern auch erste Zweifel: Was, wenn Claire-Charlotte ihren komplizierten Vornamen beim Schularzt noch nicht alleine schreiben kann, anders als ihre Freundin, die schlicht Ava heißt? Wenn sie in der Kita den »Scheren-Führerschein« noch nicht gemacht hat? Haben wir genug getan, um Claire-Charlotte einen guten Start in der Schule zu ermöglichen? Doch ob ein Kind später in der

Schule (und erst recht im Leben!) gut zurechtkommt, bemisst sich nicht nur an seinem Wissen, sondern auch daran, ob es selbstständig ist – diesen Punkt unterschätzen die Hubschrauber leider.

Endlosschleife

»Als amtlichem Schularzt werden mir alle Kinder zwischen fünf und sechs Jahren vorgestellt. Viele können schon Zahlen und ihren Namen schreiben, darauf achten die Eltern. Doch kaum ein Kind kann eine Schleife binden, denn die Eltern kaufen lieber Klettverschlüsse oder binden den Kindern die Schuhe selbst zu. Die wenigsten Sechsjährigen haben schon mal allein Brötchen geholt oder Spielkameraden besucht. Die Eltern haben zu große Angst.«

Was lesen die da?

»Eine Mutter aus der Kita erzählte mir, dass sie diverse Comics einer Zeichentrickserie besorgt und ›durchgearbeitet‹ hätte, die bei Fünfjährigen beliebt ist. Sie wollte sichergehen, dass die Inhalte nicht schädlich sind.«

Hoch zu Ross unterwegs

»Ein Kita-Elternabend in Berlin-Wilmersdorf. Es ging um eine dreitägige Gruppenreise für die vier- bis sechsjährigen Kinder auf einen Ponyhof im Umland. Eine Mutter, Anfang 40 und sehr kultiviert, stellte sehr detaillierte Fragen zum Reiseziel. Schließlich wollte sie wissen, welche Pferde denn zur Verfügung stünden. Ihre Tochter bekomme schon seit zwei Jahren Reitunterricht, und sie habe nun Angst, dass der Reitstil leide. Diese Frage konnten wir Erzieher nicht beantworten. Die Mutter inspizierte deshalb vorab selbst den Ponyhof, um entscheiden zu können, ob die Tochter dort Spaß haben könne.«

Sie denken jetzt vielleicht, wenn die Kinder erst in die Schule kommen, wird das schon aufhören mit dem Umsorgen und Kontrollieren? Von wegen. In der Schule geht's erst richtig los – doch vorher muss noch **der Schulweg** bewältigt werden.

Mit Taschenlampe und GPS: Expedition Schulweg

An einem der sehr seltenen wirklich heißen Sommertage in Hamburg wollte seine Schule den Kindern Hitzefrei geben, erzählt ein Pädagoge. Doch leider wurde daraus nichts. Der Grund: Zu viele Schüler waren noch nie allein nach Hause gegangen und kannten den Weg einfach nicht. Laut einer Forsa-Umfrage werden bundesweit zwei von drei Grundschulkindern von den Eltern zur Schule gebracht und abgeholt, meistens mit dem Auto. Das heißt: An einer Schule mit 300 Schülern drängeln sich morgens um acht Uhr um die 200 Autos vor dem Schultor. Dabei sind deutsche Straßen mitnichten gefährlicher geworden. Vielmehr bringen erst die **Elterntaxis** die Kinder in Gefahr, durch waghalsige Wendemanöver, Halten im Parkverbot und Rückwärtsausparken in der Dunkelheit. Und sie gefährden sogar ihren eigenen Nachwuchs, denn: Die meisten Kinder verunglücken im elterlichen Auto – nicht auf dem Fußweg. Und wer immer nur kutschiert wird, lernt auch nicht, sich sicher im Verkehr zu bewegen. Doch darüber machen sich Helikopter-Eltern offenbar keine Gedanken. Für sie zählt nur: Funktioniert der **Peilsender im Ranzen**, und ist das

Auto im Winter ausreichend vorgeheizt für mein Premium-kind?

»Wer so scheiße parkt, der sollte sich nicht vermehren«

Viele Städte und Gemeinden versuchen inzwischen, die Eltern zu überreden, ihre Autos stehen und ihre Kinder zu Fuß gehen zu lassen. »Jedes Jahr werden in Frankfurt 15.000 Eltern mit eingeschult«, weiß jedoch Rainer Michaelis, Leiter im Straßenverkehrsamt von Frankfurt am Main. Die Eltern müssen also immer wieder neu erzogen werden. Zu diesem Zweck drehte das Frankfurter Verkehrsdezernat einen Aufklärungsfilm, in dem es sogar – zwinkerzwinker – einen echten Hubschrauber auf einem Schulhof landen ließ. Doch das juckt viele Mütter und Väter überhaupt nicht.

Beim Elternabend einer ersten Klasse
Lehrerin: »Wenn Sie Ihr Kind bringen, fahren Sie bitte nicht mit dem Auto auf den Schulhof.«
Gelächter
Lehrerin: »Lachen Sie nicht, ist heute passiert.«

Helikopter sind eh nur die anderen

»Eine Freundin erzählte mir neulich, dass an der Schule morgens immer so viel Verkehr sei und die Eltern ja mit dem Hinbringen im Auto ihre eigenen Kinder gefährden würden. Als ich sie fragte, ob sie ihre Kinder mit dem Rad oder zu Fuß bringen würde, entgegnete sie: ›Mit dem Auto, bei uns geht es ja nicht anders.‹«

Wild parken

»Wir wohnen gegenüber einer Grundschule, deren Kinder fast ausnahmslos mit dem Auto gebracht werden. In dem Wendehammer vor unserem Haus und der Schule besteht Halteverbot. Da aber kein Kind die 20 Meter alleine in das Schulgebäude gehen kann, werden die Kleinen hineingebracht. Das Auto steht derweil im Halteverbot, wir können unseren Parkplatz nicht verlassen. Die Schule hat nun immerhin im Flur einen Querstrich auf den Fußboden gemalt, davor steht geschrieben: ›FÜR ELTERN: BIS HIERHER UND NICHT WEITER‹.«

Andernorts setzen sich Städte, Schulen und manchmal die Schüler selbst mit Vollsperrungen, Flugblättern und der Einrichtung von sogenannten **Elternhaltestellen** gegen die Elterntaxis zur Wehr. Leider häufig ohne Erfolg.

Premiumparkplätze für Premiumkids

»An unserer Schule findet täglich ein Kampf um die

Premiumparkplätze statt. Das sind die, die möglichst nah an der Klasse des Kindes liegen. Um so einen zu ergattern, muss man allerdings mindestens 30 Minuten vor Unterrichtsende da sein. Eine Mutter lässt während dieser Wartezeit bei kühler Witterung sogar den Motor laufen, damit ihr Sohn nicht ins kalte Auto muss.«

Bitte verzichten Sie gänzlich auf Verkehr
»Ich wohne in der Nähe einer Grundschule. Jeden Morgen der gleiche Mist: Viele Eltern haben offenbar in der Fahrschule das Thema »Halten und Parken« verpasst, sodass oft nicht mal der Schulbus durchkommt. Die Krönung sind jene Eltern, die ihre Kinder dann noch – statt auf dem Bürgersteig – mitten auf der Straße in ihre drei Jacken stopfen. Irgendwann ist mir der Kragen geplatzt, und ich habe den Eltern ein Kondom samt Zettel an die Windschutzscheibe geheftet: ›Als kleine Aufmerksamkeit! Wer so scheiße parkt, sollte sich nicht vermehren.‹ Dieser freundliche Rat kommt natürlich eigentlich zu spät, verhindert aber vielleicht ein weiteres Kind, das zur Schule gefahren werden muss.«

Die armen Kinder:
auf dem Arm ins Klassenzimmer

Mit ihren Elterntaxis verursachen Mütter und Väter nicht nur tägliche Verkehrsinfarkte, sondern können ihren Kindern auch in ihrer Entwicklung richtig schaden. Denn sie senden die Botschaft: Allein zur Schule zu gehen, das traue ich dir nicht zu. Die Autofahrt mache die Schüler außerdem müde und passiv, sagt die schwedische Psychologin Jessica Westman. Am besten sei es, wenn Kinder mit Freunden zur Schule kommen, laufen, Rad fahren oder im Schulbus sitzen. Doch das ist für Helikopter-Eltern keine Option. Lieber behandeln sie ihre Schulkinder immer noch wie Babys.

Läuft dein Kind schon?

»Als mein erster Sohn eingeschult wurde, haben wir mit anderen Eltern eine Laufgruppe zur Grundschule gebildet. Vereinbart war, dass in der ersten Zeit abwechselnd immer noch ein Vater oder eine Mutter die Kinder begleiten sollte, also ein Erwachsener für alle Kinder. Als ich als Vater an der Reihe war, musste ich feststellen, dass von allen anderen Kindern auch immer noch jeweils ein Elternteil mitlief. Das Beste war aber, dass ein Mädchen den kompletten Schulweg von 1,5 km Länge getragen wurde – auf dem starken Arm ihres Vaters.«

Hunger, Pipi, Durst

»Wir sehen jeden Morgen einen Vater, der seinen Sohn auf dem Schulweg mit einer Banane füttert. Sie bleiben stehen, der Vater schält die Banane, beugt sich herunter und der Sohn beißt ab. Der Junge geht in die zweite Klasse.«

Morgenkreis

»Die Eltern der ersten Klasse meines Sohnes bringen ihre Kinder jeden Morgen bis auf den Schulhof. Dort gibt es einen gekennzeichneten Pfeiler, an dem die Kinder sich bis acht Uhr aufstellen sollen und bei dem die Klassenlehrerin sie dann abholt und in den Klassenraum bringt. Noch acht Monate nach der Einschulung stellen sich nicht nur 24 Kinder in Zweierreihen auf, nein, um sie herum steht auch jeden Morgen ein Kreis von mehr als 20 Müttern und Vätern, die sie dabei beobachten, die Lehrerin persönlich begrüßen und warten, bis auch das letzte Kind im Gebäude verschwunden ist.«

Winke, winke, winke, winke, winke

»Ein Vater bringt seinen sechsjährigen Sohn jeden Morgen bis an unser Schultor. Es folgt eine circa fünfminütige Verabschiedungszeremonie vor dem Tor. Danach bleibt der Vater noch stehen und beobachtet, wie sein Sohn die letzten 50 Meter zur Eingangstür zurücklegt. Das dauert dann auch noch mal ungefähr fünf Minuten, weil das Kind sich alle paar Meter umdreht und beide sich jeweils 20 Sekunden lang zuwinken und Luftküsse verteilen. Die Kommentare meiner älteren Schüler zu dem täglichen Auftritt behalte ich lieber für mich.«

Stimmt: Man mag sich nicht vorstellen, was das Kind während der Pause von den oberen Jahrgängen an Sprüchen und Blicken zu erleiden hat. Aber das regelt Papi dann sicher auch.

Sohn mit Pforten-Phobie

»Der Sohn eines Freundes hatte nach der Einschulung Schwierigkeiten, sich am Schultor von seiner Mutter zu verabschieden. Er berichtete zudem, er habe Angst vor der Pforte. Also wurde der Junge jeden Tag bis ins Klassenzimmer gebracht und auf seinen Stuhl gesetzt. Nach etwa einem halben Jahr machte der Rektor die Mutter darauf aufmerksam, dass die Eltern die Kinder doch bitte am Schultor verabschieden und den Weg ins Klassenzimmer allein gehen lassen sollten. Das war aber für das Kind nicht zumutbar, also wurde es in einer Privatschule angemeldet. Heute – in der vierten Klasse – ist die Situation unverändert.«

Mit Freunden unterwegs sein, die Gegend erkunden, am Kiosk Süßigkeiten kaufen, Klingelstreiche machen und Geschichten erzählen: All das enthalten diese Eltern ihren Kindern vor. Doch sie wissen offenbar auch, wieso. Eine Lehrerin berichtet:

»Eine Mutter erzählte mir wiederholt bei Elternabenden, dass sie und andere Eltern ihre Kinder von der Schule abholen müssten, denn der circa ein Kilometer lange Heimweg durch unsere idyllische Kleinstadt sei viel zu gefährlich. Auf meine Nachfrage, was sie damit meine, berichtete sie mir von der angeblichen Nierenmafia, die ihrer Meinung nach umherfährt und Kinder einsammelt. Aus diesem Grund dürfe ihr zehnjähriges Kind auch nicht allein auf den Spielplatz.«

Dunkler Schulweg – Eltern ziehen vor Gericht

Ärger um einen Schulweg gab es jüngst auch in Nordrhein-Westfalen: Die Schule eines achtjährigen Mädchens liegt zwar um die Ecke seines Elternhauses, aber der Weg dorthin ist nur schlecht beleuchtet. Aus Sorge um ihr Kind wollten die Eltern deshalb, dass ihre Tochter mit dem Bus fährt – und das Ticket sollte die Gemeinde bezahlen. Der Streit landete mehrmals vor Gericht: In letzter Instanz zeigten die Richter zwar Verständnis für die Sorgen der Eltern, entschieden aber, dass der Schulweg nicht die »Schwelle der besonderen Gefährlichkeit« erfülle. Die Schülerin könne sich laut der Richter beispielsweise mit einer Taschenlampe behelfen.

Rad fahren? Nur im Innenhof und mit Warnweste!

»Eine Nachbarin ist noch sehr spät Mutter geworden und darüber natürlich überglücklich. Leider ist sie auch überängstlich. So wird die inzwischen siebenjährige Tochter jeden Morgen mit dem Auto zur 200 Meter entfernt liegenden Schule gefahren, zu Fuß oder mit dem Fahrrad darf sie die Strecke nicht zurücklegen. Mit ihrem Rad darf sie ohnehin nur in unserem kleinen Innenhof fahren – und selbst dort nur ausgestattet mit Helm, diversen Protektoren und neongelber Warnweste. Die Mutter steht dann immer nervös daneben oder schaut aus dem Fenster. Ein absurder Anblick.«

Ein Schulkind, das nur im Hinterhof mit dem Fahrrad fahren darf – und dann auch noch in voller Schutzmontur? Oje! Aber wer denkt, dass Helikopter-Eltern irgendwann etwas entspannter werden, der irrt.

Sie werden größer, doch es hört nicht auf

»Ich bin Klassenlehrerin einer 4. Klasse. Dass Eltern ihren Kindern die Ranzen bis zum Platz tragen, ist keine Seltenheit.«

Sie werden größer, doch es hört nicht auf, Teil II

»Ich unterrichte in der 5. und 6. Klasse. Einer meiner Schüler wird täglich von seiner Mutter zur Schule gebracht – zu Fuß, denn sie wohnen lediglich etwa 300 Meter entfernt.«

Sie werden größer, doch es hört nicht auf, Teil III

»Ich bin Lehrerin an einer Oberschule. Frühmorgens werden die zehn- bis zwölfjährigen Schüler von ihren

Eltern in die Schule geschafft. Dann unterhalten sich offensichtlich besorgte Eltern noch ungefähr eine weitere Stunde vor dem Schulgebäude – mit Zigarette und mitgebrachtem Kaffee in der Thermoskanne. Unser Direktor hat die Gruppe sogar schon darum gebeten, sich einen anderen Sammelplatz zu suchen. Die Antwort: Sie würden das schon immer so machen. Wenigstens haben sie die Straßenseite gewechselt. Weitere dreieinhalb Stunden später, während der großen Hofpause, stehen dieselben Eltern am Zaun und beobachten ihre Kinder. Den Vergesslichen wird die Pausenverpflegung über den Zaun gereicht. Nachdem die Begutachtung des Nachwuchses abgeschlossen ist und die Schüler nun dem Unterricht allein folgen müssen, gehen die Eltern wieder ihres Weges, um weitere anderthalb Stunden später ihre Kinder sicher von der Schule ins 150 Meter entfernte Zuhause zu begleiten.«

Eltern als Detektive

Ja, doch, auch wenn man es nach diesen Berichten kaum glauben mag: Manche Helikopter schaffen es irgendwann tatsächlich, loszulassen. Und zwar im Wortsinne: Ihre Kinder dürfen sich ohne Mama oder Papa auf den Schulweg machen. Ohne Mama und Papa? Nicht ganz. Einige Eltern spionieren ihren Kindern nämlich hinterher.

Die Bus-Challenge

»Die beiden Grundschulen unserer Kleinstadt haben den Eltern vor der Einschulung nahegelegt, ihre Kinder mit dem Bus fahren zu lassen. Einigen Eltern war dies aber nicht ganz geheuer, sodass sie ihre Kinder morgens mit dem Auto zum Bus brachten, einsteigen ließen und mit dem Auto hinterherfuhren. Mittags dann das umgekehrte Spiel: Obwohl die Kinder von den Schulen verschiedenfarbige Sticker erhielten und Betreuer abgestellt wurden, damit die Kinder ja nicht im falschen Bus landeten, setzten besagte Eltern die Kinder vor dem Schultor in den Bus und verfolgten ihn per Auto, um das Kind an der Zielhaltestelle in den SUV umsteigen zu lassen.«

Kontrollierte Freiheit

»Als unser Sohn die Grundschule bei uns im Dorf besuchte, setzte der Vater eines Klassenkameraden seinen Sohn jeden Morgen vor unserer Tür ab, damit die beiden Jungs den Rest des Schulwegs zusammen gehen konnten. Eigentlich waren die beiden nicht befreundet, der Kontakt erschien den anderen Eltern aber sinnvoll, damit ihr Sohn ein bisschen kontrollierte Freiheit schnuppern konnte. Irgendwann hatten die beiden Jungen mal Streit, und unser Sohn hatte keine Lust mehr auf die morgendliche Inszenierung. Der Vater setzte seinen Sohn am nächsten Tag aber trotzdem wieder vor unserer Tür ab und fuhr dann im Schritttempo mit heruntergekurbelten Scheiben, seinen Sohn aufmunternd, neben den beiden her bis zur Schule.«

»Mama, ich bin umgestiegen – so wie jeden Tag«
»Die Tochter einer Kollegin ist elf Jahre alt und geht in die sechste Klasse. Um zur Schule zu kommen, nimmt sie im Dorf den Bus bis zur Straßenbahnhaltestelle und fährt von dort mit der Straßenbahn weiter zur Schule. Obwohl sie diese Strecke seit Monaten an fünf Tagen pro Woche zurücklegt, muss sie jedes Mal nach einer erfolgreichen Um- oder Aussteigeaktion ihre Mutter auf dem Handy anrufen.«

Anstrengung und Kontrolle statt Freiheit und Vertrauen: Rund um die Überwachung von Kindern ist mittlerweile eine ganze Industrie entstanden. Anbieter von kleinen Ortungsgeräten, sogenannten GPS-Trackern, verdienen viel Geld mit überbehütenden Eltern – und schüren deren Angst noch: »Das Risiko, dass das eigene Kind verschwindet oder entführt wird, ist sehr gering, dennoch heutzutage leider keine Seltenheit mehr. Um ein Verschwinden zu verhindern und zu jeder Zeit zu wissen, Ihr Kind ist in Sicherheit, gibt es GPS-Tracker für Kinder«, heißt es auf Webseiten, die Dinge anbieten wie Kinderuhren oder **Armbänder mit Peil-**

sendern, sogenannte **Schutzranzen mit GPS-Trackern** und **Einlegesohlen mit Ortungsfunktion**. Echte Helikopter trauen jedoch nur ihren eigenen Augen. So wie diese Eltern:

Trödel-Trauma

»Unsere Tochter lief im ersten Schuljahr mit einer Gruppe anderer Kinder vom Hort zur Schule. Den Weg von zehn Minuten hatten sie vorher wochenlang in Begleitung der Erzieherinnen geübt. Ein besorgter Vater folgte trotzdem täglich den Kindern und beobachtete, was sein Sohn auf dem Weg machte. Eines Tages rief er mich an und beschwerte sich: ›Deine Tochter trödelt auf dem Schulweg!‹ – ›Äh, und?! Sie kommt immer pünktlich zur Schule, und von einer Verspätung im Hort habe ich auch noch nichts gehört‹, entgegnete ich. Das »Problem«: Sein Sohn sei irritiert gewesen und hätte nicht gewusst, ob er mit der Gruppe weitergehen sollte oder auf meine Tochter warten müsse. Ich bat den Vater, unsere Kinder nicht heimlich zu beobachten. Daraufhin rief er andere Eltern an und bat um Unterstützung.«

Mama ante portas

»Unsere Tochter Ina wurde eines Morgens in der fünften Klasse um 7 Uhr von ihrer Freundin Merle abgeholt, die beiden gingen zur Straßenbahnhaltestelle, die weniger als 500 Meter entfernt liegt. Wenige Minuten später verließ ich selbst das Haus und hörte plötzlich aus einer dunklen Ecke neben unserem

Haus ein ›Guten Morgen!‹. Es war Merles Mutter. Obwohl die Familie keine fünf Fußminuten von uns entfernt wohnt, hatte sie ihre Tochter zu uns gefahren und wollte nun überprüfen, ob die Mädchen tatsächlich gemeinsam in die Straßenbahn einstiegen. Danach rief sie eine Zeit lang ständig morgens bei uns an und fragte, ob sie Ina mit dem Auto mitnehmen solle. Da hatte Merle dann immer entweder eine Erkältung, eine verstauchte Hand oder es war zu kalt oder zu nass. Inzwischen fährt sie ihre Tochter jeden Morgen, ohne dass es einen Grund gibt. Und unsere Tochter fährt allein mit der Straßenbahn zur Schule.«

Aber wer sein Kind allein zur Schule fahren lässt, muss mit öffentlicher Ächtung rechnen:

»Soll dein Kind wirklich verschwinden?«

»Meine zehnjährige Tochter fährt – auch auf eigenen Wunsch – öfter allein von der Grundschule eine Station mit dem Bus und läuft das letzte Stück nach Hause. Auf dem Elternabend der vierten Klasse sagte eine andere Mutter vorwurfsvoll und vor versammelter Elternschaft zu mir: ›Ich habe deine Tochter ganz allein an der Bushaltestelle stehen sehen. Da muss ja nur ein Lkw-Fahrer die Tür aufmachen, und das Kind ist weg!‹«

Aber der Schulweg ist ja nur einer der stressigen Einsatzorte für Helikopter-Eltern. Weiter geht's mit dem Irrsinn, den die Sicherheitsfanatiker täglich **in der Schule** selbst veranstalten.

Große Pause mit Mami: Kampfzone Schule

»Ich unterrichte an einer Grundschule und finde mich inmitten dieses Helikopter-Wahnsinns wieder«, schrieb uns eine Lehrerin. »Am schlimmsten finde ich, dass diese kleinen Schätzchen einfach fehlerlos sein müssen.« Sie spüre **große Ängste aufseiten der Eltern**: die Angst, es nicht gut zu machen, die Angst, nicht genug zu fördern, die Angst, schlechte Gene weitergegeben zu haben, sodass das Versagen der Kinder auf die Eltern zurückfalle. Deshalb würden ständig Einsen eingefordert, koste es, was es wolle. »Das ist fern jeder Vernunft und Realität«, so die Lehrerin. Längst haben auch Unternehmen bemerkt, wie sich mit dem Förder- und Kontrollwahn der Helikopter-Eltern Geld machen lässt. So gibt es Deutsch-, Mathe-, Englisch- und Biologiebücher – für Eltern: »Was Sie wissen müssen, um ihr Kind zu unterstützen«, steht auf dem Cover. Vielen Eltern reicht das jedoch nicht. Sie müssen alles kontrollieren – am liebsten natürlich persönlich vor Ort: wie viele Lagen das Toilettenpapier auf der Schultoilette hat, mit wem ihr Kind in den Pausen spielt, wie oft es während des Unterrichts geniest hat. Im vergangenen Herbst musste die Bun-

desnetzagentur den Verkauf von Kinderuhren mit Abhör-
funktion verbieten. Der Präsident der Bundesbehörde be-
gründete diesen Schritt folgendermaßen: »Nach unseren
Ermittlungen werden die Uhren von Eltern zum Beispiel
auch zum Abhören von Lehrern im Unterricht genutzt.«

»Sie dürfen in diesem Schuljahr weder krank noch schwanger werden!« Elternabende

Elternabende sind nicht nur für die gelasseneren Mütter
und Väter ein **Ritual des Grauens**. Auch Klassenlehrer
haben richtiggehend Angst vor ihnen. Schließlich dienen
die Treffen heutzutage vielen Helikopter-Eltern nur noch
dazu, den Lehrern individuelle Anweisungen zu erteilen.
»Als Schulleiterin habe ich allein in den ersten Wochen des
Schuljahrs spannende Erlebnisse gehabt«, berichtete uns
eine Pädagogin. »Eine Mutter hat mir ihre Arbeitszeiten
mitgeteilt. Ich möge den Elternabend auf einen Abend legen,
der auch in ihren Zeitplan passt.«

Mutterwahn

»Vor der Einschulung fand ein Infoabend für die Eltern statt. Kurz vor Beginn kam eine Mutter in den designierten Klassenraum ihres Sprösslings und begann, ohne ein Wort zu sagen, den Raum mit Schritten zu vermessen. Die künftige Klassenlehrerin ging auf sie zu, stellte sich vor und fragte, ob sie helfen könne. Daraufhin sagte die Mutter, ihr Sohn glaube, er sei ein Dinosaurier, und dass sie nur mal gucken wolle, ob er in den Klassenraum überhaupt reinpasse mit seinem Schwanz.«

Andere Eltern prüfen nicht nur den Raum, sondern auch die künftige Klassenlehrerin auf Herz und Nieren, und zwar wortwörtlich, wie diese Pädagogin erfahren musste:

»Auf dem ersten Elternabend meiner aktuellen Klasse wurde ich peinlich genau befragt, wie meine Familienplanung aussähe. Ihre Kinder hätten eine wichtige Prüfung vor sich, meinten die Eltern, da dürfe ich nicht krank oder schwanger werden.«

Schwanger? Was fällt Ihnen ein???

»Meine Frau ist Grundschullehrerin. Als sie schwanger wurde, war sie gerade Klassenlehrerin einer vierten Klasse. Beim Elternabend teilte sie mit, dass sie noch vier Monate da sei und dann in Mutterschutz und Elternzeit gehe. Die erste lautstarke Reaktion kam von dem Vater einer Schülerin, der im Vorstand eines

Großkonzerns arbeitet: ›Was fällt Ihnen ein, ausgerechnet jetzt schwanger zu werden, in der für den Übergang zur weiterführenden Schule entscheidenden Phase unserer Kinder?‹«

Ein Vater bemerkte beim Elternabend einer vierten Klasse:

Controlling
»Wenn die Klasse ein Unternehmen wäre, dürfte sie auch nicht drei Wochen hinterherhängen.«

Allerdings erwarten Helikopter-Eltern von Schulen längst nicht nur das hindernislose Fortkommen ihrer Kinder. Nein, Lehrer sind auch verantwortlich für das allzeit perfekte physische und psychische Wohlergehen ihrer Schüler. Dafür müssten sie doch nur hier und da mal eine Sonderaufgabe erfüllen oder ein Auge zudrücken. Muss doch möglich sein, oder?

Zu müde für die Hausaufgaben
»Beim Elternabend einer ersten Klasse fragte eine besorgte Mutter, ob die Kinder die Hausaufgaben wirklich bis zum nächsten Schultag erledigen müssten. Sie wolle das ihrem Sohn nicht zumuten, wenn er um 13 Uhr so müde aus der Schule käme. Er solle genügend Zeit zum Ausruhen haben.«

Wie ist die Lage?
Eine Mutter kam beim Elternabend zur Einschulung auf

das Wesentliche des Schulbesuchs zu sprechen:
»Ist das Toilettenpapier in der Schule zwei- oder drei-
lagig?«

Geschmacksfrage

»Auf einem Elternabend meiner dritten Klasse bat
mich eine Mutter darum, für ihr Kind einen Kasten
Wasser im Klassenzimmer deponieren zu dürfen. Der
Junge würde sonst zu wenig trinken. Ich entgegnete,
dass wir keinen Platz mehr im Raum hätten, wenn
mehrere Familien dies tun würden. Daraufhin hatte die
Mutter einzuwenden, dass es ja nur um ihren Sohn gehe. Eine große Wasserflasche sei zu schwer für ihn –
und auf meine Nachfrage hin: Eine kleinere Flasche
immer wieder am Wasserhahn aufzufüllen sei auch
nicht möglich, da das Wasser aus der Schule ihm nicht
schmecke. Ob ich nicht wisse, dass viel trinken wichtig sei?«

Neben Essen und Trinken ist auch die Sitzordnung ein häufig heiß diskutiertes Thema.

Eine Wochenstunde Wellness

»Beim Elternabend zu Beginn der dritten Klasse meines Kindes stellte die Lehrerin eine neue Sitzordnung
vor. Es solle in diesem Schuljahr viele Projekt- und
Gruppenarbeiten geben, daher werde es Gruppentische
geben, sagte sie. Ein Elternpaar empörte sich jedoch
über die Sitzhaltung, die das Kind eventuell einnehmen

müsse: Es säße dann ja nicht mehr frontal zur Tafel. Die Lehrerin erklärte, dass es ja auch keinen Frontalunterricht mehr gebe und der Blick zur Tafel durch einfaches Drehen des Kopfes gewährleistet sei. Das sah das Elternpaar nicht ein und forderte einen Physiotherapeuten, der die Kinder einmal die Woche massieren sollte. Die Diskussion artete derart aus, dass am Ende tatsächlich abgestimmt wurde, ob wöchentlich eine Unterrichtsstunde geopfert werden sollte, damit ein Physiotherapeut an die Schule kommen kann. Ich stimmte als Einzige dagegen, und damit war die Sache geklärt, denn nur eine Gegenstimme reichte aus, um einen Unterrichtsausfall zu verhindern. Von dem Tag an galt ich als schlimmste Rabenmutter, total verantwortungslos.«

Telefonkette für 16-Jährige

»Wie an jeder Schule kommt es auch bei meinem Sohn mal vor, dass die eine oder andere Stunde ausfällt. Die Kinder – inzwischen 15 bis 16 Jahre alt – haben es sich zur Gewohnheit gemacht, die Stunde zusammen zu verbringen. Mal spielen sie Tischtennis oder fallen in den örtlichen Einzelhandel ein. Natürlich erfährt man als Eltern nicht immer, wenn eine Stunde ausgefallen ist. Beim Elternabend forderten nun einige Mütter und Väter die Lehrer auf, sie per E-Mail, WhatsApp oder Telefonkette über eventuelle Freistunden zu informieren, da sie nicht möchten, dass ihre Kinder ›allein durch die Ortschaft rennen‹.«

»Bitte reservieren Sie ein Einzel-zimmer für mich – ich komme mit!« Ausflüge und Klassenfahrten

Helikopter-Eltern werden so genannt, weil sie ständig über ihren Kindern kreisen – jederzeit bereit, zu landen, zu helfen und kleinste Hindernisse aus dem Weg zu räumen. Doch was, wenn ihr Lebensmittelpunkt mal nicht in der Nähe ist, weil zum Beispiel eine Klassenfahrt – mit, Achtung: ÜBERNACHTUNG – ansteht? Einige Eltern bekommen allein beim Gedanken daran schwitzige Hände und Herzrasen. Denn: Überall, ja wirklich überall, lauern Gefahren. Selbst schnöde Tagesausflüge oder Klassenfeste müssen daher strenger geplant und überwacht werden als ein G-20-Treffen.

Anreise zum Bauernhof = Lebensgefahr
»Die Grundschulklasse meines Sohnes hatte einen Tagesausflug auf einen Bauernhof geplant. Sie sollten dort mit Bus und Bahn hinfahren, was für die Kinder natürlich ein Abenteuer ist. Für die Mutter eines Mädchens aus der Klasse kam diese Form der Anreise

jedoch nicht infrage: viel zu gefährlich! Sie charterte daher einen Reisebus, der die Kinder morgens an der Schule abholte, zum Bauernhof fuhr und am Nachmittag wieder zurückbrachte.«

Bauernhof = Lebensgefahr
»Mit meiner Klasse unternahm ich einen Ausflug auf einen Bauernhof. Ein Kind durfte jedoch nicht mit: Die Mutter hatte gelesen, dass Hühner die Hühnergrippe haben können, und sie hatte Angst, dass ihr Kind sich ansteckt.«

Schwitzen = Lebensgefahr
»Eine Mutter aus der Grundschulklasse meiner Tochter erlaubte nicht, dass ihre Tochter zum Klassenausflug mitkam. Ihre Sorge: Das Mädchen könnte schwitzen und dadurch krank werden.«

Sind die Kinderlein schließlich gesichert wie ein Geldtransport zum Ort des Geschehens verfrachtet worden, lauern dort auch schon die nächsten Gefahren:

Alles klinisch sauber?
»Als mein Kind in der fünften Klasse war, haben die Eltern ein Grillfest für sich und die Schüler organisiert. Dafür wurde eine städtische Grillhütte angemietet. Allerdings befürchteten einige Eltern, dass die Bediensteten der Stadt nicht penibel genug wären und nicht genau kontrollierten, ob der fest installierte

Grill an der Hütte nach Gebrauch auch ordnungsgemäß
gesäubert wurde. Daher beschlossen sie, dass jede
Familie ihren eigenen Grill mitbringen sollte.«

Vorsicht, Natur – Betreten verboten!

»Wir wohnen in einer Kleinstadt auf dem platten
Land. Ich war damals Elternvertreter in der vierten
Klasse meines Sohnes. Auf einem Elternabend bespra-
chen wir das Abschlussfest der Grundschule. Es gab
den schönen Vorschlag, auf einer Wiese im Nachbar-
dorf zu zelten, mit Lagerfeuer, Spielen und gemeinsa-
mem Grillen. Neben der Wiese liegt ein kleiner flacher
See. Einige Eltern forderten, diesen See aus Sicher-
heitsgründen mit Bauzäunen abzusperren, da es ja
passieren könne, dass ihre zehnjährigen Kinder nachts
beim Gang zur Toilette in den See fallen. Die Toiletten
waren zwar auf der dem See abgewandten Seite, der
See am Ufer vielleicht 30 cm tief, und die Zelte hätten
10 Meter entfernt gestanden. Da die betreffenden
Eltern jedoch nicht nachgaben, haben wir dieses
lebensgefährliche Unterfangen dann abgesagt und
eine Übernachtung in einer Turnhalle organisiert.«

Dieser Vater hat es übrigens kurz darauf aufgegeben, in den
Elternvertretungen seiner Kinder mitzuarbeiten. Der Grund:
»die oftmals absurden Vorstellungen und Forderungen von
Miteltern«.

Selbst Teenager werden noch auf Schritt und Tritt überwacht.

Verschollen in der Pampa

»Mit zwölfjährigen Schülern wollten wir eine Tour durch die Schorfheide machen. Wir trafen uns morgens auf einer idyllischen Waldlichtung mitten in der Pampa. Nach einem ›Guten Morgen!‹ die erste Frage an die Kids: ›Und? Wie ist der erste Eindruck?‹ Schweigen. Nach einer kurzen Pause eine Antwort: ›Kein Netz.‹ Weiterer Kommentar: ›Die Ortssuche auf meinem Handy funktioniert nicht, und meine Eltern wissen jetzt nicht, wo ich bin.‹«

Schulausflug am Geburtstag? Geht gar nicht!

»Ich bin Lehrerin an einer Grundschule. Einer unserer Klassenausflüge fiel auf den Geburtstag einer Schülerin. Das Mädchen hatte zufälligerweise auch im Jahr zuvor während unserer Klassenfahrt Geburtstag gehabt, und wir Lehrkräfte hatten alles darangesetzt, ihr einen schönen Geburtstag zu bereiten – was uns auch gelungen war. Als nun dieser halbtägige Ausflug für alle vierten Klassen anstand, der übrigens bereits um 13:30 Uhr enden sollte, erhielt ich eine schriftliche Aufforderung der Eltern des Mädchens: Da das Kind ja Geburtstag habe, solle ich ihren Vater mitnehmen.

Zugleich bekam ich Nachrichten, dass auch die Mutter eines anderen Kindes an dem Ausflugstag Geburtstag hatte und daher mitkommen wollte, ebenso wie die Eltern eines Kindes, das sich aktuell in einer schwierigen psychischen Verfassung befand, sowie ein paar weitere Mütter und Väter, die einfach Lust hatten, uns zu begleiten. Die Auswahl der Begleitpersonen fiel mir nicht leicht, und ich entschied mich für ein Losverfahren, um möglichst niemanden zu benachteiligen. Der Vater des Geburtstagskindes war nach der Auslosung nicht dabei. Da ich wusste, wie wichtig ihm der Termin war, schrieb ich sogar einen Brief an diese Eltern, in dem ich anbot, ihn als Springer spontan einzusetzen, falls jemand ausfalle. Von den Eltern des Geburtstagskindes erhielt ich daraufhin folgenden Brief:

›Sehr geehrte Frau M.,
nicht nur, dass Sie für den Ausflug erneut den Geburtstag unserer Tochter gewählt haben. Jetzt sind Sie nicht einmal bereit, ihren Vater mitzunehmen! Mit ein bisschen Verständnis Ihrerseits wäre das machbar gewesen! Und überhaupt kommt es auf eine Person mehr oder weniger ja auch nicht an!‹

Am Ende erkämpfte sich der Vater doch noch seine Mitfahrt: Er tauschte mit den Eltern des psychisch labilen Kindes, die ich aus pädagogischen Gründen tatsächlich gern beide dabeigehabt hätte. Aber bei begrenzter Platzanzahl im Bus kommt es eben doch ›auf eine Person mehr oder weniger‹ an.«

Auch die nun folgende Lehrerin bekam von wütenden Eltern einen Brief. Ihr Vorhaben: Sie wollte für ihre Klasse eine Lesenacht in der Schule organisieren, die Kinder sollten in der Schule übernachten. Was für die Schüler ein

Riesenspaß zu werden versprach, war aus Sicht dieser Eltern allerdings nur eine »abstruse Idee«. Auszüge ihres Pamphlets an die Pädagogin:

> »Aus mehreren Gründen wird XY nicht an dieser Veranstaltung teilnehmen. Zum einen finden wir es eine Zumutung, dass unsere Tochter auf dem Boden schlafen soll, wo sie doch zu Hause ein anatomisch perfektes Bett besitzt. Wir haben keine Isomatten, werden dafür auch keine anschaffen. Des Weiteren finden wir es eine Zumutung für eine Achtjährige, dass sie das ganze Zeug in die Schule transportieren soll.
> Zur Nacht selbst: Können Sie uns garantieren, dass XY um 20:00 Uhr im Bett liegt, Licht aus und Ruhe? Das ist nämlich die Zeit zu Hause, und an dieser Routine werden wir auch nichts ändern. Das Kind muss am nächsten Tag etwas leisten und daher ausgeschlafen sein. Außerdem kommen wir am Dienstag erst gegen 18:30 Uhr vom Bratschenunterricht nach Hause. Danach findet gar nichts mehr statt außer Abendessen, waschen und ins Bett.
> Und zuallerletzt finden wir es eine Zumutung, in welchem Maße Sie in unser Privatleben eingreifen. Das ist unsere knapp bemessene Freizeit, die wir nicht für so einen Schmarrn opfern.«

Und so liegt dieses arme Bratschen-Mädchen jeden Tag zur selben Zeit in seinem anatomisch perfekten Bett und liest bei anatomisch korrektem Lichteinfall die Abenteuer der

Kinder aus Bullerbü, die für sie so unvorstellbar und weit entfernt sind wie der Mond.

Und jetzt stellen Sie sich mal vor, es geht auf **Klassenfahrt**. Der Albtraum für alle Helikopter-Eltern! Und für die Lehrerinnen und Lehrer. Los geht's beim **Packen**, das so penibel geplant und durchgeführt wird, als ob es um die überlebenswichtige Ausrüstung für eine Everest-Besteigung ginge.

Definiere »Süßes«

»Elternabend vor einer Klassenfahrt. Laut Infoblatt dürfen die Kinder ›was zum Knabbern oder was Süßes‹ mitnehmen. Eine Mutter führt ihre Überlegungen hierzu aus: Was ist damit gemeint? Eine Dose Pringles? Keinesfalls jedoch eine andere Chipssorte, da die Pringles-Verpackung wiederverschließbar ist. Vielleicht hat aber ein anderes Kind mengenmäßig mehr mit? Das möchte sie vermeiden, da ihr Kind sonst sauer wird. Zudem ist eine Wanderung im Wald angekündigt, zwischen Mittag- und Abendessen. Ob die Kinder diese wohl ohne Nahrungsaufnahme überstehen?«

Geht das noch mit rein?

»Als mein Sohn 16 Jahre alt war, machte er eine Klassenfahrt nach Großbritannien. Ein Elternpaar fragte vorher bei der Klassenleitung an, ob ihr Sohn ein TV-Gerät für seine Playstation mitnehmen könne. Ein ganz kleines.«

Bloß nichts falsch machen!

»Ich fuhr mit meiner 8. Klasse auf Klassenreise. Die Mutter einer Schülerin rief vorher x-mal an. Dann wollte sie noch wissen, ob das Kind einen Badeanzug einpacken müsse, und war total empört, dass ich sonntags nicht erreichbar war.«

Lehrer sind nämlich allzeit bereite Wesen mit Krakenarmen. Warum? Damit sie immer mit (an-)packen können, wie dieser Lehrer weiß:

Mami, ich pack das nicht.

»Wir wollten mit einer 7. Klasse zum Skilaufen nach Südtirol fahren. Auf dem vorbereitenden Elternabend fragte eine Mutter uns Lehrer: ›Wer packt denn zum Abschluss der Woche die Taschen der Kinder?‹«

Andere Eltern trauen ihren Kindern zwar das Packen zu, wollen aber auf Nummer sicher gehen:

»Am besten, wir fotografieren vor der Klassenreise jedes Kleidungsstück, drucken die Bilder aus, heften sie zusammen und legen sie in die Koffer. Die Kinder können dann beim Packen alles abhaken.«

Nach dem Packen ist jedoch leider erst: vor der **Anreise**. Was das an Strapazen bedeutet, wissen auch nur Helikopter-Eltern.

»Sind wir bald da?«

»Die 6. Klasse meiner Tochter sollte von Berlin aus ins 570 Kilometer entfernte Xanten auf Klassenreise fahren. Drei der 32 Eltern fanden allerdings, dass man den Elfjährigen keine sechsstündige Busfahrt zumuten könne. Die Reise wurde daraufhin tatsächlich gecancelt. Nun fahren die Kinder nach Brandenburg. Dort ist es zwar auch hübsch, es gibt bloß keine römischen Ausgrabungen.«

Escortservice

»16-jährige Schüler unseres Freiburger Gymnasiums wollten für eine Woche nach Italien auf Klassenreise fahren. Auf dem Elternabend davor schlug eine Mutter vor, mit ihrem privaten Pkw hinter dem Bus herzufahren. Ihr Argument: Ein Kind könne während der Fahrt erkranken. Die Route ging von Freiburg aus quer durch die Schweiz in die Cinque Terre.«

Wenn alle Sicherheitsvorkehrungen getroffen sind, dürfen die Schüler schließlich losfahren. Doch nicht alle Eltern lassen sich ihre Angst nehmen. So ließ ein Elternpaar seinen Sohn nicht mit auf Klassenreise nach Kappeln an der Schlei in Schleswig-Holstein fahren. Begründung: die zunehmende Terrorgefahr. Ja, schon wahr: Kappeln ist ein gefürchteter Hotspot des internationalen Terrors.

Wer sich trotz aller Widrigkeiten dazu durchringen konnte, sein Kind in den Bus zu setzen, steht vor der nächsten Hürde: **ständige Erreichbarkeit** während der Reise. Die

Frage ist nicht, ob, sondern wie halten Helikopter-Eltern zu ihren Kindern Kontakt?

»Wie ist der Busfahrer zu erreichen?«

»Elternabend vor einer Klassenfahrt nach Großbritannien. Alle Infos waren ausgetauscht, ebenso die wichtigen Telefonnummern: die des Unternehmens, welches die Reise organisierte, die der Gastfamilien, der Lehrerin und so weiter. Ein Elternpaar – natürlich waren beide bei dem Termin anwesend – erkundigte sich bei der Klassenlehrerin zudem noch nach der Mobilfunknummer des Busfahrers.«

Jeden Abend Telefonkette

»Ich bin Klassenlehrerin einer vierten Klasse. Bevor wir im Spätsommer auf Klassenreise fuhren, trugen einige Helikopter-Eltern folgende Bitte an mich heran: Ich sollte von der Jugendherberge aus jeden Abend eine Telefonkette starten, damit die Eltern täglich sichergehen könnten, dass es ihrem Kind auch wirklich gut gehe.«

Die Verzweiflung einer Mutter

»Wir machten mit einer 6. Klasse einen Zeltausflug: 24 Schüler, zwei Lehrer, zehn Kilometer von der Schule entfernt, eine Übernachtung. Gegen 22:00 Uhr wollten wir Lehrer schlafen, doch es wurde nicht ruhig. Also gingen wir herum und sammelten – wie vorher angekündigt – die Handys ein. 20 Minuten später hatte ich schon drei Nachrichten von besorgten Müttern erhalten, deren Prinzen nicht mehr erreichbar waren und die sich solche Sorgen machten. Eine war bereits völlig verzweifelt und überzeugt, dass ein Unglück geschehen sei.«

Nicht nur Schüler kleben an ihren Handys – für manche Eltern ist es mindestens genauso wichtig, dass ihr Kind jederzeit Signale senden und empfangen kann. Auf einem Elternabend in der vierten Klasse ging es um die bevorstehende viertägige Klassenreise:

Lehrerin: »Handys bleiben bitte zu Hause.«
Eltern: »Unsere Tochter benötigt dringend ihr Handy, da sie uns jeden Abend anrufen muss, um zu erzählen, ob es ihr gut geht.«
Lehrerin: »Das muss nicht sein. Sollte es Ihrem Kind schlecht gehen, werde ich mich schon bei Ihnen melden.«
Eltern: »Können Sie uns dann nicht wenigstens jeden Abend kurz Bescheid geben, dass alles okay ist?«
Lehrerin: »Nein. Ich melde mich nur, falls etwas nicht okay ist.«

Epilog: Es ist übrigens nichts passiert, und das Kind hat die vier Tage offenbar sehr genossen. Über den Zustand der Eltern hingegen ist nichts Genaues bekannt.

From my window to yours

»Es ging auf Klassenfahrt in eine Jugendherberge auf
die Nordseeinsel Spiekeroog. Die Mutter eines Mädchens wollte auf dem Elternabend davor auffällig
genau wissen, wo genau in der Jugendherberge die
Kinder untergebracht sind. Hintergrund: Sie hat allen
Ernstes versucht, ein Zimmer auf der Insel in Sicht-
weite des Herbergszimmers ihrer Tochter zu buchen.«

Schlaf, Kindlein, schlaf

»Ich war zehn Jahre lang Elternvertreter. Was ich in
dieser Zeit erlebt habe, hatte teilweise groteske Züge.
Am krassesten war der Fall einer Mutter, die ihr Kind
tatsächlich auf eine dreitägige Klassenfahrt begleitet
hat. Die Begründung: Es könne nicht allein schlafen.«

Dieser Vater fügte noch hinzu: »Ich möchte heute nicht
Lehrer sein.« Und tatsächlich: Als ob Klassenreisen für
Lehrkräfte nicht schon anstrengend genug seien – wenig
Schlaf, viel Verantwortung, viel Lärm –, setzen überbesorgte
Eltern gern noch eins drauf. Mit ihren **Extrasondersonder-
spezialwünschen**.

Fix it, teacher!

»Am ersten Abend der Klassenreise meldete sich eine
Mutter bei mir: Mit der Speicherkarte des Fotoappa-
rats ihrer Tochter stimme etwas nicht. Ich solle bitte
nachschauen und sofort Bescheid geben, falls eine
neue Speicherkarte gebraucht würde. Sie könne dann

direkt am nächsten Tag mit dem Auto vorbeikommen und eine Karte mitbringen. Das Kind könne ja sonst keine Erinnerungsfotos von der Fahrt machen, und das wäre doch sehr traurig.«

Mindestens genauso traurig ist es, wenn Kinder während einer Klassenfahrt nicht ständig ihre drei Leibgerichte aufgetischt bekommen. Einige Eltern reagieren darauf mit krassen Konsequenzen.

Mein Kind ist ein Gourmet

»Klassenfahrt mit 14-jährigen Schülern: Ein Junge darf nicht mit. Warum? Der Teenager mag nur Pommes und Chicken Nuggets, und die wird es auf der Klassenfahrt sicher nicht ständig geben.«

Keine fremde Küche!

»Mit Siebtklässlern wollten wir für drei Tage in ein Schullandheim fahren. Eine besorgte Mutter teilte mir mit, dass ihr Sohn auf keinen Fall mitkommen könnte. Der Grund: Sie könne sich keine fremde Küche für ihren – durchaus kräftigen – Sohn vorstellen. Zudem gebe es vermutlich nur Wasser zu trinken, was ihr Sohn aber nicht möge.«

Welches Kind retten Sie zuerst?

»Vor ein paar Jahren fuhren wir mit einer Grundschulklasse auf eine ostfriesische Insel. Auf dem Elternabend vor der Klassenreise fragte mich ein Elternpaar tatsächlich, welches Kind ich retten würde, wenn das Schiff sinke. Ich antwortete: Das Kind, dessen Eltern mir vorab am meisten bezahlen. Doch auch Humor konnte diese Eltern leider nicht beruhigen.«

»Sie müssen verstehen, mein Sohn ist Steinbock.« Absurde Forderungen von Eltern

Jeden Tag gibt es tausend Gründe, weshalb Helikopter-Eltern die Lehrer ihrer Kinder zurechtweisen oder ihnen ein »mangelhaft« ins Zeugnis schreiben müssen: Weil die Sitzplätze ausgelost wurden und der Sohn jetzt nicht mehr neben seinem besten Freund sitzen darf. Weil das Mittagessen in der Kantine nicht so gut geschmeckt hat. Weil das Kind beim Fußball nicht im Tor stehen durfte. Weil, weil, weil. Woher die Eltern überhaupt Kenntnis von solchen Kinkerlitzchen haben? Sie sind ständig präsent und spionieren – auch auf dem Schulgelände.

Lehrkräfte über Eltern im Klassenzimmer:
»Eltern stehen bei uns täglich in Gruppen vor den

Klassen und tauschen sich über Lehrer, Hausaufgaben, Arbeitsmaterial, Klausuren und andere Kinder aus. Zwar sind sie dank WhatsApp eh immer top informiert, aber doppelt hält offenbar besser.«

»Mehrmals pro Woche bringen Eltern vergessene Pausenbrote, Sportsachen und so weiter direkt in das Klassenzimmer und stören so den Unterricht.«

»In der 8. Klasse habe ich eine Schülerin, deren Mutter jeden Morgen mit in den Raum kommt, die Fenster öffnet und beim Auspacken hilft. Den Rucksack trägt das Mädchen selbstverständlich auch nie selbst.«

»Wir haben mittlerweile die Regel, dass die Kinder allein das Schulhaus betreten sollen. Diese Regel ist bei manchen Eltern aber kaum durchzusetzen. In meiner Klasse gibt es regelmäßig drei bis vier Eltern, die mit reinkommen, dem Kind die Schuhe ausziehen, den Ranzen vor die Klasse stellen und dann noch mit den Kindern Pipi machen gehen. Warum? Und was hat ein erwachsener Mann auf einem Jungenklo zu suchen?«

Ist der Unterricht vorbei, geht das Spiel von vorne los:

»Nach Schulschluss stehen Eltern gruppenweise in der Aula oder direkt vor den Klassenzimmern, um ihrem

Kind sofort den Schulranzen abzunehmen, die Jacke zu suchen und anzuziehen. Das passiert auch noch bei zehnjährigen Kindern.«

»Haben die Kinder noch wichtige Termine wie Reiten, Schwimmen oder Musikschule, holen die Eltern sie auch gern vor dem Unterrichtsende aus der Klasse.«

Okay, so viel dürfte klar geworden sein: Es gibt viele Eltern, die ihre Kinder bis zum Klassenzimmer bringen und von dort wieder abholen. Manche gehen aber noch weiter. Es gibt Eltern, die sich während der Schulzeit auf dem Pausenhof herumtreiben.

Mama im Busch

»Das Beste, was ich seit etwa zwei Monaten erlebe, ist eine Mutter, die einfach nicht heimfährt. Sie bleibt auf dem Schulgelände und observiert ihren Sohn. In der Pause versteckt sie sich hinter Büschen und späht von dort auf den Schulhof, um sicherzugehen, dass ihm ja kein Unrecht geschieht. Einmal bin ich auf sie zugegangen, da hat sie sich hinter dem Busch zusammengekauert, in der Hoffnung, dass ich sie nicht sehe. Da hat sie mir fast leidgetan.«

Solche Szenen spielen sich auch an anderen Schulen ab:

»An der Grundschule unseres Sohnes gibt es Eltern,

die offenbar nichts anderes zu tun haben, als vormittags am Schultor zu stehen und aufzupassen, dass es ihren Kindern in der Pause gut geht.«

»Beim Elternabend der ersten Klasse wurden die Eltern darum gebeten, mittags nicht mehr in die Schülermensa zu kommen, um ihren Kindern das Essen klein zu schneiden.«

»Als sein Kind in der ersten Klasse war, hat sich ein Vater tagelang morgens vor dem Klassenzimmer in die Garderobe gesetzt und blieb dort, bis die Schule zu Ende war. So konnte er in der Pause sein Kind herzen und gegebenenfalls trösten.«

»Ein Vater sitzt regelmäßig im Auto auf der Straße vor dem Schulhof und beobachtet das Verhalten der Kinder seinem Sohn gegenüber. So wäre er rechtzeitig zur Stelle, um einzugreifen.«

»20 Schüler spielen in der Pause Fußball und kämpfen um den Ball. Eine Mutter steht am Rand des Fußballfeldes und möchte, dass ihr Kind auch mal ins Tor darf.«

Und wenn die Eltern nicht physisch vor Ort sein können – schnief! –, schicken sie Nachrichten.

<3 <3 <3

»In meiner ersten Klasse sitzen Erstklässler mit Smartphones, die im Unterricht von ihren Eltern WhatsApp-Nachrichten bekommen.«

Manchmal müssen Helikopter-Eltern übrigens die Rolle der Lehrer einnehmen. Das nervt dann auch die Mitschüler.

Eine Schülerin erzählt:

»Zu meiner Grundschulzeit waren Pokémon-Sammelkarten aktuell, und unsere Klasse sammelte und tauschte mit Begeisterung. Eines Tages tauchte die Mutter einer Klassenkameradin vor Unterrichtsbeginn im Klassenzimmer auf, stellte sich vor uns und verkündete, niemand aus der Klasse dürfe mehr Pokémon-Karten mitbringen. Der Grund: Ihre Tochter habe Albträume, hervorgerufen durch die angeblich brutalen Karten. Als sie gerade unsere Karten einkassieren wollte, kam unsere Klassenlehrerin und forderte die Mutter auf, ihr doch bitte die Regie zu überlassen. Nachdem die Mutter gegangen war, beichtete ihre Tochter, dass die Albträume ein Resultat des Horrorfilms gewesen seien, den ihre Brüder mit ihr geschaut hatten. Mit dem harmlosen Kartenspiel hatte das nichts zu tun.«

Big Papa is watching you

»Der Vater eines Erstklässlers steht regelmäßig vor dem Klassenzimmerfenster und beobachtet den

Unterricht der Kollegin. Von dieser angesprochen, was das solle, meinte er: ›Ich möchte nur schauen, ob mein Kind auch integriert ist.‹«

Elternpraktikanten
»Ich unterrichte an einer Oberschule. Dort gab es eine Elterngruppe, die sich bereits einen Hospitationsplan zurechtgelegt hatte: Jedes Elternteil sollte einmal im wöchentlichen Wechsel im Unterricht bei uns Lehrern hospitieren. Das lehnten wir im Kollegium ab.«

Wer sich umhört unter Lehrern, stellt fest: Viele können von solchen und anderen bizarren Begebenheiten erzählen. »Das mag für Nicht-Lehrer alles sehr amüsant erscheinen«, sagte eine Lehrerin, »ist meiner Meinung nach jedoch eine große Gefahr für die Gesellschaft. Die Kinder solcher Eltern sehen nur noch sich. Andere Kinder, die so erzogen wurden, dass sie Dinge aushalten, sich auch mal zurücknehmen und an die Gruppe denken, leiden darunter.« Und natürlich **leiden auch die Lehrer**. Und zwar nicht in erster Linie unter ständigem Lärm im Klassenzimmer oder rotzfrechen Schülern. Sie leiden unter Eltern, die abwegige Forderungen stellen, aberwitzige Beschwerden anmelden – und dabei vor lauter Angst und Sorge um ihre Kleinen den Lehrern gegenüber ständig **Grenzen überschreiten**.

Heul!
»Am ersten Schultag meiner Tochter hat eine Mutter vor der ganzen Klasse inklusive der Eltern geweint,

weil ihr Sohn ›der falschen Klasse‹ zugeteilt worden und sein bester Kindergartenfreund in der Parallelklasse gelandet war. Dass der Sohn sich bereits mit seinem neuen Sitznachbarn angefreundet hatte und ihm die Szene sichtlich peinlich war, war der Mutter egal. Der zweite Heulkrampf kam dann, als die Eltern sich für zwei Schulstunden von ihren Kindern verabschieden mussten.«

Schnief!
»Eine Mutter rief in der ersten Pause im Sekretariat unserer Grundschule an und wollte mich sprechen. Kollegen holten mich vom Kopierer weg, und ich eilte zum Telefon. Die Mutter wollte von mir wissen, wie oft ihr Sohn in den ersten beiden Schulstunden geniest habe.«

Bibber!
»Ich bin Lehrerin an einer Realschule. Eine Mutter bat mich, eine Strichliste darüber zu führen, wie oft ihr 16-jähriger Sohn mit Winterjacke bekleidet in die Pause ging. Sie befürchtete, dass er manchmal ohne wärmende Jacke den Raum verlasse.«

Bakteriophobie
»Wir haben einen Schulgarten, doch ein Mädchen darf nicht mitkommen. Die Angst der Eltern: Ihre Tochter könnte sich eine Krankheit holen, wenn sie im ›Dreck rumwühlen muss‹.«

Musikphobie

»Eine Mitschülerin meines elfjährigen Sohnes wird von ihrer Mutter dazu angehalten, systematisch bestimmte Schulfächer zu schwänzen: Sport (Verletzungsgefahr), Schwimmen (Gefahr des Ertrinkens), Werken (Verletzungsgefahr an der Bohrmaschine), Physik (Verbrennungsgefahr am Bunsenbrenner) und neuerdings auch Musik (Gefahr von Hörschäden).«

Nahrungsphobie

»In der fünften Klasse meines Kindes fingen einige Mädchen plötzlich an, das völlig normale Essen der Schulmensa abzulehnen. ›Bäh, so etwas esse ich nicht!‹, sagten sie ständig über das dort frisch zubereitete, auch vegetarische Essen. Die Mädchen-Mütter fingen also an, Essen selbst zu kochen und in Tupperdosen mitzugeben. Die Prinzessinnen wärmten sich das dann in der Schulküche auf. Das allein finde ich schon übertrieben. Doch eine Mutter fragte dann tatsächlich auf dem Elternabend, ob wir anderen Mütter nicht mal überlegen wollten, dasselbe zu tun. Das Essen der Schulmensa sei nicht gut genug und mache krank.«

Mit den Nerven am Ende

»Eine Mutter ist mit ihrer Tochter zum Psychologen gegangen, weil das Mädchen in der Grundschule ihr Pausenbrot nicht gegessen, sondern immer wieder mit nach Hause gebracht hatte. Das hat die ganze Familie fertiggemacht.«

Solche Eltern brauchten wohl eher selbst Hilfe. Schon ein profanes Klassenfoto kann mit ihnen zur **Posse** werden. Die Mutter eines Mädchens, das in Berlin die vierte Klasse einer Grundschule besucht, erzählt darüber:

Ich wollte doch nur ein Foto!
»Für ein Klassenfoto hatte ich einen Fotografen gewinnen können, dessen Kinder ebenfalls unsere Schule besuchen und der schon in mehreren Klassen schöne Bilder gemacht hatte.

Runde 1:
Ich eröffne ein Doodle, um zu erfahren, wer alles interessiert ist. Ein reger E-Mail-Verkehr beginnt, die Eltern diskutieren das Für und Wider eines solchen Fotos. Am Ende habe ich ein paar graue Haare mehr, aber immerhin eine knappe Mehrheit dafür. Ich sage dem Fotografen zu.

Runde 2:
Die Elternvertreterin meldet sich. Eine Mutter hat auf der Webseite des Fotografen Aktfotos von ihm und Frauen entdeckt. Erneut beginnt ein E-Mail-Verkehr, diesmal darüber, ob man einen Mann Fotos von Kindern machen lassen dürfe, der sich selbst nackt ablichtet und Frauenakte als Kunst versteht (sehr ästhetische Bilder übrigens). Am Ende meldet sich eine Mutter mit abgeschlossenem Gender-Studium und argumentiert für den Fotografen: Die Bilder auf der

Webseite seien vertretbar, da die Frauen durchweg be-
haart seien, und sie als Feministin könne daher nichts
Schlechtes daran finden, wenn er unsere Kinder ablichtet.

Runde 3:
Das Foto wird gemacht, die Hälfte der Klasse kauft
eins für sieben Euro.

Runde 4:
Zum Abschluss meldet sich ein unbeteiligter, völlig
verzweifelter Mann aus Baden-Württemberg, der bereits seit zwei Jahren versucht, aus unserem Klassen-
verteiler zu kommen, und der nun alles über Fotografen mit behaarten Frauen und Heli-Eltern an Berliner
Grundschulen weiß.«

Immer wieder werden Lehrkräfte auch mit **absurden An-
sinnen von Eltern** konfrontiert. Lesen Sie hier, wie Eltern
ihre Umwelt im vermeintlichen Sinne ihrer kleinen Prinzen
und Prinzessinnen auf Trab halten.

Unterrichten Sie montags etwas anderes!
»Eine Mutter will, dass der Stundenplan umgeschrieben wird. Der Grund: Ihr Sohn sei montags so unmotiviert. Sie meint, dass sich das Problem lösen ließe,
wenn montags Fächer unterrichtet würden, die der
Sohn interessant findet.«

Schüler D. schläft im Unterricht

»Eine Mutter kommt morgens mit Kind und dessen Kopfkissen und Oberbett zur Schule. Auf die Frage, was das bedeuten soll, antwortet sie, ihr Sohn habe so schlecht geschlafen, und sie dachte, er könne in der Leseecke noch etwas weiterschlafen. Um 10:00 Uhr wäre er dann bestimmt so ausgeruht, dass er am Unterricht teilnehmen könne.«

Wärmen Sie Wasser vor!

»Ich bin Erzieherin in einem städtischen Schülerhort. Wir sind in einem Altbau untergebracht, und auf der Toilette gibt es nur kaltes Wasser zum Händewaschen. Eine Helikopter-Mutter hat verlangt, dass dort ein Boiler mit Warmwasser angebracht wird – ihre Tochter würde sich sonst beim Händewaschen erkälten.«

Der Test muss warten!

»Eine Mutter bat mich, eine Klassenarbeit zu verschieben, da ihr Sohn am Wochenende zuvor ein Fußballspiel hatte.«

Eine Schulsekretärin erzählt:

»Eine Mutter rief bei mir an und wollte, dass ich ihre Tochter an ihren bevorstehenden Arzttermin erinnere.«

Tintenpanik

»Letztes Jahr habe ich an einer neuen Schule eine

7. Klasse übernommen und als Klassenlehrer die Materialliste besprochen. Am zweiten Schultag rief mich eine entrüstete Mutter an: Ihr Sohn sei nicht in der Lage, einen Füller zu verwenden. Er leide unter einer schweren Füllerphobie, ausgelöst durch die grässliche Pädagogik in der Grundschule. Ich handelte einen Kompromiss aus: Jeden Tag sollte der Junge ein bis zwei Wörter, später vielleicht sogar ganz kurze Sätze mit dem Füller schreiben. Komischerweise schrieb er vom ersten Tag an problemlos und ohne erkennbare Angstzustände mit dem Füller.«

Eine schnelle Therapie. Was könnte man noch von Lehrern verlangen, damit Kinder möglichst nie lernen, dass es nicht immer gerecht und gemütlich zugeht im Leben? Diese Eltern wissen es.

ALLES unter Kontrolle

»In der Klasse meines Sohnes werden verschiedene Karten gesammelt und unter den Schülern getauscht: Ninjago I, Ninjago II, Pokémon- und immer wieder Fußballkarten. Einige Eltern sind sehr darum bemüht, ihrem eigenen Kind viele tolle Karten zu verschaffen, sodass es gegenüber den anderen im Vorteil ist.
Die Mutter eines Jungen bat die Klassenlehrerin sogar darum, darauf zu achten, dass die Kinder ›fair tauschen‹. Der letzte Kartentausch mit einem Klassenkameraden sei für ihren Sohn sehr ungünstig verlaufen. Die Lehrerin hat dies natürlich abgelehnt.«

Missverständnis eines Vaters und Bürgers

»Ich zahle ja wohl genug Steuern, damit Sie mein Kind erziehen.«

Unser Sohn hat keine Lust

»Ein Problemgespräch zwischen der Schulleiterin, den Eltern und ihrem 13-jährigen Sohn steht an. Das Gespräch soll nun auf Bitten der Eltern in deren Auto stattfinden. Der Grund: ›Unser Sohn hat keine Lust, vom Parkplatz bis in die Schule zu laufen.‹«

Manchmal liegt es nicht nur an der Motivation, sondern auch am Sternzeichen:

Mutter: »Das müssen Sie schon verstehen, mein Sohn ist Steinbock.«
Lehrer: »Und ich bin Schütze.«

Regel Nummer 1 für Lehrer im Umgang mit Helikopter-Kindern: Man darf diesen verhätschelten Wesen **nichts verbieten oder abverlangen**. Niemals. Unter keinen Umständen. Und: Diese Kinder machen nichts falsch, gar nichts. Nie.

Meine Tochter darf das!

»Englisch in der 7. Klasse. Naturgemäß war das Interesse der Jugendlichen nicht immer beim Unterricht. Handys waren in der Schule verboten, also schrieben sich die Schüler unterm Tisch kleine Zettel, die durch die Bankreihen wanderten. Wenn ich es sah, sammelte ich die Zettel ein und warf sie weg. Eines Tages bat die Mutter einer 13-jährigen Schülerin um einen Gesprächstermin und teilte mir mit, dass sie sich diese Praxis bei ihrer Tochter verbitte. Das Mädchen sei in der Pubertät, und Zettel im Unterricht zu schreiben sei in dem Alter völlig legitim. Ich als Lehrer hätte das zu tolerieren.«

Geht gar nicht!

»Ich war als Krankheitsvertretung an einer neuen Schule eingesetzt. Am zweiten Tag erreichten meinen Vorgesetzten wütende, extrem unhöfliche Mails: ›Diese Person geht gar nicht‹, hieß es da. Ich müsse sofort ersetzt werden, da die Kinder während meines Unterrichts weder essen noch trinken noch laut reden dürften.«

Selber schuld – warum machen Sie auch Unterricht?

»Ein Teil eines Augenmodells war aus dem Biologieraum verschwunden. Die Elternsprecherin der »verdächtigen« Klasse, die zuletzt dort Unterricht gehabt hatte, meinte dazu nur: ›Warum stand das Modell denn auch dort?‹«

Woran man erkennt, dass Helis vollends die Nerven verloren haben? Sie drohen Lehrern mit einer **Klage** – wegen Dingen, für die kein Richter morgens auch nur aufstehen würde.

Ich klage, weil mein Kind nicht am Spielen gehindert wurde.

»Eine Mutter steht erbost vor dem Lehrerzimmer: Sie will mich verklagen. Ihr zwölfjähriges Kind hätte eine Bleivergiftung bekommen können. Was war passiert? Das Kind hatte sich vormittags mit dem Bleistift die Innenseite der eigenen Hand bemalt und darin – warum auch immer – herumgebohrt, allerdings ohne auch nur die Haut zu verletzen. Ich hatte das Kind daraufhin zum Waschbecken geschickt und gesagt, es solle bitte die Hand reinigen und aufhören, mit dem Bleistift darin zu bohren.«

Übrigens enthalten Bleistifte schon seit vielen Jahrzehnten keinerlei Blei mehr.

Ich klage, weil mein Kind körperliche Qualen erlitten hat.

»Ich war viele Jahre stellvertretender Schulleiter einer großen Schule. Eines Tages drohte eine Mutter, eine unserer Sportlehrerinnen wegen Körperverletzung anzuzeigen. Der Hintergrund: Die sechste Klasse ihres Kindes sollte von der Schule zum Stadion, wo trainiert werden sollte, zu Fuß gehen. Wegstrecke: 2,2 km. Ich musste der Mutter nun erklären, wozu man zwei gesunde Füße gebrauchen kann.«

Ich klage, weil Sie einen Notfall hatten.

»Für die erste große Pause am Dienstag war ein

Elterngespräch angesetzt. In der Stunde davor brach jedoch ein Kind aus meiner Klasse zusammen, sodass wir den Notarzt rufen mussten. Als die besagten Eltern zu dem Gespräch kamen, verstanden sie partout nicht die Notwendigkeit, dass ich mit dem anderen Kind ins Krankenhaus fahren musste. Sie liefen mir hinterher, bestanden auf dem Gespräch und drohten mit rechtlichen Konsequenzen, sodass sogar die Abfahrt des Krankenwagens verzögert wurde.«

Sonntagabend, 21:30 Uhr: »Meine Frau versteht die Hausaufgaben unseres Sohnes nicht.« Hausaufgaben und Nachhilfe

Über den Sinn und Unsinn von Hausaufgaben kann man durchaus streiten. Doch: Solange sie an einer Schule aufgegeben werden, sollten Schüler sie erledigen. Einige Eltern sehen das eher so: »Wir« machen die Hausaufgaben dann, wenn es uns gefällt. Und wenn es gerade nicht in die familiäre Freizeitplanung passt, schreiben sie einfach eine **Entschuldigung**.

Eine Lehrerin erzählt:

»Nicht gemachte Hausaufgaben werden nachträglich oder gern auch schon vorab entschuldigt: Das Kaninchen ist gestorben, die Oma hat Geburtstag, es findet noch ein Tanztraining statt für den Auftritt am Wochenende, sie sind zu schwer oder zu viel.«

Ach, deshalb heißt es Frei-Bad.

»In dem Entschuldigungsschreiben einer Mutter stand: ›Mein Kind konnte die Deutsch-Hausaufgaben gestern nicht machen, da wir den ganzen Nachmittag im Freibad waren.‹«

Klar ist: Schüler haben häufig keine Lust auf Hausaufgaben, kriegen sie nicht richtig hin oder vergessen auch mal die Aufgabenstellung. Kindern von Helikopter-Eltern passiert das jedoch nie, denn da kontrollieren ja Mama und Papa nicht nur die Hausaufgaben – sie machen sie gleich selbst.

Lehrer erzählen:

»2. Klasse: Eine Mutter erledigt die Schreibschrift-Lernaufgaben für ihr Kind, weil ihr das angeblich so viel Spaß macht.«

»6. Klasse: Eine Mutter schreibt die gesamte Erdkundemappe für ihren Sohn. Erklärung: Er habe doch so eine schlechte Handschrift.«

»9. Klasse: Nachdem sie die Praktikumsmappe für ihren Sohn abgegeben hat, stöhnt eine Mutter im Gespräch: ›Es war so anstrengend, ich habe die ganze Nacht durchgetippt!‹«

Falsch verstanden

»Eine Bekannte hat regelmäßig die Hausaufgaben für ihre 17-jährige Tochter erledigt. Als ich sie darauf ansprach, meinte sie: ›Wie soll das arme Kind denn sonst Erfolgserlebnisse haben, wenn es immer nur Fünfen und Sechsen bekommt?‹ Das Abitur macht das Mädchen jetzt jedenfalls erst mal nicht.«

Tatsächlich finden viele Eltern es ganz normal, dass sie sich um die Hausaufgaben ihrer Kinder kümmern. Es ist ihnen auch nicht peinlich, beziehungsweise: Dass Schüler damit auch lernen sollen, sich um ihre Sachen selbst zu kümmern oder Mitschüler zu fragen, kommt ihnen offenbar nicht in den Sinn. Und: Lehrer stehen doch rund um die Uhr zur Verfügung, oder?

»Wir sitzen an den Hausaufgaben«

»Das Telefon klingelt in der Nachmittagsbetreuung: ›Wir sitzen an den Hausaufgaben, können Sie bitte mal eben den Rechenweg erklären?‹ oder ›Wie soll das Plakat für den Sachunterricht aussehen?‹ oder ›Wir haben keinen Drucker, können Sie bitte die Bilder des Lieblingstiers unseres Kindes aus dem Internet raussuchen und ausdrucken?‹«

Notfallnummer

»Eine Mutter hat zwischen Freitagnachmittag und Sonntagmorgen (6:15 Uhr) ungelogen mehr als zwanzigmal per E-Mail Fragen zu den Hausaufgaben ihrer Tochter gestellt. Teilweise von verschiedenen E-Mail-Adressen, falls die Nachrichten nicht ankommen.
Sie konnte nicht verstehen, dass ich am Wochenende nicht antworte. Ihre Tochter war damals bereits in der 10. Klasse.«

Familiäres Großprojekt

»Am Sonntagabend gegen 21:30 Uhr ruft der Vater eines Siebtklässlers bei mir an: Seine Frau habe die Hausaufgaben ihres Sohnes nicht verstanden. Er möchte die deshalb jetzt mal kurz von mir erklärt bekommen.«

Es geht noch krasser

»Im Bekanntenkreis meiner Schwester hat sich eine Elterninitiative zusammengefunden, um das Mathe-Lehrbuch umzuschreiben. Die ursprünglichen Aufgaben entsprächen nicht den Anforderungen, die heutzutage an Arbeitnehmer gestellt werden.«

Mami kennt Schummeltricks

»Als mein Sohn zur Grundschule ging, berichtete er mir immer wieder, dass ein Mitschüler bei Tests regelmäßig kleine ›Hilfsmittel‹ am Start hätte. Irgendwann nahm dies ein Ausmaß an, das ihn und andere Kinder

störte. Sie sprachen den Jungen an, doch er reagierte arrogant und uneinsichtig. Die Schülergruppe informierte daraufhin die Lehrkraft über das unfaire Verhalten des Mitschülers. Daraufhin beichtete der Junge, dass seine Mutter ihn aufgrund der angestrebten Gymnasialempfehlung enorm unter Druck setze und ihn darum regelmäßig mit Spickzetteln versorge. Mir erschien das etwas hanebüchen, bis besagte Mutter vor meiner Tür stand und verlangte, meinen Sohn zu sprechen. Sie hätten etwas zu ›klären‹.
Was ihm und den anderen Kindern eigentlich einfalle? Die ›kleinen Zettel‹ seien doch ›nur zur Unterstützung gedacht‹. Es war schon krass, hautnah mitzuerleben, was Angst und mangelndes Vertrauen ins Kind aus erwachsenen Frauen machen können.«

Auch ältere Schüler, Studenten oder Lehrer, die **Nachhilfe** geben, können ein Lied singen von Eltern mit Kontrollzwang, wie eine langjährige »Zeugin« berichtet.

Einmal »Helikoptismus« für alle
»Während meines Studiums habe ich mir durch Nachhilfeunterricht etwas dazuverdient und dabei die volle Bandbreite an ›Helikoptimus‹ kennengelernt, die man sich vorstellen kann:

Eltern, die wollten, dass ihre Tochter ihre 2+ in Englisch verbessert.

Eltern, die mich dafür bezahlen wollten, dass ich ihrem Kind eine Facharbeit schreibe, die in der Oberstufe eine Klausur ersetzt.

Eltern, die bei der Nachhilfe anwesend sein wollten, damit das Kind nicht alleine ist.

Eltern, die gefragt haben, ob ich auch einen Tisch hätte, den man verstellen könne, da die Sitzposition die Konzentration der Tochter behindere.

Eltern, die mir nach einer Vier in einer Klassenarbeit vorwarfen, ich hätte das Leben ihres Kindes ruiniert.«

»Da lässt sich doch sicher was machen.« Noten und Zeugnisse

»Eltern akzeptieren keine schlechten Zensuren; eine Zwei geht überhaupt nicht«, schrieb uns eine Grundschullehrerin. »Es müssen Einsen sein, denn sonst haben ihre Sprösslinge und somit auch sie selbst als Eltern versagt.« Eine Zwei ist also für überehrgeizige Eltern schon eine schlechte Note.

Wenn es um **Noten, Zeugnisse oder Strafarbeiten** ihrer Schätzchen geht, kennen solche Eltern tatsächlich kein Pardon, wie diese Pädagogin bestätigt:

Gerichtsort Grundschule

»Es gibt bei uns Eltern, die in der Schule mit Anwälten auflaufen, um ein ›Sehr gut‹ zu erstreiten. Und ich kenne Lehrerinnen, die sich nicht trauen, einem Kind in einer Klassenarbeit die Note Zwei zu geben, aus Angst vor den bedrohlich auftretenden Eltern.«

Würdelos

»Ich bin Grundschullehrerin. Einmal gab ich einem Kind eine Strafarbeit, die vom Kollegium abgesegnet war, da sie pädagogisch sinnvoll war und zur Selbstreflexion anregen sollte. Einen Tag später bekam ich den Zettel zurück, zerknittert und mit Rotstift überschrieben: ›Diese Strafarbeit ist gegen die Menschenwürde‹, samt Paragrafenangabe. Im darauffolgenden Gespräch schrie mich die Mutter des Kindes an und drohte mit einem Anwalt.«

»Ich habe mir erlaubt...«

»Bei Strafarbeiten ist es unter den Eltern gang und gäbe, diese ihren Kindern zu erlassen, sie abzukürzen oder mir Dinge zu schreiben wie: ›Ich habe mir erlaubt, eine andere Aufgabe als Strafarbeit zu geben, da Ihre keinen Fachbezug hatte.‹«

Verkehrte Welt

»Ein Vater zerriss vor meinen Augen das Zeugnis seines Sohnes und fragte, wie ich mir anmaßen könne, solche Noten zu vergeben.«

Lehrer werden bedroht, beschimpft und verleumdet: »Mit der Zeit merkt man gar nicht mehr, wie respektlos die Eltern geworden sind«, berichtete uns eine Lehrerin. Man müsse sich daher auch nicht über ebenso dreiste Schüler wundern. Das Kind dieses Mathematikers möchte man jedenfalls später nicht kennenlernen:

Genie und Wahnsinn

»Ich unterrichte seit gut 30 Jahren Kinder im Grundschulalter. Bei einem Elterngespräch zweifelte ein Vater die Fünf in der Mathearbeit seines Sohnes an. Es handelte sich um eine Arbeit über das kleine Einmaleins, 2. Schuljahr. Der Vater sagte, er sei selbst Mathematiker und sein Sohn könne daher keine Fünf schreiben. Meine Arbeit sei miserabel konzipiert, sein Sohn habe lediglich die Aufgabenstellungen nicht richtig verstanden. Eine Woche später kam Post vom Anwalt mit der Aufforderung, die Arbeit zu annullieren und gemäß den Vorschlägen des Vaters, der ja ein sehr anerkannter Mathematiker sei, neu zu schreiben. Inzwischen waren auch schon die Schulleitung und das Schulamt eingeschaltet. Meine Arbeit wurde vielfach geprüft, zuletzt sogar im Kultusministerium. Das Ergebnis: Es handelte sich um eine ganz normale

Mathearbeit. Der Vater forderte mich dennoch auf, ihm alle anstehenden Arbeiten im Vorfeld zur Prüfung vorzulegen. Erst nach einem eindeutigen Schreiben vom Justiziar des Schulamts ließ er davon ab.«

Nicht mit meinen Steuergeldern!

»Wegen des angeblich unmöglichen Verhaltens der Mathelehrerin wurde ein außerordentlicher Eltern-stammtisch einberufen. Auf diesem sollte Material gegen die Lehrerin gesammelt werden, um ihre Entlas-sung bei der Schulbehörde zu beantragen. Der Grund: Die Lehrerin schimpfe zu oft und ihr Unterricht sei zu schlecht. Das Fazit eines Vaters: ›Solange ich mit Steuern das Gehalt der Lehrerin bezahle, hat mein Kind ein Anrecht darauf, mindestens eine Zwei in Mathe zu bekommen.‹«

Er kann doch nichts dafür

»Ein Vater beschwerte sich über die Anmerkung auf dem Zeugnis seines Sohnes, dass der Viertklässler sehr oft zu spät kommt: ›Er kann doch nichts dafür, dass ich ihn zu spät in die Schule bringe.‹ Der Brüller: Der Vater ist selbst Lehrer.«

Ehrgeizige Eltern sind übrigens auch sehr erfinderisch, wenn es darum geht, ihren Kindern bessere Noten zu verschaffen.

Sagen Sie es nicht meiner Familie

»Ein Vater wollte die Versetzung seines Sohnes doch

noch durchsetzen, indem er uns Lehrern erzählte, er und seine Familie würden ja sowieso bald wegziehen. Da könnten wir seinen Sohn doch ruhig vorher noch versetzen. Ich sollte aber seiner Familie nichts davon sagen, weil sie noch nichts von dem Umzug wüsste. Wir haben den Jungen nicht versetzt. Die Familie zog auch nicht weg, aber die Eltern nahmen beide Söhne wutentbrannt von unserer Schule.«

Da lässt sich doch sicher was machen?
»Eine Bekannte ist Lehrerin an einer Mittelschule. Einige Eltern haben ihr bei der Elternsprechstunde bereits Geld für gute Noten angeboten. Wenn sie ein solches Angebot ausschlägt, drohen die Eltern auch schon mal mit Beschwerden bei der Schulbehörde.«

Eine Mutter zur neuen Klassenlehrerin:
»Wenn mein Kind nicht aufs Gymnasium kommt, sind Sie die längste Zeit Lehrerin gewesen!«

Eine Lehrerin kommentiert ihre Schilderungen über das Gebaren der Helikopter-Eltern folgendermaßen:

»Mit welchem Selbstbild werden diese Kinder ins Leben geschickt? Ich könnte mich jeden Tag kopfschüttelnd aufregen!«

Eltern, die in der Schule richtig Gas geben, können natürlich am Nachmittag den Helikopter nicht im Hangar lassen.

Auch die sogenannte **Freizeit** wird von ihnen überwacht, denn beim Sport oder Musizieren stellen sie ebenfalls höchste Ansprüche an ihre Kinder, und bekanntlich können auf dem Spielplatz die gefährlichsten Dinge passieren. Lesen Sie im nächsten Kapitel vom Trauerspiel am Nachmittag und an den Wochenenden.

»Mein Toni Kroos macht Seepferdchen.« Freizeit-Trouble

Lässt sich das Konkurrenzdenken der Helikopter-Eltern in anderen Lebensbereichen (»Maximilian konnte ja schon mit neun Monaten laufen!«, »Und Sophie hat sich selbst das Lesen beigebracht!«) noch einigermaßen tarnen, tritt es im Sport umso offener zutage. Hier zählt nur noch höher, schneller und weiter, jetzt geht es um Gewinner und Verlierer. **Fußball** ist besonders betroffen, denn dort geht der Ehrgeiz auch mit den Vätern durch: Der eigene Sohn ist der nächste Toni Kroos, ganz klar! Doch wie kann ihn der Trainer »nur« als Außenverteidiger einsetzen? Und sieht der Schiedsrichter eigentlich gar nichts, die Pfeife? »Ich sehe ja ein, dass ›König Fußball‹ einen besonderen Stellenwert in Deutschland hat, aber Elternkommandos wie ›Hau ihn um!‹ vom Spielfeldrand sind nicht selten, und das ist bei Vier- bis Sechsjährigen schon echt heftig«, findet ein Fußball-Vater, der sich immer wieder über Helikopter-Eltern wundert. Das Gleiche gilt natürlich auch für andere Sportarten und Hobbys, etwa **Instrumentalunterricht.** Musiklehrer berichten, dass Helikopter-Eltern ihnen recht irrational gegenübertreten: Einerseits sind sie überzeugt, sie hätten den nächsten Lang Lang zu Hause – andererseits darf das Kind bloß nicht mit zu viel Üben belastet werden. Schließlich sind unsere Helis ja angetreten, den Kindern jede Unannehmlichkeit zu ersparen. Wenn zum Beispiel ein Einjähriges noch nicht allein rutschen kann, muss es nicht aufs Rutschen verzichten: Mama und Papa zwängen sich einfach mit aufs Spielgerät. Und so wird Zehnjährigen noch der Popo abgewischt, 13-Jährige werden zu jedem Termin kutschiert, und dem 17-Jährigen wird hinterhergereist und das Zelt aufgebaut, wenn er »allein mit Freunden« campen fährt. Das ist für alle Beteiligten anstrengend – und die Kinder verdrehen genervt die Augen.

Jeder Sport ist Kampfsport

Erfolg im Fußball hängt ja stark von der mentalen Stärke ab, hört man immer wieder, und dass Fußballspiele vor allem im Kopf gewonnen werden. Ideale Voraussetzungen also, um gehörig zu helikoptern: Denn wenn Fußball-Eltern nur fest genug daran *glauben*, dass das **eigene Kind ein Spitzendribbler** ist, wird es auch zu einem werden. Der einzige Spielverderber ist leider der Trainer, der oft einen etwas

weniger verklärten Blick hat auf den trainingsfaulen Sprössling mit den zwei linken Füßen. Fußballtrainer berichten
von ihren befremdlichen Begegnungen mit Mamis und
Papis:

Dritte Halbzeit

»Wenn Sie heute Fußballtrainer einer Jugendmann-
schaft sind, dann wird das Handling der Eltern zum
Match nach dem Spiel. ›Warum spielt mein Sohn nur
Verteidiger?‹, ›Warum haben Sie gewechselt?‹, oder,
ganz schlimm: ›Warum war er nicht in der Startelf?‹
Bereits bei den Kleinsten in der F-Jugend – die sind
sieben bis acht Jahre alt – geht das schon los, und
zwar nicht nur beim Spiel, sondern auch im Training.
Viele Ehrenamtliche haben daher schon gar keine Lust
mehr auf diese Aufgabe.«

Schlimmer als in jeder Fankurve

»Ich war viele Jahre Jugendfußballtrainer für die
G- bis D-Jugend. Ohne Eltern wäre dieser Sport sehr
schön. Was ich dort an unangemessener Einflussnah-
me der Erziehungsberechtigten erlebt habe, könnte
ganze Bücher füllen. Machen Sie sich doch mal den
Spaß und gehen Sie auf ein Jugendfußballturnier.
Dort am Spielfeldrand erleben Sie Hysterie pur.«

Kick it like Papi

»Bei einem Freundschaftsspiel der G-Jugend wurde ein
Junge der gegnerischen Mannschaft von seinem Vater

angefeuert. Im Spiel zeigte der Sechsjährige tatsächlich Talent und schoss auch ein Tor. Dieses zelebrierte er in bester Cristiano-Ronaldo-Manier mit einem Sprung, ausgestreckten Armen und breiter Brust. Als er jedoch ausgewechselt werden sollte, trat der Junge mit Absicht den am Spielfeldrand stehenden Medizinkoffer um, und sein Vater kam sofort auf den Trainer zugestürmt und brüllte: Was er sich denn erlaube, den mit Abstand besten Fußballer auf dem Platz auszuwechseln? Sämtliche Zuschauer waren peinlich berührt.«

Hauptsache Sturm
»Ein Vater forderte von mir vehement, im 3-5-2-System spielen zu lassen – dass das mit nur sechs Feldspielern schwierig würde, hatte er jedoch nicht mitbekommen. Im selben Spiel wollte eine Mutter ihr Kind unbedingt im Sturm sehen und forderte deshalb vier Stürmer. Mein Hinweis, dass dann Abwehr und Mittelfeld mit jeweils nur noch einem Spieler etwas unterbesetzt seien, stieß auf Unverständnis.«

Hier wird klar: Fußball ist Kampfsport, und dieser erfordert den Einsatz von Kampfhubschraubern. Doch wie sieht es aus, wenn die Kinder tatsächlich **Kampfsport** betreiben, etwa Judo oder Ringen? Richtig, das potenziert die Kampfeslust von Mami und Papi, und da wird nicht mehr nur verbal gekämpft: In Aachen etwa ist im Januar 2018 ein Ringkampf zweier Nachwuchssportler eskaliert, es kam zu einer **Mas-**

senschlägerei. Ein Junge hatte mit einem anderen darüber gestritten, wer von den beiden den Kampf gewonnen habe. Die Mutter des einen mischte sich laut Polizei ein und schubste den Gegner ihres Sohnes. Das wollte sich dessen Anhang nicht bieten lassen. Auch andere Mütter und Väter mischten sich schließlich ein, dann ging es zur Sache: Bis zu 20 Menschen prügelten sich.

Ein Trainer berichtet:

»Leider gibt es beim Kampfsport Mütter, die beim Training auf die Matte rennen, um ihrem Goldschatz noch Tipps für die beste Wurftechnik zu geben. Manchmal führen sie das sogar noch vor.«

Der kleine Unterschied

»Eine Mutter hat einen fünfjährigen Jungen aus der Mädchenumkleide rausgeworfen, weil die nur für Mädchen sei. Sie sah aber kein Problem darin, als erwachsene Frau zwischen lauter präpubertären Jungs in deren Kabine ihrem Zehnjährigen beim Umziehen beizustehen.«

Tja, die kleinen Sportskanonen sollen jederzeit Topleistungen bringen, dürfen aber niemals durch selbstständiges Duschen und Anziehen belastet werden. Besondere Herausforderungen bringt hierbei der **Schwimmsport** mit sich. Zum einen messen sich Eltern untereinander daran, wie früh sie ihren Kindern diese wichtige Fähigkeit beigebracht haben – legt ein Kind zum Beispiel erst mit sieben Jahren die **Seepferdchen-Prüfung** ab, wird es in Helikopter-Kreisen schon fast als verwahrlost betrachtet. Zum anderen statten ängstliche Mütter ihre Kinder bereits zum ersten Wassergewöhnungskurs so übertrieben aus, als trainierten sie für die Olympischen Spiele.

Ein Schwimmlehrer erzählt:

»In den Wassergewöhnungs- und Seepferdchenkursen rüsten Eltern ihre Kinder auf wie mittelalterliche Knappen ihre Ritter: Schwimm- oder gar Taucherbrille, Neoprenanzug, Füßlinge, Ohrenstöpsel und so weiter. Immer wieder fordern Mütter, das Wasser vor dem Kurs zu erwärmen, weil ihr Sohn ja so friere. Die Kinder solcher Mütter stehen dann regungslos in der Ecke des Beckens, werfen ängstliche Blicke zur Elternbank und frieren daher tatsächlich.«

Schwimmlehrer: »Entschuldigung, darf ich Sie bitten, das Becken zu verlassen? Wir würden gern mit dem Kurs beginnen.«

Mutter: »Aber mein Sohn hat Angst in Gruppen. Ich wäre gern bei ihm. Zeigen Sie mir einfach die Übung, dann mache ich die mit ihm.«

Übrigens gibt es auch sprachlich Schonungsmaßnahmen, was die Schwimmübungen betrifft: Um den Kindern keine Angst zu machen, heißt die Haltung »Toter Mann« inzwischen häufig »Seestern«.

Weicher Keks?

»Eine Mutter kommt mit einem Sechsjährigen zu einer
Schwimm-Probestunde. Sie ist entsetzt, dass sie ihr
Kind zwar umziehen und duschen, während des
Unterrichts aber nicht mit ins Wasser kommen darf.
Zudem muss ich sie bitten, während der 30 Minuten
Unterricht keine Kekse und geschnittenen Apfelstück-
chen anzubieten, sage ihr aber, dass sie sich auf einen
Stuhl in der Schwimmhalle setzen und zuschauen könne. Die Mutter bricht daraufhin die Schwimmstunde
ab mit dem Argument, sie wolle nicht, dass jemand
ihren Sohn ertränke. Ich solle ihr lediglich die Übungen beschreiben, sie würde diese ihrem Kind selbst
zeigen. Dann zieht sie mit ihm um ins Babybecken.«

Auch in Turnhallen gibt es erstaunlich ängstliche und
gleichzeitig anspruchsvolle Eltern. Folgendes berichtet ein
Turntrainer, der seit 15 Jahren Kinder im Grundschulalter
trainiert:

Alles im Blick

»In unserem Bundesleistungszentrum in Bergisch-
Gladbach gibt es einen Wartebereich für Eltern, von
dem aus man durch Fenster das Training beobachten
kann. Es gibt Eltern, die nahezu jede Trainingsstunde
ihrer Kinder von dort aus mitverfolgen – je nach Alter
der Kinder bis zu fünfmal in der Woche. Einige Eltern
dokumentieren minutiös mit der Handykamera die
Trainingsfortschritte und auch die mutmaßlichen Defi-

zite ihrer Kinder. Wenn ihre Kinder die Trainingshalle mal verlassen, um auf die Toilette zu gehen, passen einige Eltern sie ab, um sie zur Rede zu stellen oder ihnen ›wertvolle Tipps‹ zu geben.«

Hase, Igel und Eltern
»Vor zwei Jahren fuhren wir zu einem Wettkampf nach Hamburg. Aufgrund der Entfernung übernachteten wir dort mit den Kindern in einem Hotel. Einige Eltern hielten das nicht aus, reisten uns hinterher und nahmen sich im selben Hotel ein Zimmer. Das fühlte sich an wie Stalking.«

So viele kleine Mozarts hier!

Selbstverständlich haben viele Kinder auch eine irre musikalische Begabung. Die muss nur von einem geeigneten Musiklehrer entdeckt werden. Deshalb haben Helikopter immer die Nase vorn, wenn es darum geht, passende pädagogische Angebote zu buchen – und zu stornieren, denn leider kommt es vor, dass die Lehrer das besondere Talent des Kindes nicht erkennen. Und dann muss die Musikschule sofort wieder gewechselt werden.

Fünftes Hobby gesucht

»Eine Mutter bat mich neulich um Rat: Sie würde gerade nach einem Hobby für ihre Tochter suchen. Sie habe bereits Turnen, Ballett und Kindertanz ausprobiert, für eine Fußball-Schnupperstunde sei die Kleine angemeldet, auch für ein Instrumentenkarussell. Ob ich glaube, dass Voltigieren vielleicht auch infrage käme? Die Tochter ist vier Jahre alt.«

Eine Musikschulleiterin erzählt:

»Ein Elternpaar brachte seine fünf Jahre alten Zwillinge zum Instrumentenkarussell. Drei Stunden lang probierten sie bei mir verschiedene Instrumente aus, dann sollten die beiden Jungs eines davon wählen. Mit einer Einschränkung: Die Eltern wollten, dass die Kinder nur ein Instrument erlernen, das man auch hier in unserer Heimatstadt an der Musikhochschule studieren kann – sie wollen nämlich, dass die Jungs während des Studiums zu Hause wohnen.«

Die Jungs wurden also für die Fächer Klavier und Violine angemeldet. Und ihre Karriere an dieser Musikschule ging folgendermaßen weiter:

»Nach vier Monaten rief der Vater an, um sich zu beschweren. Seine Söhne könnten immer noch nicht alle Noten lesen. Ich sagte, dass Fünfjährige dafür mehr Zeit benötigen und spielerisch an das Instrument herangeführt werden müssten. Außerdem sollten sich die Eltern Zeit nehmen, zu Hause mit den Kindern etwas zu üben. Er war jedoch der Meinung, das sei Aufgabe des Lehrers, schließlich würde er uns dafür bezahlen, dass wir den Kindern etwas beibringen. Und da das offensichtlich nicht der Fall sei, würde er seine Kinder sofort abmelden. Ich wies ihn darauf hin, dass wir uns zum einen mit den beiden viel Mühe gäben und es ihnen auch Spaß mache bei uns, er sich zum anderen an die Kündigungsfrist halten müsse. Daraufhin drohte er, im ganzen Stadtteil herumzuerzählen, was für eine schlechte Musikschule wir seien, wenn wir ihn nicht sofort aus dem Vertrag entließen.«

Viele Musikschullehrer kennen die Auseinandersetzungen mit Eltern zum Thema »Üben«. Sie wollen, dass das Kind ein Instrument spielt, bringen es wöchentlich zum Unterricht – aber **dann noch zu Hause üben**? Das scheint eine Härte zu sein, mit der Kinder wie Eltern überfordert sind.

Voller Wochenplan

»Ich werde von empörten Müttern angegriffen, wie man denn von kleinen Kindern tägliches Üben erwarten könne. Sie sagen Sachen wie: ›Da merkt man, dass Sie keine eigenen Kinder haben!‹, ›Wann soll das Kind denn dafür die Zeit aufbringen? Montags kommt sie zu Ihnen, am Dienstag ist Ballett, am Mittwoch geht sie zum Judo, am Donnerstag zum Reiten. Und irgendwann muss ein Kind ja schließlich auch Kind sein dürfen.‹ Abgesehen davon, dass ich die Argumentation schon recht schräg finde – wir reden hier von wenigen Minuten, die sich das Grundschulkind mit dem Instrument beschäftigen soll –, geht es in den meisten Fällen gar nicht um eine Überlastung des Kindes, sondern um die Bequemlichkeit der Eltern. Die müssten es nämlich zum Üben ermutigen und zuhören. Leider denken sehr viele, dass sie aus dem Thema ›raus‹ sind, wenn sie ihr Kind in einen Musikunterricht schicken.«

Leni mag nicht mehr

»Ich hatte schon mehrfach Eltern in den Stunden sitzen, die mitschrieben und anhand der Protokolle nachweisen wollten, dass ich ihr Kind nicht optimal fördere. Diese Eltern sagen dann allen Ernstes: ›Tja, Leni hatte anfangs sooo viel Spaß, doch jetzt mag sie gar nicht mehr spielen. Sie müssen sie wirklich mehr motivieren!‹ Doch wie soll das funktionieren bei einem Kind, das auf seinem Instrument exakt einmal pro Woche spielt?«

Immer wieder diskutieren Eltern die **Ausstiegsoptionen**, wenn sie ihre Kinder in Musikschulen anmelden. Eine Musiklehrerin ist überzeugt: »Die Eltern glauben, ihr Kind nehme seelischen Schaden, wenn es mehrere Monate hintereinander bei einer Sache bleiben muss.« Ihre Aufnahmegespräche enthielten regelmäßig folgenden Dialog:

Eltern: »Wenn meinem Kind das jetzt gar nicht
gefällt, kann ich doch jederzeit kündigen, oder?«
Musiklehrerin: »Nein, für ein Halbjahr verpflichten
Sie sich.«
Eltern: »Ja, aber wenn das Kind überhaupt nicht mehr
will?«

Und manchmal ist auch einfach der Gesichtsausdruck der
Lehrerin falsch – die ist dann schuld, wenn das Kind das
Vorspiel nicht gewinnt:

»Ich bin Instrumentallehrerin an einer Musikschule.
Ich wurde von einer Mutter mehrere Minuten lang
angeschrien. Der Vorwurf: Ich hätte in einem Vorspiel
alle Schüler freundlicher angelächelt als ihre Tochter.
Es hatten 16 Kinder und Jugendliche vorgespielt.«

Spielplatz: Ausweitung
der Kampfzone

Man könnte meinen, Spielplätze seien Orte unschuldiger
Freude, wo sich lachende Kinderstimmen mit dem harm-

losen Gemurmel sogenannter Latte-macchiato-Mütter mischen. Wo Kinder unbeschwert Kinder sein dürfen und Eltern mal keinen Druck machen. Leider ist das mitnichten so. Man ahnt gar nicht, welche Abgründe sich auf Spielplätzen auftun. Eine Erzieherin schildert, wie Eltern auf Spielplätzen ständig versuchen, ihre **Kinder zu animieren**:

> »Die Eltern rennen umher und weisen permanent auf Spielgeräte hin: ›Schau mal, Theo, da ist ja auch noch eine Schaukel! Willst du mal auf die Schaukel?‹ Und dann hieven sie die Kleinen hinauf, die müssen nur selbstständig sitzen. Auf der Rutsche müssen sie sogar nicht mal das, denn die Eltern setzen sie oben hinauf und halten dann Einjährige am Oberkörper aufrecht, während diese die Rutsche hinuntereiern.«

Die Kinder müssen längst nicht mehr selbst herausfinden, wie sie ein Klettergerüst hinaufkommen, denn die Eltern stehen stets bereit für Hilfestellungen. Dabei sind diese oft kontraproduktiv und sorgen keinesfalls für mehr Sicherheit. So könnten Eltern schwere Verletzungen ihrer Kinder auf Spielplätzen sogar vermeiden, wenn sie den Nachwuchs allein rutschen ließen. Denn das Risiko eines Beinbruchs steigt, sobald Erwachsene Kleinkinder auf den Schoß nehmen, fanden Forscher der US-Universität Iowa heraus, die knapp 12.700 Rutsch-Unfälle von Kindern unter sechs Jahren ausgewertet haben. Das Ergebnis: Die häufigsten Verletzungen entstehen, weil die Kinder auf dem Schoß einer anderen Person rutschen.

Neben der Animation kümmern sich Eltern auf Spielplätzen außerdem darum, dem eigenen Kind vermeintliche Hindernisse aus dem Weg zu räumen. Sie versuchen wie beim Curling-Sport, den Boden für ihre Schätzchen so glatt zu wischen, dass diese mühelos ins Ziel schlittern. Und manchmal – sorry! – sind die anderen spielenden Kinder eben das Hindernis, das wegmuss.

Schlange stehen? Unzumutbar!

»Ich war mit meinem zehnjährigen Sohn und meiner elfjährigen Nichte auf einem Spielplatz. Etwa ein Dutzend Kinder im Alter zwischen fünf und zwölf Jahren benutzten abwechselnd eine Seilbahn. Ganz fair fuhren die Kinder nacheinander jeweils einmal mit der Seilbahn, zogen die Sitzplatte zum nächsten Kind zurück und stellten sich dann wieder an. Die Großen halfen sogar den Kleineren beim Aufsteigen und zurückziehen.

Plötzlich kam eine Mutter mit einem etwa achtjährigen Mädchen dazu. Das Kind ging auf die Seilbahn zu, blieb ein paar Meter entfernt stehen und schaute den anderen Kindern zu. Nach ein paar Minuten lief die Mutter wutentbrannt auf die friedlich spielenden Kinder zu und rief: ›Warum lasst ihr meine Tochter nicht mit der Seilbahn fahren?‹ Meine Nichte antwortete: ›Sie hat sich nicht in die Warteschlange für die Seilbahn gestellt.‹ Diese Antwort fand die Mutter unverschämt.«

Ein Erzieher berichtet:

»Die Bedürfnisse des eigenen Kindes scheinen über denen aller anderen zu stehen. Über denen der Eltern sowieso, aber erst recht über den Bedürfnissen anderer Kinder. Ich habe mehr als einmal miterlebt, dass Eltern auf Spielplätzen oder auch in unserer Gruppe von anderen Kindern verlangten, ihr Spielzeug doch dem eigenen Kind zu geben, ›weil er/sie das doch jetzt so sehr möchte‹.«

Ach ja, das Sandspielzeug. Kleine Schaufeln, Harken und Eistüten aus buntem Plastik, über die sich Eltern so schön streiten können. Denn es bilden sich auf Spielplätzen verschiedene Lager, die ihre **Sandspielzeug-Philosophien** vehement verteidigen: Die »Sandspielzeug-ist-für-alle-da-Fraktion« tritt gegen diejenigen an, die jedem Anderthalbjährigen beibringen wollen, wie man sich juristisch einwandfrei ein Förmchen ausleiht. Gleichzeitig treffen »Der-ganze-Spielplatz-erzieht-mein-Kind-Eltern« auf Menschen, die finden, niemand dürfe auch nur ein Wort an das eigene Kind richten. Lesen Sie selbst.

Ansprechen verboten!

»Es gibt diese Mütter, die gleich ausrasten, wenn Fremde ihr Kind zurechtweisen. Sie dackeln immer hinter ihrem Kind her und breiten im Sandkasten noch eine Picknickdecke aus. Sie stehen grinsend daneben, wenn ihr Sonnenscheinchen Spielzeug wegschleppt, Trinkbecher ausschüttet, anderen den Keks wegnimmt

oder den Ball wegkickt – aber wehe, jemand sagt dem
Kind mal was.«

Eine Mutter gibt zu:
»Fremde dürfen mein Kind auf keinen Fall zurecht-
weisen, wenn es auf dem Spielplatz mit Sand wirft.
Das ist allein meine Aufgabe und die meines Mannes.
Würde es jemand versuchen, würde ich was Passendes
zu der Person sagen.«

Nervenkitzel Klettergerüst
»Was mich auf dem Spielplatz nervt: Andere Eltern
sind so vorsichtig, dass sie selbst meine Kinder nicht
klettern lassen, weil sie Angst haben, sie könnten
runterfallen. Von einer ungefähr ein Meter hohen
Rutsche.«

Dabei sehen Spielplatzexperten das genau anders: Gefährliche Spielplätze sind aus ihrer Sicht viel sicherer, weil die
Kinder dann besser aufpassen und lernen, mit Risiken
umzugehen. Deshalb werden Spielplätze in Großbritannien
inzwischen sogar wieder extra unsicherer gestaltet. Eine
Horrorvorstellung für Helikopter-Eltern. Für die ist ein
Nachmittag auf dem Spielplatz ohnehin superstressig:
Schließlich müssen sie nicht nur das eigene Kind ständig
überwachen und zu Höchstleistungen anspornen und dabei
noch permanent um seine Vorrangstellung bei Spielzeug
und Geräten kämpfen. Ein weiterer Auftrag kommt noch
hinzu, der Spielplätze zu Einsatzorten für Kampf- und Ret-

tungshubschrauber macht: der nahezu **lebensgefährliche Dreck**. In einer Buddelkiste wimmelt es natürlich nur so von Keimen und Bakterien. Ein Albtraum für hygienebewusste Heli-Mamis.

Pest oder Cholera?

»Moderne Mütter wollen ihre Kinder anscheinend zu einem Handwaschzwang erziehen: ›Lea, du hast die Rutsche angefasst, komm, lass dir die Hände abwischen‹. Oder: ›O Gott, Marie, du hast deine Spielplatzhandschuhe ausgezogen!‹ Eine Frau auf unserem Spielplatz zieht ihrem Kind Plastikhandschuhe an, damit es nicht mit Dreck in Berührung kommt. Eines Tages werden Kinder in Seuchenschutzanzügen auf den Spielplatz kommen.«

Modderpampe

»Berlin-Prenzlauer Berg: Ich kam von der Arbeit als Baumpfleger und war mit Frau und Kind auf dem Spielplatz verabredet. Dort gibt es eine Wasserstelle mit viel Modderpampe im Sommer. Viele Kinder sind dann halb nackt und eingesaut, wie es sich gehört. Ich hatte noch etwas Harz und Baumreste an den Händen und nutzte die Gelegenheit, mir dort kurz die Hände zu waschen. Völlig hysterisch sprang eine Mutter auf und fuhr mich an, wie ich es wagen könne, mir dort die Hände abzuspülen. Ich zeigte auf das Firmenlogo auf meinem Shirt und sagte, hier sei nicht gerade Motoröl im Spiel. Kurz darauf wickelte eben jene

**Mutter ihr jüngeres Kind, packte die alte Windel in
eine Tüte und ließ diese neben der Bank liegen.«**

Wer das Leben seiner Kinder perfekt planen und kontrollieren will, braucht dafür natürlich digitale Hilfsmittel. Ein Terminkalender in der Cloud ist selbstverständlich, und für die Abstimmung über jedes auch noch so winzig kleine Detail gibt es inzwischen: **Chatgruppen**. Was dort 24/7 abgeht, lesen Sie im nächsten Kapitel.

23:43 +49 178 2234948:
Das ist echt nervig!!!
Die schlimmsten Elternchats

Ach, diese digitale Kommunikation. So oft geht sie schief. Das mag daran liegen, dass Menschen ihre Meinung und Kritik heftiger und hemmungsloser formulieren, wenn sie diese in ein Handy oder den Computer tippen. Und dem Empfänger auf der anderen Seite fehlt der vermittelnde Blick, eine Geste oder ein ironischer Unterton, um die Nachricht einordnen zu können. Wenn es sich dann noch um eine digitale Gruppenveranstaltung von hochtourigen Helikoptern handelt, bleibt nur festzuhalten: **Elternchats sind die Hölle!** 50 Nachrichten am Tag sind keine Seltenheit, davon enthält oft nur eine Nachricht essenzielle Infos, der Rest der Eltern verbreitet Befindlichkeiten und Banalitäten. Jede Kopflauskur, jede fixe Idee zum Klassenausflug, jedes vermisste Unterhemdchen wird schnell einmal rund um den Globus und an alle Eltern der Kita, der Klasse oder der Fußballmannschaft verschickt. Und egal, wie banal – die WhatsApp-Gruppe brummt auch samstagabends, an Weihnachten oder in den Ferien. »Nach einem Jahr mit unserer Klasse hat sich der Klassenlehrer aus allen Chatgruppen abgemeldet«, erzählt eine Mutter aus Kiel. »Er war die endlosen Diskussionen einfach leid. Nun gibt es eine neue Gruppe mit One-Way-Kommunikation: Da schreibt der Lehrer an die Eltern, Antworten sind verboten.«

Manchmal werden die Nachrichten sogar aggressiv: An einem sehr guten Hamburger Gymnasium schaukelten sich die gut situierten Anwälte, Ärzte und Unternehmer im Elternchat einer fünften Klasse so hoch, dass eine der Schulbehörde angeschlossene Vermittlungsstelle eingeschaltet werden musste. Eigentlich ging es nur um Umgangsformen, doch einige Eltern meldeten daraufhin ihre Kinder von der Schule ab.

(Hinweis: Damit niemand bloßgestellt wird, haben wir in diesem Kapitel die Namen und Nummern der Absender selbstverständlich weggelassen sowie Orte und signifikante Details geändert und einige Chatverläufe gekürzt.)

An alle: »Melde Vollzug«

Ein beliebtes Aufreger-Thema in Chatgruppen und Mailverteilern sind **Kopfläuse**. Klar, wer hat die schon gerne? Aber Kopfläuse sind nun mal ein unausweichliches Kinder- und damit Elternschicksal. Es gibt das Ungeziefer in praktisch jedem Kindergarten und jeder Schule, sie kommen und gehen epidemisch, da muss man durch. Manche Eltern scheinen aber zu meinen, mit sehr! vielen!! Ausrufezeichen!!! und eindringlicher GROßSCHREIBUNG IM KLASSEN-CHAT könne man den Entlausungsprozess irgendwie beschleunigen. Eine Läuse-Diskussion in einer Elterngruppe ist deshalb in der Regel so umfassend, dass sie den Rahmen dieses Kapitels sprengen würde. Deshalb beschränken wir uns auf einen kleinen Auszug des Läuse-Chatverlaufs einer dritten Klasse in Berlin, der innerhalb von ein paar Stunden entstand.

> Liebe Eltern, es gibt fünf Kinder mit LÄUSEN in unserer Klasse. Ihr müsst eure Kinder untersuchen und behandeln, auch wenn ihr keine Läuse seht. Wir müssen vermeiden, dass Kinder andere Kinder anstecken, die schon behandelt worden sind.

> Wir haben uns alle behandelt! Es ist echt nervig!!! Es geht ja anscheinend schon länger rum!

> Kann ich nur unterstreichen! Ich habe gestern bei Leon geschaut und nichts gefunden! Heute habe ich erfahren, dass ein Kind definitiv welche hat! Ich mag keine Läuse! Wir haben uns gerade behandelt! Alle müssen mitmachen, sonst bringt das nichts!

> Wichtig ist auch, die Bettwäsche, die Kuscheltiere und alles andere zu waschen! Jacken, Mützen, Tücher usw. Alles!

Wir haben die Behandlung gestern hinter uns gebracht! Wichtig ist, dass ALLE darauf achten und sich an die Vorkehrungen halten. Sonst werden wir sie nur schwer wieder los!

Behandlung auch hier gemacht für die ganze Familie!

Wir auch!

Hier wurden auch alle und alles desinfiziert. Ich drück uns allen die Daumen!

Melde auch Vollzug!!!

Wir haben es auch gemacht!

Wir auch!

Annas Familie hat die Kur auch gemacht! Hoffen wir, dass sie jetzt ausgemerzt werden!

… and so on, and so on. Jede Kopfwäsche wird fleißig im Chat protokolliert. Und wer einen **ganz tollen Tipp für alle** hat, verbreitet diese Meinung ebenfalls dort gerne. Ungefragt und ausführlich, rund um die Uhr.

Hallo, leider eine schlechte Nachricht von mir: Habe bei Adele wieder eine Nisse entdeckt. Das ist sehr ärgerlich, denn wie ihr wisst, sind wir sechs Personen in der Familie, davon vier mit langen Haaren. WANN hört das ENDLICH auf??

PS: Bitte kontrolliert ALLE bei euren Kindern!! Ich habe wirklich keine Lust, dass sich Adele morgen früh gleich wieder ansteckt! Wer heute nicht mehr zur Notdienst-Apotheke fahren kann: Eine erste Behandlung kann man auch mit Haarspülung oder Kur machen. In die trockenen (!!) Haare und dann auskämmen.

Also, das mit der Spülung kann ich nicht empfehlen. Die Nissen tötet das nicht.

Wir haben keine Läuse.

Na super. Geht das schon wieder los.

Stopp! Auf keinen Fall! Nur Nyda hilft.
Es ist teuer, aber das beste Mittel.

Da muss ich widersprechen! Spülung oder normales Shampoo sind auf KEINEN FALL ein Ersatz!

Wir waschen mit Weidenrindenshampoo aus der Apotheke, und zwar immer!
Die Läuse mögen den Geruch nicht und springen erst gar nicht auf den Kopf!
Titus und Tom hatten erst einmal Läuse, seitdem machen wir das!

> Läuse können nicht springen :-) Aber
> das Shampoo probieren wir mal.

An dieser Stelle unterbrechen wir den Läuse-Dialog für einen Hinweis: Hin und wieder geht auch von der **Schulmensa große Gefahr aus**, was umgehend in Chatgruppen diskutiert werden muss. Eine umsichtige Mutter aus Düsseldorf etwa fühlte sich verpflichtet, die Eltern der anderen 23 Kinder aus der 3a – also in etwa 46 Personen – mit warnendem Unterton darüber in Kenntnis zu setzen, dass sie ihre Töchter vor Hühnerfleisch beschützen werde. Aber das muss natürlich jeder für sich selbst entscheiden. Ist klar.

Mutter:

> Liebe Eltern, morgen und übermorgen gibt es Geflügel im Menü für unsere Kinder. Ich werde die Nachmittagsbetreuung anschreiben und bitten, zum Thema Vogelgrippe Stellung zu nehmen. Meine Kinder werden morgen das Fleisch definitiv nicht essen. Jeder muss natürlich für sich entscheiden. Zum Thema Essen in der Schule kommt die Woche mehr via E-Mail. LG

Vater:

> Bitte das Gesundheitsamt einbeziehen.

Falsches Ausflugsziel:
So wird das aber nichts mit der
Doktorarbeit!

Und dann kommt der Tag, an dem ein **Klassenausflug** geplant ist. Man kann nur allen Eltern empfehlen, um diesen Termin herum die Elterngruppe auf stumm zu stellen. Einer unruhigen zweiten Klasse in München hatte die Klassenlehrerin einen Tagesausflug versprochen, wenn sie es schaffen würden, sich durch rücksichtsvolles Verhalten mehrere Sternchen zu verdienen. Im Klassenverband wurde abgestimmt, wohin es gehen sollte. Aus mehreren selbst eingebrachten Alternativen hatten sich die Kinder dann für einen Indoorspielplatz entschieden. So weit, so gut? Mitnichten. Bei einem Elternstammtisch ereiferten sich einige Eltern – weil ihnen das Ausflugsziel pädagogisch nicht wertvoll erschien. Und das spielte sich natürlich auch im Klassenchat ab.

> Hallöchen, es tut mir leid, dass ich eine alte Streiterei noch mal ins Leben rufe ... Ihr habt bestimmt den Brief bez. des »Ausflugs« bekommen. Ich habe dort offiziell bestätigt, dass ich nicht einverstanden bin. Was meint Ihr dazu?

Guten Morgen, wir haben uns für Frieda damit einverstanden erklärt. Es gibt sicher bessere Ausflugsziele im Sommer, aber dieses ist besser als keines; und wenn es der Zweitwunsch der Mehrheit der Kinder war, ist es sicher nicht grundsätzlich verkehrt, dies zu respektieren. Besten Gruß, Daniel

Die Mehrheit der Eltern, die beim Elterntreffen Anfang der Woche anwesend waren, hat sich nach Absprache darauf geeinigt, dass der Wunsch der Kinder und die Abmachung zwischen der Klassenlehrerin und der Klasse nicht untergraben wird und der Ausflug so stattfindet. Eltern, die damit nicht einverstanden sind, können ihre Kinder beim Schulbüro vom Ausflug abmelden. Für nächstes Jahr will die Mehrheit der anwesenden Eltern dann Verbesserungsvorschläge zum Thema Ausflüge machen, um ähnliche Situationen wie diese zu vermeiden. Ich denke, damit sollten wir das Thema dann auch abhaken. Viele Grüße, Ana

Ehrlich gesagt fand ich den Brief passiv-aggressiv. Und ich verstehe nicht, was es bedeuten soll, zu fragen, ob wir den Ausflug unterstützen. Als Beschäftigte in der Hochschuldidaktik kann ich diesen Ausflug natürlich nicht unterstützen.

Melina wird an dem Ausflug teilnehmen, aber unsere Unterstützung ist ausgeschlossen. Ich werde das natürlich offiziell per Post erklären. Das bedeutet auch, demokratisch zu agieren, denn Unstimmigkeit ist Teil der Demokratie. Meine Meinung.

Sehe ich genauso: Zum Wohl des Kindes wird Lasse teilnehmen dürfen. In puncto Unterstützung werde ich mich am dritten Newtonschen Gesetz orientieren.

Also, ich hätte mir für die Sommerzeit auch ein anderes Ziel gewünscht. Aber wenn es der Wunsch der Kinder war, dann sehe ich es wie Frau Bühler, dass man das respektieren sollte. Es geht hier ja schließlich um eine Belohnung, nämlich für das Sammeln der Klassensterne. Insofern kann ich es nicht verstehen, warum einige auf dem pädagogischen Anspruch rumdiskutieren. Darf es den Kindern nicht auch einfach mal nur Spaß bringen? Man muss auch mal die Kirche im Dorf lassen. Wir reden hier von einem Klassenausflug der 2. Klasse und nicht von einer Doktorarbeit!

Sollte die Schule nicht ein pädagogisches Ziel haben? Wenn die Kinder nicht schon in der Schule lernen, dass Lernen auch Spaß machen kann, dann gibt es sicher keine Doktorarbeit!

Notiz an den von der letzten Nachricht betroffenen Zweitklässler: Deine Eltern haben in den kommenden 25 Jahren noch einiges mit Dir vor. Viel Glück mit der Promotion.

Tafelbilder landen im Internet

WhatsApp-Gruppen sind außerdem ein entscheidendes Tool für hoch motivierte Eltern, um einen **reibungslosen Informationsfluss** zwischen Schule und Eltern sicherzustellen. Denn die Kommunikationskultur von Schulen war lange Zeit unerträglich anfällig: Die Kinder mussten per »Ranzenpost« einen Zettel in der Postmappe nach Hause transportieren und daran denken, ihn den Eltern vorzulegen – was dann halt manchmal tagelang vergessen wurde. Früher mussten sich schon Grundschüler der ersten Klasse die Hausaufgaben im Heft notieren – was dann halt auch manchmal vergessen wurde. Heute entwickeln Helikopter-Eltern Workarounds für dieses unzuverlässige System, schnurstracks an den Kindern vorbei. Das berichten etwa diese genervten Grundschullehrerinnen:

Auch eine Form von Schüleraustausch
»An unserer Schule ist es üblich, dass der erste Elternabend schon vor den Sommerferien stattfindet. Ohne dass ich es gemerkt habe, haben die Eltern noch am selben Abend eine WhatsApp-Gruppe gebildet. Eigentlich nichts Verwerfliches. Doch wofür die genutzt

wird: Vom ersten Kind, das heimkommt, wird alles, was an diesem Schultag ins Heft geschrieben oder gemalt wurde, abfotografiert, und die betreffenden Eltern stellen es in die Gruppe, damit alle auf demselben Stand sind. Das hilft den Kindern langfristig nicht. Auch morgens vor dem Unterricht wird fleißig geschrieben, wer wo im Stau steht. Wem hilft das? Was soll diese Information?«

Die Klassenlehrerin einer 4. Klasse zieht Konsequenzen:
»Eltern fotografieren mein Tafelbild nach Schulschluss ab und schicken es in einer WhatsApp-Gruppe herum. Die Gründe dafür kann ich mir nicht erklären. Nun lasse ich nichts mehr an der Tafel stehen, da ich mich völlig kontrolliert fühle.«

Kita-Kinder mit eigener Gruppe
Nach der Einschulung berichtet eine Mutter der Lehrerin, wie toll sie es findet, dass in der Klasse ihrer Tochter so viele Kinder aus ihrer ehemaligen Kita-Gruppe sind.
Lehrerin: »Das ist eigentlich nicht so gewollt, aber manchmal nicht vermeidbar.«
Mutter: »Das Schöne ist doch, dass die Kinder ihre WhatsApp-Gruppe nur in ›1. Klasse‹ umbenennen müssen.«
Lehrerin: »Wie jetzt? Die Kita-Kinder hatten schon eine WhatsApp-Gruppe?«

Mutter: »Ja, klar. Die Eltern natürlich auch, und die haben das alles voll unter Kontrolle!«

Nicht alle Eltern machen fröhlich beim Gesimse mit, einige verweigern sich auch der Nachrichtenflut, um der digitalen Erschöpfung vorzubeugen, »für die Psychohygiene«, wie es eine Mutter ausdrückte. Mit ihrem Rückzug aus den Whats-App-Gruppen habe sie sich allerdings nicht beliebt gemacht:

Mein Kind muss nicht selbst denken!

»Die WhatsApp-Gruppe der Eltern unseres Sechstkläss-lers habe ich verlassen, als öffentlich darin diskutiert wurde, ob die Lehrerin für den Schwimmunterricht Badekappen aus Gummi vorschreiben solle, damit sich die Mädchen nicht erkälten. Als ich erwähnte, dass das Gehirn eines zwölfjährigen Mädchens und ein Klappföhn eine unschlagbare Kombination gegen Erkältung seien, fanden mich vier ›Muddiehs‹ richtig doof. Seitdem bin ich nur noch in einer Gruppe, in der wir die Fahrgemeinschaft koordinieren. Kurz und schmerzlos.«

Shitstorm in der Sportgruppe

»Mein Sohn durfte an einem Samstag bei schönstem Wetter den einen Kilometer über einen Feldweg allein mit dem Rad zurücklegen, um zum Sporttraining zu fahren. Dies löste in der dazugehörigen Eltern-Whats-App-Gruppe einen Shitstorm aus. Tenor: absolut

> grenzwertig! Wie ich es wagen könne, anderen Men-
> schen die Verantwortung dafür zu übertragen, ein
> Auge darauf zu haben, ob er auch ankommt. Ich müsse
> meinen Sohn selbstverständlich fahren. Ich erklärte
> geduldig, dass es einen Unterschied zwischen Bewah-
> ren und Erziehen gibt. Die Antwort: ›Ohne Worte.‹
> Ich machte ein Diskussionsangebot bei mir im Garten,
> beim Grillen. Die Antwort: ›Jetzt wird's albern.‹«

Natürlich gibt es Elternchats nicht nur in Schulen und Kindergärten. Auch für **jede Sportmannschaft** gründen Eltern
eine neue Gruppe. Das ist sinnvoll, um mitzuteilen, wenn
das Training mal kurzfristig ausfällt, eine Mitfahrgelegen-
heit gesucht wird oder der Trainer die Aufstellung für das
nächste Spiel bekannt gibt. Doch natürlich bleibt es nicht
beim Organisatorischen. Auch dort wird getippt, bis die
Finger wund sind: Sagt ein Kind wegen Erkältung ab,
wünscht sofort ein Dutzend Mütter mit Emojis gute Besserung.

Außerdem gibt es im Sport noch die immens wichtigen
Kleiderfragen. Zum Saisonabschluss etwa machte eine
Hockeymannschaft von Siebenjährigen einen Ausflug. An
dem Samstag um neun Uhr brummte die Hockey-Chat-
gruppe ohne Unterlass. Der Grund: Torben und seine Mutter konnten sich nicht über **das richtige Outfit** einigen –
Torben wollte im Trikot los, seine Mutter favorisierte ein
anderes T-Shirt. Da suchte die Mutter natürlich **Hilfe im
Elternchat**:

Guten Morgen! Hier wird gerade über die Kleidung diskutiert. Könnte mir bitte jemand bestätigen, dass Eure Kinder nicht im Trikot zum Ausflug fahren?

Bei uns ist kein Trikot vorgesehen.

Wir kommen auch in Zivil.

Sander könnte noch wechseln, wenn das hilft?

Also, wir würden uns dem Dresscode anpassen ;-)

Wir sind jetzt unterwegs! Das Trikot ist als Wechselgarnitur dabei!

Überhaupt scheint es Müttern ziemlich wichtig zu sein, in welchem Outfit der Sohnemann auf dem Fußballplatz erscheint. So ist es für viele zum Beispiel nicht ersichtlich, warum der Trainer immer nur den einen Trikotsatz benutzt, wo es doch auch die schicke Zweitgarnitur gibt. Dazu kann man auf jeden Fall noch mal ein paar Nachrichten quer durchs Internet in den **Fußball-Chat der 3. F-Jugend** schicken, oder? Man wird doch mal fragen dürfen?

Noch mal zur Erinnerung: Wir treffen uns morgen um 10:15 Uhr auf dem Platz. Gespielt wird in den BLAUEN Trikots, wer noch welche zu Hause hat, bitte mitbringen.

Warum tragen die Kinder nicht die blauroten Trikots? Die sind doch viel schöner.

Wir haben von dem blauroten Satz nicht genug.

Können wir nicht alle beide Trikots mitbringen und gucken, ob es vielleicht doch reicht? Wir haben das ja extra angeschafft, und nun möchte Max das auch mal tragen.

Nein. Wir spielen morgen in den BLAUEN.

O ja, Helikopter-Eltern spielen so gern dieses Spiel, das »Wessen Vorschlag setzt sich durch?« heißt. Jede Kleinigkeit in Kindergarten, Schule und Verein wird basisdemokratisch diskutiert und abgestimmt. Sieger ist derjenige, dessen Vorschlag umgesetzt wird. Und wenn gerade kein Elternabend in Sicht ist, muss das eben im Elternchat geschehen. Etwa wenn der **Geburtstag einer Erzieherin** ansteht – welche Mutti hat da wohl die tollste Idee? Die ersten zehn Nachrichten sehen dann so aus:

Liebe Miteltern, am 3. April hat Julia Geburtstag. Jedes Kind soll bitte morgens wieder eine Blume mitbringen. Jetzt die Frage: Was schenken wir? Ich schlage etwas Süßes und eine Flasche Champagner vor.

Weiß nicht. Mag Julia überhaupt Champagner? LG Steffi

Also, wir bekommen den auch manchmal geschenkt, aber trinken ihn nie. Ich habe die letzten drei Flaschen immer noch im Keller.

Hallo, Alkohol finde ich jetzt auch etwas einfallslos. Bin eher für etwas Persönliches.

Guten Abend. Also erst mal großes Danke an Bensu, dass Du Dich kümmerst!! Julia malt doch gerne, oder? Vielleicht einen Gutschein für Boesner? Grüße von Annette

Find ich gut. Danke, Bensu!

Super Idee. LG Rania

Okay, dann besorge ich einen Gutschein. Über wie viel denn? In der Gruppenkasse sind noch 102,50 Euro. Sollen wir so 40 oder 50 Euro sagen?

Hallöchen, ich mische mich mal kurz ein. Hatten wir letztes Mal nicht einen Kino-Gutschein? Jetzt wieder einen Gutschein? Danke für die Orga, Bensu!

Ja stimmt, Kino-Gutschein war letztes Jahr.

Guten Abend, wie wäre es, wenn wir eine hübsche Keksdose besorgen? Und dann backen alle Kinder zu Hause Kekse und bringen einen mit. So hat Julia dann 24 verschiedene Kekse. LG Chris

Wie schön: 24 Familien backen zu Hause zwei Stunden lang Kekse, um jeweils EINEN davon zu verschenken. Die Erzieherin hat dann eine Dose mit 24 von Kinderfingern angefassten Keksen. Mal ehrlich: Dieses Geschenk erfordert maximalen Aufwand für ein minimal attraktives Ergebnis. Würg.

Mayday, Mayday!
Wo ist Louisas Freundebuch?

Leben mit Kindern bedeutet übrigens auch, an einem Wochenende **morgens um sieben Uhr schon elf neue Nachrichten** im Elternchat der Klasse 2b zu finden. Wer jetzt denkt, da sei vielleicht etwas Dramatisches passiert, was unbedingt über Nacht noch geklärt werden musste, liegt genau richtig. Die kleine Louisa hat nämlich am Freitagabend ihr Freundebuch nicht gefunden.

Hallo in die Runde, hat jemand noch Louisas Freundebuch? Wir haben alles durchsucht, können es aber nicht finden. Louisa vermisst es schon sooo sehr.

Wir haben es nicht.

Wir haben es auch nicht :-(

Bei uns ist es nicht.

Wir haben es nicht.

Nee, sorry.

Ich habe gerade gesucht, aber bei uns ist es nicht.

O nein! Das von Tine ist auch mal verloren gegangen. Ich hoffe, es taucht wieder auf!

Wir haben es nicht.

Ich schaue gleich morgen früh, ist gerade so dunkel im KiZi.

Falscher Alarm! Haben es gefunden! Sooooorrryyyyyy :-)))))

Oh, Kind, dein Wille geschehe. Everytime, everywhere. Nicht nur zu Hause, sondern auch in anderen Familien. Manche Eltern scheinen so große Angst vor dem Jähzorn ihrer Kinder zu haben, dass sie sich nicht mal trauen, ihnen etwas entgegenzusetzen, wenn die Kleinen erratisch ihre Wünsche ändern. Wenn der siebenjährige Alejandro mal wieder spontan seine Pläne umwirft, soll sich doch bitte die Umwelt seinem Wankelmut anpassen. Lieber ein paar **Nachrichten schreiben**, als Streit mit Alejandro anzufangen:

Hallo, Sabine, leider klappt es doch nicht mit der Verabredung heute, Alejandro möchte nun unbedingt zum Fußball.

Oh, nun gut. Schade.

Möchte Benni vielleicht morgen nach der Schule mit zu uns kommen? Alejandro möchte Benni so gern sein neues Spaceshuttle zeigen ;-)

Ja, das geht. Benni freut sich.

Liebe Sabine! Alejandro möchte nun doch lieber bei Euch spielen. Wann holst Du die Kinder denn in der Schule ab?

Okay. 16 Uhr.

Prima. Könntest Du dann bitte seine gefütterten Gummistiefel und die schwarze Regenhose mitnehmen? Die brauchen wir nämlich am Wochenende.

Auch das. Bis morgen.

Es gibt ja auch vernünftige Eltern, die ihren Kindern etwas zutrauen. Die sie zum Beispiel mit sieben Jahren 300 Meter allein nach Hause gehen lassen, wenn sie in der Nachbarschaft zum Spielen verabredet waren. Doch was, wenn das die andere Mutter voll gefährlich findet?

Hallo, Karolina, hier ist Sandra. Jan geht nach dem Spielen bei Euch allein nach Hause, schickst Du ihn gegen 18 Uhr los?

Wir können ihn gern vorbeibringen!

Danke. Jan findet es cool, allein zu gehen.

Wäre aber kein Problem!?

Es sind nur 300 Meter, die schafft er.

Wenn Du meinst.

Jetzt kennen Sie den Grund, warum Helikopter-Eltern so oft auf ihre Smartphones schauen – sie empfangen alle paar Sekunden neue Nachrichten im Elternchat. Dann doch lieber Face-to-Face-Kommunikation, denken Sie? Na ja. Helikopter-Eltern **im Supermarkt oder auf dem Spielplatz zu treffen** kann auch aufreibend sein. Blättern Sie ruhig um.

Spuren der Verwüstung in Supermärkten und Cafés: Mein Kind darf alles, überall!

Sie kennen sicherlich das afrikanische Sprichwort, wonach es ein ganzes Dorf braucht, um ein Kind großzuziehen? Das bedeutet: Auch Nachbarn, Bekannte und Fremde sollten sich in die Erziehung von Kindern einmischen, damit diese gut gelingt. Für Helikopter-Eltern ist eine solche Vorstellung der größtmögliche Übergriff. Nur sie allein können und dürfen das Verhalten ihres Kindes beurteilen und kommentieren – und zwar völlig unabhängig davon, wie unmöglich sich ihr Nachwuchs benimmt und ob sie es überhaupt selbst mitkriegen. Das führt dann zu Szenen wie: Ein Kind tritt im Flugzeug stundenlang in die Rückenlehne des Vordermanns, der sich irgendwann über dem Atlantik schließlich dazu durchringt, sich umzudrehen und das Kind freundlich zu bitten, dies zu lassen. Doch wehe, es handelt sich um ein gehelikoptertes Kind. »Er hat doch gar nichts gemacht!«, **»Meckern Sie mein Kind nicht an!«**, »Es ist ein Kind – stellen Sie sich nicht so an!« – das sind noch nette Reaktionen der dazugehörigen Eltern. Viel Spaß mit Helikopter-Eltern und ihrem Nachwuchs in Geschäften, Hotels und zu Gast bei Freunden.

Laden mit Hubschrauberlandeplatz: Helis in Geschäften und Hotels

Ein Merkmal von Helikopter-Eltern ist ja, dass sie ihre Kinder niemals aus den Augen und am liebsten nicht mal von der Hand lassen. Manchmal tun sie dies aber doch – und die Kinder tun dann altersgerechte Dinge, die jedoch nicht unbedingt kompatibel sind mit der Umgebung, in der sich Mami und Papi gerade aufhalten: Supermärkte, Boutiquen, Restaurants, Hotels, Friseurläden. An soziales Verhalten darf man in solchen Situationen jedoch nicht appellieren.

Eine Supermarkt-Mitarbeiterin erzählt:
»Eine Mutter kommt mit ihrem etwa acht Jahre alten Sohn und einem Kindereinkaufswagen in den Laden. Der Sohn fährt ständig gegen Regale und lehnt sich auf den Wagen, sodass die Reifen schon nach außen gedrückt werden. Ich bitte die Mutter, ihren Sohn zurechtzuweisen, schließlich kostet so ein kleiner

Einkaufswagen ordentlich Geld. Doch die Mutter antwortet: ›Nein, mein Sohn bekommt von mir keine Anweisungen, was richtig oder falsch ist. Er muss das allein einschätzen können.‹«

Erziehung? Mir doch wurscht!

»Ein Kind, das beim Metzger die übliche Wurstscheibe erhalten hat, wird von einer anderen Kundin freundlich aufgefordert, sich zu bedanken. Daraufhin erläutert die Mutter, dass das Kind sich nicht zu bedanken habe. Schließlich handele es sich hier um eine Dienstleistung, die der Metzger anbiete, um seinen Verkauf anzukurbeln.«

Ursache und Wirkung

»Kürzlich in einer Boutique in Hamburg-Eppendorf: Eine Mutter probiert ein teures Outfit, ihr fünfjähriger Sohn schlägt derweil mit einer Metallschnalle auf den Spiegel ein. Die Verkäuferin macht sehr freundlich darauf aufmerksam, dass der Spiegel kaputtgehen könne. Darauf die Mutter empört: ›Machen Sie sich lieber Gedanken darüber, dass sich mein Sohn verletzen könnte!‹«

Genau! Kaputtgehen kann nämlich grundsätzlich nur eins: **die zarte Kinderseele**.

Trauma im Biosupermarkt

»Im Kassenbereich eines Münchener Biosupermarkts

reißt ein circa achtjähriger Junge gelangweilt einen Müsliriegel nach dem anderen aus der Umverpackung, um ihn danach unmotiviert auf den Fußboden zu werfen. Die Bitte der etwas schüchternen Kassiererin, damit aufzuhören, ignoriert er mit einem frechen Grinsen. Als ich ihn hörbar genervt auffordere, sofort damit aufzuhören, fliegt umgehend der mütterliche Helikopter um die Ecke. Als der Sohn sie erblickt, fängt er auf Knopfdruck an zu heulen und wird umgehend mit irgendwelchen Globuli beruhigt, um das Trauma zu überwinden, das ich ihm zugefügt habe. Die Kassiererin und ich schauen uns kurz ratlos an, während mich die Mutter pausenlos beschimpft.«

Hochbegabung sticht Gemeinschaftssinn

»Es ist Freitag um 17:30 Uhr, der Supermarkt ist brechend voll, alle möchten schnell ins Wochenende. Ich komme hinter einer Familie in den Laden: Mutter, Vater, Kind und vermutlich die Großeltern. Sie schieben einen Einkaufswagen vor sich her, darin zwei blaue Ikea-Tüten voller Plastikflaschen, dazwischen sitzt das Kind. Der Grund dafür wird klar, als die Gruppe den Pfandautomaten erreicht: Das Kind wird hingestellt, und ihm wird eine Flasche in die Hand gedrückt. Dann wird der Wagen so positioniert, dass das Kind mit ausgestrecktem Arm und Mutters Hilfe die Flasche gerade so in das Loch bugsieren kann. Die Familie bricht in Lobeshymnen aus, was für ein intelligentes Wesen es doch sei. Leider bleibt es nicht bei einer Flasche: Der gesamte Inhalt beider Ikea-Taschen wird von dem hochbegabten Kind unter Beifallsstürmen in den Automaten gehievt. Ich werde meine Flaschen bei diesem Einkauf nicht los, und als ich längst bezahlt habe, ist das Spektakel noch immer nicht zu Ende und die Schlange am Automaten entsprechend.«

Unmündig

»Letztens in einer Bäckerei: Ich stelle mich an die Theke, vor mir stehen eine ältere Dame und ein Mädchen, ungefähr sechs Jahre alt. Die Dame bestellt einen Kaffee und setzt sich an einen Tisch. Das Kind bleibt stehen, sagt aber nichts. Ich frage das Mädchen, ob es etwas kaufen möchte. Es schaut mich nur wortlos an. Ich gehe davon aus, dass die beiden zusammengehören und das Kind nur gucken will. Also bestelle ich meinen Kaffee. In der Sekunde kommt von draußen die Mutter des Mädchens reingerauscht und fährt mich an, was mir einfiele, mich vorzudrängeln. Sie hatte die ganze Zeit vor der Bäckerei gestanden und wollte durchs Fenster beobachten, wie ihre Tochter selbstständig etwas kauft. Leider war ihr nicht eingefallen, der Tochter zu erklären, dass man dafür den Mund aufmachen muss.«

Kind schläft NIE wieder

»Ich habe lange in einem Kinderfachgeschäft gearbeitet. Eines Tages stand eine völlig aufgelöste Mutter vor mir: Ein Reifen am Kinderwagen war während eines

Spaziergangs geplatzt. Durch die plötzliche Erschütterung sei das Baby aufgewacht, und seither sei der Biorhythmus des Kindes zerstört. Überhaupt könne das Kind nun gar nicht mehr schlafen, da es generell nur im Wagen eingeschlafen sei und dieser ja nun kaputt sei. Dafür wollte sie uns haftbar machen.«

Haftbar machen könnte – wenn überhaupt – dieses Hotel einige Eltern, doch die meisten Gastgeber sind in Bezug auf **randalierende Kinder** offenbar recht kulant. Die Angst vor dem Vorwurf der Kinderfeindlichkeit verhindert auch noch so berechtigte Schritte gegen Erziehungsverweigerer. Die Mitarbeiter stöhnen trotzdem.

Krickelkrakel an der Hotelwand

»Ich arbeite in einem Tagungshotel, übers Wochenende sind aber häufig auch Familien bei uns zu Gast. Wie sich manche Kinder verhalten, ist erschreckend. Noch schlimmer ist allerdings, dass die Eltern nur danebenstehen und seelenruhig lächeln. Die Kinder spielen Fangen im Restaurant, laufen in die Küche, werfen mit Essen. Sie bemalen Wände und Kissen in den Zimmern – und die Eltern argumentieren fleißig, warum das schon in Ordnung sei. Ein Kind hat mal versucht, ein Zimmermädchen im Badezimmer einzusperren. Die Eltern haben das hinterher ernsthaft so begründet: Die Frau habe das Kind verängstigt, weil sie kein Deutsch gesprochen habe.«

Hat die Friseurin das schön gemacht, Schatzi?

»Ich bin Friseurin. Wenn ich Kindern die Haare schneide, fragen viele Eltern ihre Kleinen hinterher, ob sie mit dem Haarschnitt zufrieden seien. Einige sind erst drei Jahre alt. Sagen die Kinder Nein, fangen wir noch mal von vorne an.«

Grenzenloses Verständnis: Helis in freier Wildbahn

Schon klar: Wenn die Kinder laut sind, brüllen und alle genervt gucken, kann das für die Eltern superanstrengend sein. Aber manchmal sind die Kinder total entspannt – nur die Helikopter-Eltern leider nicht.

Eine aufgedrehte Mutter samt ungefähr fünfjähriger Tochter und Baby betritt einen Linienbus. Das Mädchen beobachtet ruhig die Situation, die Mutter dagegen ist hyperaktiv und laut. Der gesamte Bus wird Zeuge ihres zuckersüßen Übermutter-Auftritts:

Mutter: »Lotta! Wo willst du sitzen? Auf der Kinderbank?«
Tochter: »Nein.«

Mutter: »Neben deiner Püppi?«

Tochter: »Nein.«

Mutter: »Wo willst du denn sitzen, Schatz?«

Lotta schweigt.

Mutter: »Wenn du magst, kannst du deine Mütze ausziehen, so wie Thore.«

Mutter zeigt aufs Baby, Lotta guckt in die Gegend.

Mutter: »Es ist auch gar nicht weit, nur drei Stationen. Wir könnten ›Meine Oma fährt im Hühnerstall Motorrad‹ singen.«

Lotta guckt vor sich hin.

Mutter: »Willst du vielleicht noch eins?«

Mutter reicht Gummibärchen, Lotta kaut.

Mutter: »Aber magst du nicht vielleicht doch deine Mütze ausziehen? Sonst schwitzt du ganz doll.«

Lotta schweigt.

Mutter: »Willst du auf meinen Schoß? Komm auf Mamas Schoß!«

Lotta klettert wortlos auf Schoß.

Berlin – Prenzlauer Berg:

»Eines Morgens sitzen wir draußen im Café. Neben uns auf dem Bürgersteig eine Mutter mit ihrem ungefähr dreijährigen Sohn. Der Junge heult und schreit. Offenbar will er nicht dorthin gehen, wohin er soll. Eine halbe Stunde lang drückt und herzt die Frau ihren schreienden Sohn, kniet vor ihm, und je mehr sie auf ihn einredet und je öfter sie ihm sagt, dass ›alles gut‹ sei, umso lauter brüllt er. Irgendwann fordert der

Junge lautstark seinen Vater, der offenbar bei der Arbeit ist. Was macht die Mutter? Sie ruft den Vater an, spricht verzweifelt mit ihm und gibt dann das Handy weiter ans Kind, das unverständlich ins Telefon schreit. Nach einer weiteren guten halben Stunde taucht der Vater tatsächlich auf und übernimmt den Jungen.«

Die Mutter sei selbst völlig fertig gewesen und den Tränen nahe, berichtet die Leserin, die diese Anekdote geschildert hat. Und wundert sich: »Warum schaffen es Eltern nicht mehr, ihren Kindern Grenzen zu setzen? Warum können sie keine Anweisungen geben? Warum können sie es nicht aushalten, dass ihr dreijähriges Kind mal nicht seinen Willen bekommt?« Viele scheinen zu glauben, dass zwischen Eltern und Kindern immer **völlige Harmonie** herrschen müsse – oder dass Eltern ihren Kleinkindern ihre Erziehungsmaßnahmen zumindest in schönstem Therapeutendeutsch und auf maximalem Abstraktionsniveau verklickern müssten.

»Mama muss leider übergriffig werden.«

»Ich bin mit meinem anderthalbjährigen Sohn auf dem Spielplatz, er spielt in der Sandkiste, ich sitze auf dem Rand. Neben mir eine Mutter mit einer Tochter im gleichen Alter. Ich bin direkt etwas irritiert, weil die Frau ihrer Tochter permanent etwas zuruft: ›Claaaaara, vorsichtig bitte!‹, ›Claaaaara, pass auf!‹ Dabei spielt die Kleine seelenruhig mit ihren Sandförmchen. Dann wollen sie gehen, und ich traue meinen Ohren kaum: ›Clara, es tut Mama sehr leid, dass Mama übergriffig werden muss, aber sie zieht dir jetzt die Schuhe an. Clara, Mama muss leider noch mal übergriffig werden und dir die Schnürsenkel zubinden. Mama tut das nur, weil du das noch nicht kannst.‹«

Läuft es mal nicht so rund mit dem Kind in der Öffentlichkeit, sind natürlich auch nur **die Mitmenschen** schuld, die unverschämterweise auch die Straße, das Café oder die Umkleide benutzen.

Darauf muss man erst mal kommen

»Ich sitze mit meiner vierjährigen Tochter am Fluss und werfe mit ihr Löwenzahn ins Wasser. Ich will ihr zeigen, wie schnell der Fluss fließt. Plötzlich kommt ein kleiner Junge zu uns gerannt, und ich kann ihn gerade noch davon abhalten, ins Wasser zu hüpfen. Kurz darauf schießt seine Mutter um die Ecke und keift mich an: Weil ich mit meinem Kind am Fluss sitze, sei ich ein schlechtes Vorbild für andere Kinder, die deshalb ertrinken könnten.«

SCHREIEN SIE MEIN KIND NICHT AN!

»Mit einer Freundin sitze ich im Café, neben uns Eltern mit einem ungefähr fünfjährigen Mädchen. Für alles, was das Kind tut, wird es vom Papi in den höchsten Tönen gelobt. Als die Eltern ein paar Meter weiter ans Buffet gehen, fängt das Mädchen an zu singen – und wird dabei immer lauter, bis wir uns kaum mehr unterhalten können. Die Eltern glänzen durch Gleichgültigkeit, bis eine andere Frau ganz ruhig zu dem Kind sagt: ›Kannst du bitte etwas leiser singen?‹ Sofort ist der Vater zurück am Tisch und donnert die Frau an, sie solle gefälligst sein Kind nicht anschreien. Dabei ist er der Einzige, der schreit. Und die Tochter fängt natürlich an zu weinen.«

Der will doch nur treten

»Ich stehe in der Umkleide meines Sportstudios am Schrank. Neben mir eine Mutter mit ihrem Sohn. Der Junge tritt die ganze Zeit an die Tür des Schranks neben mir, sodass diese unablässig gegen meine Schranktür knallt. Irgendwann bitte ich ihn, damit aufzuhören. Daraufhin die Mutter zu mir: ›Er darf das.‹ Und zu ihrem Sohn: ›Anton, mach weiter damit.‹«

Strafe darf nicht sein

»Zwei Kinder spielen auf dem Flur vor meinem Büro Fußball – mit einem Knall geht ein aufgehängtes Bild zu Bruch. Ich gehe hinaus, nehme ihnen den Ball weg und frage nach den Eltern. Die Kinder laufen weg, ich übergebe den Ball also der Hausverwaltung. Plötzlich kommt der Vater zu mir und beschwert sich: Indem ich ihnen den Ball weggenommen habe, hätte ich die Kinder verstört und verängstigt. Ich verweise den Vater auf den Schaden. Das mit dem Bild, sagt er, sei nicht so schlimm – aber mein Verhalten sei völlig inakzeptabel.«

Selbst **unter Freunden** kann es zu unangenehmen Situationen kommen. Denn: Wie reagiert man, wenn die gute Freundin oder der beste Kumpel plötzlich zum Helikopter mutiert?

Bäh!

»Ich übernachtete bei Freunden, deren Kind damals drei Jahre alt war. Ziemlich fassungslos war ich, als sie mich baten, nach 19 Uhr die Klospülung nicht mehr zu benutzen. Der Kleine könnte sonst wach werden.«

Schuldbewusst

»Beim Zelten im Sommer krabbelt die achtjährige Lisa, die Tochter einer Bekannten, mit Schuhen ins Zelt und verteilt dort jede Menge Tannennadeln. Ein Mitreisender beschwert sich bei dem Mädchen und bittet es, auszufegen und die Schuhe in Zukunft draußen zu lassen. Lisa rastet aus und brüllt: ›Was kann ich dafür, wenn Tannennadeln an meinen Schuhen sind?‹ Die Mutter schaltet sich ein: ›Lisa, das ist meine Schuld! Ich hätte dir das vorher besser erklären müssen.‹ Dann fegt die Mutter das Zelt aus, während Lisa sich zufrieden grinsend in die Hängematte legt.«

Aus Fehlern lernen? Fehlanzeige. Frustrationen erleben? Niemals. Kleine Missgeschicke im Alltag ausbügeln? Bloß nicht.

Haftpflicht statt Manieren

»Wir hatten Freunde mit ihrem Kind bei uns zu Gast. Am Tisch knallte der Junge die Tasse auf die Untertasse. Der Vater zur Mutter: ›Nimm ihm doch mal die Tasse weg.‹ Die Mutter daraufhin: ›Wieso, er muss doch lernen, dass Porzellan zerbrechlich ist.‹ Aber nicht mit meinem Geschirr, denke ich. Und als der Vater genau das ausspricht, kommt prompt die Antwort der Mutter: ›Wir haben doch eine Haftpflichtversicherung.‹«

»Mein Kind first, alles andere ist egal«, das scheint die Devise dieser Eltern zu sein. Sie möchten nicht akzeptieren, dass ihr Kind durch die Gesellschaft Einschränkungen erfährt. Dafür setzen sie alle Hebel in Bewegung – notfalls auch die Staatsgewalt. Lesen Sie im nächsten Kapitel von **Polizeieinsätzen**, ausgelöst durch Helikopter-Eltern.

Eltern in Alarmbereitschaft: Polizeiruf 110

Ob es um Schubsereien in der Kita, Schulnoten oder Studienplätze geht: Stets mischen sich Helikopter-Eltern als Anwälte ihrer Kinder ins Geschehen ein, plustern sich wütend auf, werden laut, drohen Pädagogen mit dem Gang zum Vorgesetzten oder Ärzten mit schlechter Nachrede auf Social Media. Es gibt aber noch eine weitere Eskalationsstufe: Wenn sich ihr Gegenüber unbeeindruckt zeigt oder die Angst nicht zu bändigen ist, zücken sie ihr Telefon – und wählen die 110. Und ist diese Telefonnummer einmal gewählt, gibt es kein Zurück: Ein Einsatzwagen kommt, mag der Anlass noch so läppisch sein. Streitigkeiten um einen Parkplatz vor der Schule? Ein unbekannter Erzieher in der Nachmittagsbetreuung? Beschädigte Kleidung? Alles klar, die Polizei wird gerufen. Es gibt sogar Eltern, die aus Überforderung eine Streife anfordern, etwa wenn das Kind nicht ins Bett gehen will. Das sind freilich nicht Eltern des Typs Helikopter, der überfürsorglich und ehrgeizig ist, aber doch Eltern, die meinen, zwei von Steuern finanzierte Polizeibeamte seien die richtige Adresse, an die man sich mit seinen privaten Erziehungsproblemen wenden könnte. Und manche denken, wenn ihre Kinder im Herbst Laterne laufen wollen, stehe den Dreijährigen eine Polizeieskorte zu wie bei einer Großdemonstration. Die Ordnungshüter, immer bemüht, ihr Freund-und-Helfer-Image zu unterstreichen, bleiben in den meisten Fällen freundlich, schlichten die Auseinandersetzungen auf dem Spielplatz und beim Sportwettkampf und überwachen Siebenjährige beim Zähneputzen. Chapeau vor so viel Gleichmut!

Auf Spielplatz und Schulhof: Gendarm ohne Räuber

Immer häufiger wird die Polizei zu Spielplätzen gerufen, und auch in Schulen haben die Beamten viel zu tun. Etwa, wenn Eltern morgens früh im Nieselregen nicht direkt vor der Schule einen Parkplatz finden. Oder wenn Eltern das Gesicht des neuen Erziehers nicht kennen. Und – Hilfe! – im Winter laufen verdächtig viele **Männer mit Schals** herum, und manche haben sogar ein Smartphone in der Hand. Besser, da informiert man gleich mal die Polizei.

Beim Fußball hört der Spaß auf
»Ich bin 16 Jahre alt und habe nachmittags mit meinen

Kumpels auf einem Schulhof Fußball gespielt. Ein paar jüngere Kinder, etwa sieben bis neun Jahre alt, wollten mitspielen, und wir haben sie gelassen. Die Eltern aber riefen die Polizei, weil wir uns ihren Kindern genähert hätten. Zwei Einsatzkräfte kamen, haben uns befragt und durchsucht. Die Eltern haben uns sogar als Vergewaltiger bezichtigt. Dabei haben wir doch nur gemeinsam Fußball gespielt.«

Eine Mutter berichtet:
»Neulich bei uns vor der Schule: Es ist Winter, es nieselt. Beide Behindertenparkplätze sind von fußfaulen Eltern belegt. Eine Dame, die den Berechtigungsschein gut sichtbar im Auto liegen hat, wird dadurch am Parken gehindert, und als sie darauf hinweist, wird sie übelst beschimpft. Die Insassen der beiden parkenden Autos schreien aus den Fenstern, eine Mutter versucht zu vermitteln. Schließlich ruft ein Vater die Polizei.«

Verdächtige Winterkleidung
Im hessischen Offenbach berichtete der Polizeisprecher über mehrere telefonische Meldungen von Kindern über Männer, die mit Schals vor den Gesichtern vor den Schulzäunen gestanden hätten. Es stellte sich heraus, dass die gefährlichen Gestalten Väter waren, die in der Winterkälte auf ihre Kinder warteten. Die Eltern hätten ihre Kinder derart übersensibilisiert, bei jeder Irritation die Polizei anzurufen, dass die Kleinen

beim Anblick von Männern mit Schals sofort Angst bekamen: »Sie sehen Gefahren, wo keine sind«, sagte der Polizeisprecher.

Zwielichtiger Personalwechsel

»Die Nachmittagsbetreuung hatte einen neuen Erzieher eingestellt. Es war seine erste Arbeitswoche, und der junge Mann spielte mit den Kindern auf dem Schulhof Fußball. Als die Eltern ihre Kinder um 16 Uhr abholten, konnten sie sein Gesicht nicht zuordnen. Doch statt die anderen Betreuer oder die Schulleitung zu fragen, wer das denn sei, oder den Mann vielleicht direkt anzusprechen, wählten sie sofort die 110. Ein Einsatzwagen kam, und die Beamten durchsuchten den Erzieher vor den Augen der Kinder.«

Dubiose Displays

»Drei übereifrige Mütter unserer Grundschule haben neulich einen Mann mit einem Handy gesichtet: Der Mann stand in einer Straße in der Nähe der Schule und schaute auf sein Display. Sie vermuteten, er habe vor, ihre Kinder zu fotografieren. Deshalb haben sie ihn fotografiert und sind zur Polizei gegangen.«

Eltern in Angst und Rage:
Polizeieskorte für den Laternenlauf

Manche Eltern haben so viel Angst um ihr Kind, dass sie überall Böses vermuten. Insbesondere Männer kennen vermutlich die kampfbereiten Blicke kinderwagenschiebender Eltern, die zu sagen scheinen: »Ich sehe dir an, dass du meinem Kind etwas Böses willst.« Dieses übersteigerte Misstrauen gegen alle im öffentlichen Raum Anwesenden trifft auch gerne mal die Falschen, wie das Beispiel dieses jungen Mannes aus Berlin bestätigt:

> »Nach einem Abend im Kino wartete ich auf die Bahn. Mit mir waren drei Frauen jeweils mit Kinderwagen auf dem Bahnsteig. Die Frauen unterhielten sich, zu einer gehörte noch ein Junge von etwa fünf Jahren, der erst am Feuerlöscherkasten spielte und dann an der Bahnsteigkante. Er balancierte direkt an der Kante, und als ich die U-Bahn kommen hörte, griff ich nach der Schulter des Jungen und zog ihn von der Kante weg. Er schrie daraufhin wie am Spieß, und sofort beschimpften mich die drei Frauen und hinderten mich daran, in die Bahn zu steigen. Eine Frau rief sogar die Polizei. Sie sagte den zwei Beamten, ich hätte das Kind unsittlich begrapscht. Eine der Frauen kündigte eine Anzeige gegen mich an.«

Die Personalien des Mannes wurden aufgenommen, und er

benachrichtigte noch am selben Abend einen Anwalt. Doch zum Glück waren entweder die Frauen doch noch zur Vernunft gekommen, oder die Polizei hatte die Hysterie der Mütter richtig eingeordnet und den Vorgang dem Altpapier überantwortet. Jedenfalls hörte er von dieser Sache nichts mehr.

In der Hamburger Innenstadt sind Eltern so selbstbewusst, dass sie **Streifenwagen zur Belustigung** ihrer Kinder anfordern. In einem kleinen Kindergarten sollte, wie jedes Jahr zu Sankt Martin, ein Laternenfest stattfinden. Jahrzehntelang waren die Erzieher mit den Eltern, den Kindern und ihren selbst gebastelten Laternen abends im Park singend spazieren gegangen. Doch im vergangenen Jahr kam es anders, berichtet eine Erzieherin:

Ich geh' mit meinem Beamten

»Unser Laternenfest war immer schön für die Kleinen. Doch letztes Jahr übernahmen neu hinzugekommene Eltern die Organisation des Festes. Und diese Eltern fanden, es sei doch viel toller, wenn man eine kleine ›Laterne-Demo‹ anmelden würde, dann auf der Straße den Verkehr anhalte und dort mit den Laternen laufe, vor und hinter uns jeweils Streifenwagen als Eskorte. Wir Erzieher nahmen die Eltern beiseite und baten sie, das nicht zu tun, denn das habe ja für 30 Kleinkinder gar keinen Sinn. Doch die Atmosphäre wurde sofort zickig: Die Beamten garantierten ja schließlich auch für die Sicherheit der Kinder, im Park könne ja wer weiß was passieren. Die Eltern haben sich tatsächlich durchgesetzt, aber nächstes Jahr machen wir es definitiv wieder anders.«

Auch die Eltern bereits erwachsener Kinder sind mitunter so fürsorglich, dass sie von der Polizei zurechtgewiesen werden müssen. Eine Frau aus Dortmund sollte eigentlich nur die Haustiere ihres Sohnes versorgen. Doch die **Mutter des Studenten nistete sich in dessen WG ein**, stritt sich mit dem Mitbewohner und musste schließlich von der Polizei unter Zwang hinausbegleitet werden. Das Oberlandesgericht Hamm hatte darüber zu urteilen und entschied:

»Studentenmütter, die sich in der WG ihres Sohnes einquartieren, können notfalls von Polizisten aus der Wohnung geworfen werden. Mitbewohner dürfen die Polizei zu Hilfe rufen, um ihr Hausrecht durchzusetzen. Die Frau sollte sich während des Urlaubs ihres damals 26 Jahre alten Sohnes um seine Katzen und ein Meerschweinchen kümmern. Sie war aber nicht nur zum Füttern der Tiere gekommen, sondern gleich eingezogen. Das passte jedoch dem Mitbewohner nicht. Weil die Mutter nicht freiwillig ging, alarmierte er die Polizei. Bei dem Einsatz der Polizisten zog sich die Frau nach eigenen Angaben Prellungen und Blutergüsse zu. Dafür hatte sie vom Land ein Schmerzensgeld von 1200 Euro verlangt. Das Oberlandesgericht weist ihre Klage ab.«

Hubschraubereinsatz!
Mein Baby weint!

Manchmal ist die Polizei auch der letzte Strohhalm, an den sich Eltern klammern, wenn nichts mehr geht. Wenn kleine Babys schreien oder größere Babys bocken. Doch ob man fünf Monate alte Säuglinge mit einer Uniform wirklich beeindrucken kann? Von folgenden **Einsätzen bei überforderten Eltern** berichtete die Polizei:

Babyschicksal

»Ein 31-jähriger Vater im bayerischen Weiden hütete seine drei Kinder, Zwillinge im Alter von fünf Monaten und ein zweijähriges Geschwisterchen. Gegen ein Uhr nachts wachten die Kinder auf und hörten nicht mehr auf zu schreien. Die Mutter, die an diesem Abend Ausgang hatte, konnte der Mann nicht erreichen. Da wusste er sich keinen anderen Rat, als die Polizei zu Hilfe zu rufen. Die Beamten bauten den verzweifelten Vater auf und gaben einige gute Ratschläge, dann überließen sie ihn wieder seinem Baby-Schicksal.«

Zahnreinigung unter amtlicher Aufsicht

Eine Siebenjährige hat in Landshut einen Polizeieinsatz ausgelöst. Das Mädchen wollte partout nicht ins Bett gehen – und brachte seine Mutter damit zur Verzweiflung. Es kam zu einem heftigen Streit zwischen den beiden. Dabei beleidigte das Mädchen die

Mutter und bewarf sie mit verschiedenen Gegenständen. Als sich die 28-Jährige nicht mehr zu helfen wusste, alarmierte sie gegen 23 Uhr die Polizei. Die Beamten konnten die erhitzten Gemüter beruhigen, und eine Polizistin brachte das Mädchen nach »einer Zahnreinigung unter amtlicher Aufsicht« ins Bett.

Ärzte? Alles Betrüger!

»Ich bin Leiterin eines Rettungsdienstes. Einmal wurde ich von der Polizei zu einem Einsatz gebeten, weil die Mutter des verletzten Kindes sowohl das Team aus dem Rettungswagen als auch den Notarzt für inkompetent hielt. Sie hatte dem Notarzt unterstellt, er habe seine Doktorarbeit gefälscht, und die Polizei gerufen. Die Beamten versuchten, den Streit zwischen Mutter und Notarzt zu schlichten, und ich sollte bezeugen, dass alles seine Ordnung hatte.«

Und wo wir jetzt so schön in Alarmstimmung sind: Auch **in Krankenhäusern und beim Arzt** drehen Helikopter-Eltern frei. Wie sie Sanitäter, Ärzte und Pfleger in den Wahnsinn treiben und von der Arbeit abhalten, lesen Sie im nächsten Kapitel.

»Unsere Tochter hat einen Eiswürfel verschluckt!« Helikopter in der Notaufnahme

Wenn ein Krankenwagen mit Blaulicht losfährt oder gar ein Rettungshubschrauber startet, bedeutet das: Notfall. Es kann aber auch bedeuten: Helikopter-Eltern im Ausnahmezustand. »Wir haben heutzutage immer mehr **Einsätze wegen Bagatellverletzungen** von Kindern oder wegen sehr aufgeregter Eltern, die völlig hilflos sind«, berichtet ein Rettungssanitäter. Da wird schon mal wegen einer Schürfwunde ein Krankenwagen plus Hubschrauber gerufen, ernsthaft. Das kostet die Sanitäter und Notärzte Zeit und Nerven und die Allgemeinheit viel Geld. Richtig gefährlich wird es aber, wenn Eltern dann andererseits vor lauter Sorge, Unwissenheit und Kontrollwut eine dringend notwendige Behandlung ihres Kindes verzögern oder gar verhindern – weil das Kind »keine Spritzen mag« oder keine Schmerzmittel bekommen soll. »Generell sind **Helikopter-Eltern bei einem Kindernotfall das Worst-Case-Szenario**«, erzählt ein Sanitäter. Und eine Kinderchirurgin sagt:

»Diese Eltern sind so anstrengend, dass sie mir manchmal die Kraft und Konzentration für die wirklichen Notfälle rauben.«

Helis im Heli – Sanitäter erzählen

Natürlich machen sich Eltern Sorgen, wenn ihr Kind gestürzt ist, blutet, schreit. Aber haben sie so wenig Urteilsvermögen für Verletzungen, dass sie einen einmaligen »komischen Husten« mit lebensbedrohlicher Atemnot verwechseln? Leider ja. Lesen Sie selbst.

Eltern in Not
»Gegen 23 Uhr bekamen wir eine Notfallmeldung: Sechs Monate altes Kind mit Atemnot. Mit Blaulicht und Sirene fuhren wir hin. Als wir eintrafen, stand der Vater mit dem Kind auf dem Arm vor der Tür – es schlief. Dahinter die weinende Mutter. Auf die Frage, was passiert sei, antwortete der Vater: Das Kind habe einmal komisch gehustet. Alltag im Rettungsdienst.«

Eingebildete Kranke

»Ich kenne die Adresse schon, es ist nicht das erste
Mal, dass wir mit Blaulicht zu dieser Familie fahren.
Dieses Mal ist der dreijährige Sohn aus dem 50 cm
hohen Bett gerollt. Die Male davor hatte er Schnup-
fen, hat komisch geatmet oder im Schlaf gestöhnt.
Auch an diesem Abend sehen wir unsere Aufgabe als
Rettungsteam darin, mit dem Jungen zu spielen, ihm
das Blaulicht am Rettungswagen vorzuführen und die
Mutter zu beruhigen. Die Frau, mit den Tränen kämp-
fend, fragt, ob wir glauben, dass ein Sturz aus dem
Bett mit einer eventuellen Kopfbeteiligung eine
spätere geistige Behinderung hervorrufen könnte.
Während ich sie dahingehend beruhige, möchte ich ihr
am liebsten entgegenbrüllen, dass ihre völlig über-
zogene Vorsicht vielleicht schon bald schwere psychische Störungen bei ihrem Kind hervorruft und aktuell
ein Rettungswagen anderen Menschen nicht zur Verfügung steht. Aber ich lasse es, wünsche eine gute
Nacht und denke: Bis zum nächsten Mal.«

Alarmstimmung

»Wir wurden mit dem Rettungshubschrauber zu einem
Einsatz geschickt: Kind, sechs Jahre, Kopfverletzung.
Als wir landeten, waren auch schon Polizei, Rettungswagen und Voraushelfer da, mit uns waren insgesamt
neun Helfer anwesend. Wir fanden ein verängstigtes
Kind mit einer Schürfwunde vor, die schon nicht mehr
blutete. Der Kleine war beim Spielen zu Hause an einer

Tischkante hängen geblieben. Wir stellten die Eltern zur Rede, und schließlich gaben sie zu, die Situation beim Notruf absichtlich überspitzt dargestellt zu haben, um ihrem Kind die ›bestmögliche Behandlung, und zwar umgehend‹ zukommen zu lassen. Die nächste Kinderklinik sei schließlich 20 Kilometer entfernt, und die Fahrt wäre weder Sohn noch Eltern in dieser Situation zuzumuten gewesen. Konsequenzen für die Eltern: keine. Konsequenzen für die Allgemeinheit: vierstellige Kosten für die Krankenkasse und Blockade von drei Einsatzfahrzeugen und einem Rettungs-hubschrauber.«

Puh. Da kann man nur hoffen, dass die Ärzte und Sanitäter auch in Zukunft noch jedes Mal schnellstens zu einem etwaigen Notfall eilen und sich nicht irgendwann denken: Ach, die übertreiben wieder nur.

Ein Rettungsassistent erzählt:

»Diese Eltern sind leider eine der größten Herausfor-derungen in der Medizin. Eine Mutter wollte uns zwin-gen, die Funkgeräte und Telefone im Rettungswagen auszuschalten, da sich deren Strahlungen im Fahrzeug bündeln und einen Hirntumor verursachen könnten.«

Schon klar, die Strahlen im Krankenwagen machen krank. Was ist denn nun wichtiger, die Rettung des Kindes oder Elektrosmog-Prävention? Auch andere Mütter machen die Helfer verrückt – und ihre Kinder gleich mit.

Akute Verblutungsgefahr

»Ein etwa vierjähriger Junge war im Kindergarten gegen eine Tischecke gerannt und hatte eine kleine Platzwunde an der Stirn. Bei unserem Eintreffen war das Kind aber schon wieder total ruhig und einfach nur neugierig darauf, im Rettungswagen mitzufahren. Eine Erzieherin begleitete ihn und informierte die Mutter, die wir am Krankenhaus treffen sollten. Während der Fahrt war der Junge schon ganz gespannt auf das Krankenhaus. Dort angekommen, öffneten wir die Türen, um die Trage mit dem Jungen auszuladen – Kinder mögen es, auf der fahrbaren Trage zu sitzen, auch wenn es gar nicht nötig ist. Die Mutter rannte tränenüberströmt und völlig aufgelöst auf uns zu und redete auf ihren Sohn ein. Der fing prompt auch an zu weinen und ließ sich nicht mehr beruhigen. Ich versuchte der Mutter zu erklären, dass das eine Bagatellverletzung sei und quasi einem Schnitt in den Finger gleichkäme, nur eben am Kopf. Die Mutter fing an zu beten und weinte noch mehr. Es sei ja so dramatisch, und sie könne Blut an der Stirn sehen, er könne verbluten oder gar sterben. Ich habe es nach ein paar Versuchen aufgegeben und sie mit ihrem ›schwerstverletzten Kind‹ in der Notaufnahme an das dortige Personal übergeben.«

Merkwürdige Prioritäten

»Spätabends rief uns eine Frau wegen Blutungen in der Schwangerschaft. Als wir eintrafen, stand sie bereits vor dem Haus und wartete. Ich bat sie in den Rettungswagen, um eine Anamnese zu machen, und riet ihr kurz darauf, mit in die Frauenklinik zu fahren. Sie war einverstanden, aber nur wenn ihr zweijähriges Kind mitfahren dürfe. Das lehnte ich aus versicherungs- und platztechnischen Gründen ab. Ein Rettungswagen ist kein Spielplatz, zumal der Vater im Auto hinterher-kommen wollte. Nach kurzer Diskussion wollte die Frau dann letztlich doch lieber nicht mit uns fahren, da sie bis jetzt noch nie – und zwar wirklich nie – von ihrem Kind getrennt gewesen war. Die Fahrzeit hätte maxi-mal zehn Minuten betragen.«

Das arme Kind wird die Geburt seines Geschwisterchens vermutlich live im Kreißsaal miterlebt haben – ganz nah bei der schreienden und blutenden Mutter. Was für ein Horror.

»Bitte räumen Sie die Notauf-nahme – mein Kind soll sich nicht anstecken!« Helis im Krankenhaus

Das Premiumkind hat in eine Brennnessel gefasst? Es hat sich den kleinen Zeh gestoßen? Oder einfach nur komisch geguckt? Dann heißt es für Heli-Eltern: ab in die Notaufnah-me! »Ich glaube, viele Eltern haben keine Grundkenntnisse mehr über banale Erkrankungen«, sagt eine Ärztin. »Wer mit einem Kindergartenkind, das gespuckt oder seit einem

Tag Fieber hat, in die Notaufnahme fährt statt am nächsten
Tag zum Kinderarzt, muss mal aufgeklärt werden über tat-
sächliche Indikationen für einen Krankenhausbesuch.«

»Sie hat so komisch geguckt«

»Ich bin Kinderärztin und habe schon viele absurde
Fälle in der Notfallambulanz erlebt. Einmal kamen im
Hochsommer besorgte Eltern mit einem putzmunteren
Kind, etwa vier Jahre alt.
Eltern: ›Unsere Tochter hat einen halben Eiswürfel
verschluckt!‹
Ich: ›Äh, der ist doch jetzt geschmolzen?‹
Eltern: ›Sie hat dabei so komisch geguckt, vielleicht
war das ein Krampfanfall?‹
Ich: ›Hm. Wer schon mal ungewollt ein Bonbon oder
einen großen Bissen verschluckt hat, kennt sicher
dieses unangenehme Gefühl, wenn man merkt, wie es
runterrutscht.‹«

Hilfe, Keime in der Nase

»Eine völlig aufgelöste Mutter kam mit ihrer siebenjährigen Tochter in unsere Klinik: ›Meine Tochter
braucht sofort einen Arzt! Es geht ihr ganz schlecht!‹
Das Kind sah allerdings völlig gesund aus und stand
etwas ratlos neben ihrer Mutter. Was war passiert? Das
Mädchen hatte sich den Kopf einer Lego-Figur in die
Nase gesteckt. Dann hatte sie etwa zwei Minuten lang
geniest, ehe das Teil wieder aus der Nase geschossen
kam. Die Begründung der Mutter, warum es der Toch-

ter nun angeblich so schlecht gehe: ›Haben Sie eine Ahnung, wie viele Keime auf diesem Ding gewesen sein können? Und die waren direkt in ihrer Nase!‹«

Heli-Alarm, im Job und privat

»Ich bin Kinderchirurgin und dreifache Mutter. Und mein Alltag wird von Helikopter-Eltern dominiert. 80 Prozent der Fälle in unserer Notaufnahme sind Bagatellen, bei denen die Eltern ›nur sichergehen wollen‹. Wenn wir allerdings nicht immer Verständnis dafür zeigen, dass – bei ohnehin steigenden Patientenzahlen und Arbeitsbelastung – solche ›Kleinigkeiten‹ unbedingt im Krankenhaus geklärt werden müssen, droht eine offizielle Beschwerde, in extremen Fällen auch eine Anzeige wegen unterlassener Hilfeleistung. Und obendrauf muss ich noch die schlechte Laune der Eltern wegen langer Wartezeiten ertragen. Das ist extrem frustrierend, erschöpfend und belastend, da man als Arzt die Pflicht hat, einen klaren Kopf für die wirklichen Notfälle zu behalten – was so leider nicht immer gelingt. Erholen darf ich mich auch nur mit schlechtem Gewissen, denn dann kommen sofort die Helis aus meinem privaten Umfeld: ›Wie, du lässt deine Kinder zwei Stunden länger in der Kita?‹«

Samstagmittag in der Hautklinik eines Krankenhauses:

»Mutter erscheint mit ungefähr sechsjährigem Sohn und präsentiert eine leicht gerötete Stelle am Arm des

Kindes: ›Er hat beim Spielen in eine Brennnessel gefasst, da muss dringend ein Arzt draufschauen.‹ Sie habe gegoogelt und herausgefunden, dass das Kind eine Allergie oder gar Würmer bekommen könnte. Ich rufe also den diensthabenden Arzt an und kann förmlich hören, wie er ins Telefonkabel beißt. Er gibt mir die Anweisung, der Mutter zu sagen, dass das Kind keinen Hautarzt braucht. Sie solle die Stelle einfach kühlen und eincremen und erst wiederkommen, wenn die Wunde zum Beispiel zu eitern anfängt. Der Mutter passt das natürlich nicht. Drei Stunden später bekomme ich einen Anruf von Kollegen aus der Notaufnahme, die wegen ebenjener Mutter und ihrem Kind mit der Hautklinik Rücksprache halten möchten.«

Thorben und sein Ausschlag

»Eine Mutter möchte am Wochenende den Notdienst in Anspruch nehmen, weil ihr vierjähriger Sohn ›so einen Ausschlag‹ habe und ›sofort‹ behandelt werden müsse. Der Arzt hat die gute Nachricht, dass dieser kleine Ausschlag völlig harmlos ist und von allein abheilen wird. Es gebe zwar ein Medikament, sagt er, das er dem Kind spritzen könne, das würde allerdings die Heilungszeit so gut wie nicht beeinflussen, er würde deshalb davon abraten. Daraufhin dreht die Mutter auf: ›Mein Sohn muss behandelt werden, sofort. Er darf aber keine Spritze kriegen, weil ich nicht will, dass er Angst vor Nadeln bekommt. Es kann doch nicht sein, dass es das nicht als Creme gibt. Dann

müssen Sie sich eben ein anderes Medikament ausdenken.‹ Der Arzt teilt ihr dann mit, dass er das Medikament doch als Creme auftreiben konnte, und schmiert
den Jungen mit etwas Nivea ein.«

Einige Eltern wissen sogar, dass nichts ist – und kommen
trotzdem in die Notaufnahme. Denn: Dort haben die Mitarbeiter ja sonst nichts zu tun.

Geht's noch?

»Ein Vater kommt mit seinem vierjährigen Sohn in
unsere Klinik, das Kind heult Rotz und Wasser. Der
Vater: ›Hallo! Mein Sohn hat eigentlich nichts Ernstes,
er hat sich lediglich erschreckt, als er beim Mittagsschlaf von einem schlechten Traum aufgewacht ist. Er
hörte aber nicht auf zu weinen. Also habe ich ihm damit gedroht, dass wir in die Klinik fahren, wenn er
sich nicht beruhigt. Könnten Sie ihn nicht einfach ein
bisschen untersuchen, damit er merkt, wie unangenehm das ist, und beim nächsten Mal nicht so ein
Theater macht?‹«

Andere Eltern kommen zwar, wollen aber gar nicht, dass ihr
Kind untersucht wird:

Posttraumatische Belastungsstörung nach Ohrenarzt

»Ich bin Kinderärztin in einer der größten Kinder-
kliniken Deutschlands. Eines Nachts um drei Uhr

stellten sich sehr besorgte Eltern mit ihrem Sohn als Notfall vor. Der Zweieinhalbjährige sei vor einer halben Stunde mit Ohrenschmerzen erwacht, dabei sei er tagsüber doch noch putzmunter gewesen. Es entspann sich daraufhin folgender Dialog:

Ärztin: ›Haben Sie ihm denn schon etwas gegen die Schmerzen gegeben?‹

Eltern: ›Nein! Wir wollten doch das Untersuchungs-ergebnis nicht verfälschen!‹

Ärztin: ›Gut, dann würden wir ihm jetzt als Erstes Ibuprofen geben. Keine Sorge, das Ergebnis wird dadurch nicht verfälscht.‹

Eltern: ›Wie, jetzt hier, so einfach? Schmerzmittel-saft? Nein. Den mag er nämlich nicht. Er würde ihn auch sicher wieder ausspucken. Den würden wir ihm dann gern zu Hause in Ruhe und in seiner geschützten Umgebung verabreichen.‹

Ärztin: ›Gut, dann schaue ich mir jetzt mal beide Ohren an.‹

Eltern: ›Könnten Sie bitte in zehn Minuten noch mal wiederkommen? Wir würden ihn darauf gern etwas vorbereiten.‹«

Nach fünf Minuten kam die Familie zum Stationsbüro und ließ die Ärztin wissen, dass sie von der Untersuchung ab-sehen möchte, da diese das Kind traumatisieren würde. Ob es nicht eine andere Methode gebe, die Trommelfelle zu be-urteilen. Als die Ärztin dies verneinte, verließen die Eltern mit einem brüllenden Kind die Notaufnahme.

Solche Szenen kennt auch diese Schwester, die jahrelang in der **Kindernotaufnahme einer großen deutschen Uniklinik** gearbeitet hat:

Kind in Not!

»Helikopter-Eltern kenne ich zur Genüge. Es fängt damit an, dass sie im Wartebereich fordern, entweder sofort dranzukommen oder einen Extrawarteraum zu bekommen, sodass sich ihr Kind, das gerade quietschvergnügt die Rutsche benutzt oder sich mit anderen Kindern ein Bilderbuch ansieht, ja nicht ansteckt. Sind sie dann beim Arzt, geht es weiter: ›Warum untersuchen Sie das nicht, warum untersuchen Sie jenes nicht?‹; ›Mein Kind hat aber so schlimme Kopfschmerzen, die sind auf einer Schmerzskala bei 10, es braucht sofort ein CT und ein MRT, und wenn wir schon mal hier sind, möchten wir auch ein EEG und die Messung der Nervenleitgeschwindigkeit.‹ Versucht der Arzt dann, den Eltern zu erklären, warum diese Untersuchungen nicht nötig sind und das Kind gewiss keine Schmerzen hat, die auf einer Skala bei 10 liegen, weil es ruhig dasitzt, breit grinst und sich eigentlich pudelwohl fühlt, werden haarsträubende Argumente herbeigezogen, um eine Aufnahme zu erzwingen: ›Mein Kind könnte einen Tumor haben‹, ›Mein Kind könnte einen Schlaganfall haben‹, ›Mein Kind könnte eine Hirnblutung haben‹. Lässt sich ein Arzt dann tatsächlich dazu hinreißen, ein Kind zur

Beobachtung aufzunehmen, wird im selben Atemzug ein Einzelzimmer gefordert, es wird darauf bestanden, dass beide Eltern beim Kind bleiben dürfen, und, ach ja, freies WLAN ist auch nötig.

Dann gibt noch die Helikopter-Mütter von Babys und Kleinkindern, die ihre Kinder derart überbehüten, dass die Ärzte bei einem Säugling nicht einmal ordentlich die Reflexe testen können. Und sollte zum Beispiel eine Blutentnahme nötig sein, lehnen sie diese mit dem Argument ab, das würde bei ihrem Kind ein Trauma auslösen. Es gibt sogar Mütter, die in solchen Momenten ihre tatsächlich kranken Kinder von der Liege reißen und behaupten, ihrem Kind würde es im Krankenhaus noch schlechter gehen als zu Hause, und wir sollten ›die Finger von ihrem Kind lassen‹. Die meisten tauchen dann nach einigen Stunden oder spätestens am nächsten Tag kleinlaut wieder auf und verstehen trotzdem nicht, warum es ihrem Kind nun noch schlechter geht, sie hätten doch alles getan. Daran merkt man, dass Helikopter-Eltern ihren Kindern absolut nichts Gutes tun.«

Wenn sich überfürsorgliche Eltern bei der Anmeldung im Krankenhaus vorstellen, geben die Mitarbeiter ihren ersten Eindruck häufig direkt an die behandelnden Ärzte oder Pfleger weiter. »Wir schicken ein Kind hoch, es hat nichts, aber die **Eltern sind ängstlich und überfordert**«, heißt es dann.

Eine Krankenschwester erzählt:

»Gern kommen Eltern zu uns, weil ihr Kind vor ein paar Stunden umgeknickt ist, sich den kleinen Zeh oder Finger gestoßen hat. Viele Ärzte röntgen dann – aber nicht, weil sie es für notwendig erachten, sondern weil sie Angst vor einer Klage haben. Mit ihrer Übervorsicht machen die Eltern auch das Personal verrückt. Einige bestehen sogar auf mehrere Röntgenbilder, was für kleine Kinder übrigens ungesund und schädigend sein kann. Einmal wollten Eltern, dass ihr Kind geröntgt wird, um eine Fraktur an der Wirbelsäule auszuschließen – weil das Kind gehustet hatte.«

Erschwerte Bedingungen

»Viele Eltern übertragen ihre eigene Angst auf ihr Kind. Wenn dieses dann schreit, uns tritt oder anspuckt, greifen sie jedoch nicht ein. Das ist doch verrückt.«

Dreist sind auch die Eltern, die **absichtlich spätabends oder nachts im Krankenhaus auftauchen** mit der Begründung, dass sie ja tagsüber arbeiten würden. Das sind dann auch diejenigen, die sich beschweren, wenn ihnen ein echter Notfall vorgezogen wird.

Eine Mutter erzählt:

»Meine jüngste Tochter hat leider eine schwere Form der Epilepsie. Einmal, da war sie ein halbes Jahr alt und krampfte akut, rannte ich mit ihr in die Notaufnahme. Der Arzt fing mich ab und wollte direkt mit uns auf die Station fahren. Eine andere Mutter mit einem offenbar gut gelaunten Kind versuchte jedoch, uns den Aufzug wegzuschnappen. Der Arzt bat sie, uns den Aufzug zu überlassen, da ein Notfall vorliege. Daraufhin meinte die Frau, ihr Kind müsse auch dringend auf Station, da sonst das Essen kalt würde. Der Arzt musste sie mit dem Hinweis aus dem Aufzug schmeißen, dass es hier um ein Leben gehe und nicht um warme Suppe.«

Übrigens gilt auch in Arztpraxen und Krankenhäusern: einmal Helikopter, immer Helikopter.

Ausstieg aus der Erziehung verpasst

»Ein Vater rief bei uns im Krankenhaus an und wollte für seinen Sohn einen Termin für eine diagnostische Abklärung vereinbaren. Auf meine Frage, wie alt der Sohn sei, antwortete er: ›Er wurde vor zwei Wochen 35.‹ Solche Anrufe kommen öfter vor, als man denkt.«

Ich bin 24 – und ich muss mal!

»Ich arbeite in einer sehr großen Notaufnahme. Eines Abends kam ein 24-jähriger Patient mit seiner Freundin und seiner Mutter zu uns ins Krankenhaus, weil er Schmerzen beim Urinieren hatte. Als wir ihn ins Untersuchungszimmer baten, kamen seine Freundin und seine Mutter wie selbstverständlich mit. Auf den Hinweis, dass wir ihren Sohn gleich an seinem Penis untersuchen müssten und ob sie nicht draußen warten wolle, antwortete die Mutter, sie würde auf jeden Fall dabei sein. Schließlich wolle sie sehen, dass wir mit ihrem Jungen auch alles richtig machen, und für ihn da sein. Der Sohn nickte zustimmend. Dabei war es einfach nur ein Harnwegsinfekt, nichts, was einen 24-Jährigen auch nur annähernd in die Knie zwingt.«

Man bekommt den Verdacht, dass diese Sorte von Queen Mum noch aus dem Altenheim helikoptern wird. Lesen Sie im nächsten Kapitel von Eltern, die auch ihre **erwachsenen Kinder** nicht loslassen können.

Mama, steh mir bei! Erwachsene mit Helikopter-Eltern

Vielleicht haben Sie bis zum vorangegangenen Kapitel gedacht: »Nun gut, die Kinder werden arg betüddelt, aber wenn die erwachsen werden, hört der Spuk schon auf.« Schließlich könnte man annehmen, dass sich Teenager irgendwann ihre Referate nicht mehr von Papi umschreiben lassen. Man hofft, dass sich Abiturienten aus eigenem Interesse für einen Studiengang bewerben. Und dass Azubis sich nicht zur Arbeitsstelle kutschieren lassen. Zum Glück ist das auch bei vielen so. Allerdings nicht bei allen. Es gibt Kind-Eltern-Symbiosen, die einfach kein Ende finden. Da sind Eltern, die ihre Kinder während der Einführungswoche der Uni zu allen Informationsveranstaltungen begleiten und noch das Bier bei der Erstiparty bezahlen. Da sind Väter, die sich beim CEO beschweren, dass der Sohn in der Ausbildung drei Wochen Schichtbetrieb durchlaufen muss. Und Mütter, die Soldaten den Kleidersack zum Bahnsteig tragen. Was diese übertriebene Fürsorge mit den Kindern macht, davon berichten am Ende dieses Kapitels einige Menschen, die unter ihren Helikopter-Eltern zu leiden hatten. »Ich war ein Gefangener meiner Eltern, und ich schämte mich«, berichtet ein Betroffener. Und eine junge Frau schrieb einen Brief an ihre Mutter, in dem sie diese darum bat, ihr nicht mehr ungefragt zu helfen. »Mein ganzes Leben hast du Dinge für mich erledigt, bevor ich auch nur versuchen konnte, sie selbst zu tun«, so die Studentin. »Ich möchte selbst probieren, mich zu bewerben, bevor du mir einen Praktikumsplatz besorgst. Das bin ich, wie ich erwachsen werde – und das ist doch etwas Gutes!« Recht hat sie.

Elterninvasion an der Uni

Klar, ein Studium ist ein Investment, für das viele Eltern viel Geld zahlen. Helikopter belassen es aber nicht bei regelmäßigen Nachfragen, wie es denn so läuft. Nein, sie nehmen die Entscheidungsfindung in Sachen Fachrichtung und Hochschule gleich selbst in die Hand. Für viele Unis sind deshalb **Eltern zur Zielgruppe** geworden, die umworben und auf sogenannten Elterntagen mit Informationen versorgt wird. Und Professoren und Studienberater berichten immer öfter von Studienanfängern, die von ihren Eltern wie unmündige Grundschüler behandelt werden. Dass eine Uni eine Veranstaltung für Erwachsene ist und unselbstständige Kinder dort nichts verloren haben, scheinen diese Eltern nicht mitbekommen zu haben.

Eine Mutter auf einem Infotag der TU Berlin:

»Vielleicht will meine Tochter hier studieren. Die hat aber heute den Kopf nicht frei, weil sie mitten im Abi steckt. Deshalb bin ich gekommen.«

Händchenhalten vor dem Dekan

»Ich organisiere die Einführungsveranstaltungen für Erstsemester. Wir bilden dabei immer mehrere Gruppen, um Dinge wie Studien- und Prüfungsordnung zu erklären. Zwei Frauen hatte ich für Studierende älteren Jahrgangs gehalten, das ist in der Sozialen Arbeit nicht ungewöhnlich. Bei der Vorstellungsrunde dann die Überraschung: Es sind zwei Mütter, die ihre Töchter begleiten. Ich bitte sie, den Raum zu verlassen, doch das führt zu einer langen Diskussion. Eine der Mütter droht damit, sich an den Dekan der Fakultät zu wenden. Ich warne den Dekan kurz vor, und er sagt, er freue sich sehr auf dieses Gespräch.«

Papi verhört den Prof

»Am Tag der offenen Tür stelle ich einen neu konzipierten Studiengang vor. Ein Vater steuert auf mich zu und berichtet, dass seine Tochter mitten im Abi stecke und beabsichtige zu studieren. Die junge Dame steht daneben und sagt nichts. Die Familie habe in der Zeitung gelesen, dass es den neuen Studiengang gebe, der genau den Interessen der Tochter entspreche, so der Vater weiter. Die Tochter schweigt. Ich spreche sie daraufhin direkt an, ob ich ihr die Inhalte erklären solle; sie bejaht das. Mitten in meinen Erklärungen unterbricht mich der Vater: Er mache sich Sorgen wegen der Abi-Note, ob die denn reichen würde? Ich frage also die Tochter, mit welcher Abi-Note sie denn rechne. Der Vater antwortet sofort: 1,4. Ich bin sprachlos.«

Sei still! Mutti spricht mit den Großen!
»Eine Mutter besucht mit ihrem Sohn die Fachschaft. Stolz erzählt sie uns, dass ihr Sohn Informatik oder Mathematik studieren wolle. Sie sagt, dass sie schon bei der Mathematik ihre Fragen gestellt habe. Nach ihrer ersten Frage wende ich mich an den Sohn, was er denn gern wissen wolle. Doch die Mutter unterbricht ihn sofort: Wenn Erwachsene reden, solle er den Mund halten. Danach steht der Sohn still da, und die Mutter stellt weiter ihre Fragen.«

»Wann ist der Elternabend?«
Im Schlepptau durchs Studium

Eltern an Hochschulen sind leider nicht nur ein Phänomen des ersten Semesters. Die Helikopter lassen nämlich auch nicht locker, wenn sie ihre Kinder erfolgreich für den gewünschten Studiengang eingeschrieben und die Einführungsveranstaltungen besucht haben. Nein, von da an überwachen sie die Fortschritte im Studium – jederzeit zum Einschreiten bereit.

Noten sind Verhandlungssache
»Nach Semesterende klopft es an der Tür zum Labor. Eltern mit Sohn im Schlepptau fordern von mir als Kursassistent eine Erklärung, warum der junge Mann nur ein C, also eine 3, im Fortgeschrittenenkurs Embryologie bekommen hat. Glücklicherweise kann ich die Anfrage ganz regelkonform an den Professor weiterreichen.«

Papa-Anruf beim Prof
»Mein Mann ist Professor an einer technischen Hochschule. Mehr als einmal wurde er von Vätern der Studenten angerufen, die wissen wollten, wann denn der Elternabend stattfindet.«

Mit Anhang in die Sprechstunde
»Neulich erzählt mir ein Professor, dass in seiner

Sprechstunde Eltern zusammen mit ihren volljährigen Kindern sitzen, weil diese eine Matheklausur bei ihm nicht bestanden hatten.«

Ein Extraskript für Vati, bitte

»Nach meiner Mathevorlesung für Erstsemester bittet mich ein Student um ein PDF der Vorlesungsfolien, die ich allen Studierenden vorab als Ausdruck zur Verfügung stelle. Er brauche das Skript digital, sonst müsse er die Ausdrucke selbst einscannen, um sie zu verschicken. Sein Vater, ein Mathelehrer, möchte sie gern einsehen.«

Persönlicher Hiwi

»Ich bin Biologin und leite eine Umweltbildungseinrichtung. Ein Vater ruft an, der seiner Tochter beim Anlegen eines Pflanzenherbars helfen möchte. Er hat viele Fragen, die Aufgabe scheint ihm sehr wichtig zu sein. Dass Eltern oder Großeltern von Schülern die Pflanzen für die Kinder sammeln, bestimmen, pressen und aufkleben, kommt oft vor. Die Begründung ist dann meist, die Kinder hätten doch so viel anderes zu erledigen. Oft wird auch versucht, diese Arbeit komplett an unsere Einrichtung zu delegieren: ›Ich brauche für meinen Sohn 30 Blätter von unterschiedlichen Laubgehölzen, wann kann ich die abholen?‹ Im Laufe dieses Gesprächs stellt sich allerdings heraus, dass es sich bei der Tochter gar nicht um ein Schulkind handelt, sondern um eine Pharmaziestudentin.«

Elternbeschwerde an den CEO

Nicht nur angehende Akademiker haben Helikopter-Eltern, sondern auch junge Erwachsene in der Ausbildung und in der Phase des Berufsstarts. Und herrje! Sie meinen es zwar gut, doch sorgen diese Eltern oft für **mehr Schaden als Erfolg**. Wer am ersten Tag im neuen Job seinen Papi mitbringt, hat mitunter schon verloren – sowohl beim Chef als auch bei den neuen Kollegen.

Kurzer Prozess

»Als Abteilungsleiterin in der Elektronikindustrie suchte ich einen Projektmanager. Es bewarb sich ein junger Elektroingenieur mit ordentlichem Masterabschluss, den ich zum Vorstellungsgespräch einlud. Am vereinbarten Termin rief mich unsere Empfangssekretärin an, dass der Bewerber eingetroffen sei und ich ihn abholen könne. Im Foyer saß der Bewerber – mit seinem Vater, der davon ausging, dass er dem Vorstellungsgespräch beiwohnen könne, denn ›der Junge hat ja noch gar keine Ahnung, wie so etwas ablaufen muss‹. Ich habe an genau dieser Stelle das Gespräch und die Bewerbung abgesagt. Der Vater hat sich schriftlich beim CEO über mich beschwert, welcher heute noch über den Vorfall lacht.«

Stand by me

»Ein 21-jähriger junger Mann beginnt bei uns seine Ausbildung, es ist sein erster Tag. Nachdem ich ihn begrüßt habe, klingelt es, und seine Mutter steht vor der Tür mit der Bitte, eintreten zu dürfen. Ich bin so perplex, dass ich sie hereinlasse. Kaum hat sie Platz genommen, klingelt es wieder, diesmal ist es der Vater. Er entschuldigt sich wegen der Verspätung – die Parkplätze – und drängt auch ins Büro. Auf meine völlig hilflose Frage, was sie denn hier wollten, erklären die beiden, sie wollten ihren Sohn am ersten Arbeitstag unterstützen.«

Produktionsfehler

»Die Eltern eines neu eingestellten Jungakademikers kommen zum Werksleiter, um sich zu beschweren: Der Sohn, 25 Jahre alt, sollte in der Einarbeitungsphase für kurze Zeit die unterschiedlichen Produktionsprozesse im Schichtbetrieb miterleben. So wie alle anderen Managementmitarbeiter vor ihm. Das fanden die Eltern jedoch unzumutbar.«

Elterntaxi zum Praktikum

»Eine Berufspraktikantin wird jeden Morgen vom Vater gebracht und nachmittags wieder abgeholt. Allerdings holt er sie stets etwas zu früh ab, weil es für ihn auf

dem Weg liegt, doch bei uns ist noch nicht Feier-
abend. Außerdem bittet mich der Vater, während des
Praktikums seiner Tochter morgens eine Stunde früher
zu beginnen, weil das besser in seinen Tagesablauf
passt. Eine ihrer Aufgaben ist, von einem keine hundert Meter entfernten Betrieb Blaupausen abzuholen.
Beim ersten Mal ist sie fassungslos, das allein machen
zu sollen – so ganz ohne Begleitung.«

Ausbildung mit Sahnehäubchen

»Als Küchenchef eines kleinen Landhotels in der Nähe
von Potsdam suche ich auch die Koch-Azubis aus. Es
stellen sich viele Jugendliche unter 18 Jahren vor, bei
denen natürlich die Eltern in den Bewerbungsprozess
eingebunden werden müssen. Bei diesen jungen
Bewerbern mache ich immer ein ›Schnupperwochen-
ende‹ in der Küche zur Bedingung, damit die künftigen Azubis den Beruf besser beurteilen können. Ich
habe seitdem Diskussionen mit Eltern, die bei diesem
Schnuppertag mitkochen wollen. Andere rufen jede
Stunde an, um zu hören, wie es läuft. Eine Familie
wollte mich anzeigen, weil sich ihr Kind mit dem
Kartoffelschäler geschnitten hatte. Und es gab schon
Eltern, die von mir vertraglich garantiert haben wollten, dass ich dem Sohn, auch wenn er dann schon 18
ist, am Wochenende immer freigebe, damit der Fußballverein nicht vernachlässigt werde. Neuerdings
stelle ich nur noch Lehrlinge ein, die mindestens
20 Jahre alt sind.«

»Ich habe mich immer geschämt.«
Kinder von Heli-Eltern packen aus

Viele unserer Leser argumentieren, Überbehütung sei doch immer noch besser als Vernachlässigung. Helikopter-Eltern seien vielleicht etwas nervig für Pädagogen und Erzieher, richteten aber keinen Schaden an. Manchmal mag das auch stimmen, und Irren ist menschlich. Doch in extremen Fällen **leiden Kinder sehr unter ihren übergriffigen Eltern.** Sie bleiben nicht nur unselbstständig, sondern wachsen mit dem Gefühl auf, dass ihnen nichts zugetraut wird. Sie fühlen sich so kontrolliert, eingesperrt und bevormundet, dass einige von ihnen tiefe seelische Schäden davontragen. Einige Leser haben uns von ihrem Leid berichtet.

Papi muss mitspielen

»Mit 17 war ich das erste Mal unbeaufsichtigt bei Freundinnen zu Besuch. Davor hatte mein Vater zu viel Angst, dass die Eltern von Freunden oder Freundinnen mich sexuell missbrauchen könnten. Dies hatte zur Folge, dass ich in meiner Klasse sozial isoliert war, weil alle meinten, dass ich nicht zu ihnen nach Hause zum Spielen kommen will. Das Gegenteil war der Fall:

Ich wollte es sehr, habe mich aber geschämt, zu gestehen, dass eines meiner Elternteile mitkommen müsste. Nach und nach wurde ich nicht mehr eingeladen.«

Kein Fußweg allein

»Obwohl ich nahe an der Schule wohnte und der Nachhauseweg keine gefährlichen Fußgängerübergänge hatte oder dicht bewachsene Stellen barg, hinter die man ein Kind hätte zerren können, erlaubten meine Eltern es mir nicht, die sieben Minuten allein nach Hause zu gehen, bis ich 16 war. Bis zu diesem Alter habe ich mich nie allein draußen aufgehalten – und auch danach nur, weil ich es heimlich machte. Während dieser Eskapaden schwitzte ich mein T-Shirt nass vor Angst, dass meine Eltern das rausfinden könnten und was für eine Hölle dann zu Hause los wäre. Meine Eltern haben so viel achtgegeben, dass mir physisch nichts Schlimmes passiert – hatten aber kein Problem damit, mir tiefste seelische und emotionale Schäden dadurch zuzufügen, dass ich mich immer schämte, neidisch und wütend war. Die Qualen und der Neid, wenn ich sah, dass andere Kinder so viel mehr durften, während ich ein Gefangener meiner Eltern war, sind unbeschreiblich. Auch jetzt noch als junger Erwachsener haben meine Eltern mich sehr unter der Fuchtel, und ich leide unter ihnen. Jedoch nur noch so lange, bis ich nach dem Studium einen Job bekomme, der sehr, sehr weit weg ist, und ich finanziell unabhängig sein kann.«

Punktabzug in der Schule

»Während meiner Schulzeit hat meine Mutter Aufsätze und Referate von mir Korrektur gelesen und eigenständig umgeschrieben, weil ihr die Texte nicht gut genug waren. Von der Lehrerin wurde ich dann um eine Note runtergestuft, weil sie dieses Nacharbeiten meiner Mutter erkannte. Heute bin ich 55 Jahre alt und mehrfach in Psychotherapie gewesen, was meine Eltern auch verhindern wollten, weil: ›Was sollen denn unsere Freunde denken, wenn die mitkriegen, dass du in einer Klinik bist.‹«

Nur ihre Kontrolle zählte

»Als ich mit 16 Jahren Gitarrespielen lernen wollte, hat mir meine Mutter das Hobby verleidet. Sie überwachte mein Üben und redete auf mich ein, dass ich ohne ihr ständiges Antreiben nichts auf die Reihe brächte. Deshalb organisierte ich mir heimlich einen Gruppenkurs im Jugendhaus. Ich achtete darauf, dass meine Eltern nie meine Übungen hörten, meistens spielte ich außer Haus. Einerseits wollte ich mir die Peinlichkeit ersparen, dass meine Mutter ständig den Kursleiter anrief und über meine Fortschritte ausfragte. Andererseits genoss ich es, endlich etwas aus eigener Initiative zuwege zu bringen. Ich war stolz auf mich. Nach einem halben Jahr konnte ich einfache

Liedbegleitungen spielen und wollte meine Eltern am Weihnachtsabend damit überraschen. Ich holte meine Gitarre und sang ›Stille Nacht‹. Mein Vater, selbst musikalisch und Mitglied in einem Männerchor, freute sich und applaudierte mir. Nicht so meine Mutter. Sie war ungeheuer wütend, weil ich etwas ohne ihr Wissen und ohne ihre Kontrolle gemacht hatte. Dass ich Gitarre spielen konnte, zählte nicht. Nur die Tatsache, dass ich ihr etwas verheimlicht hatte. Sie bestand auf Bestrafung wegen impertinenten Verhaltens.«

Es scheint tatsächlich Eltern zu geben, die ihr Projektkind als Eigentum betrachten und wütend werden, wenn der junge Mensch anfängt, ein eigenständiges Leben zu führen. Auch eine deutsche Mutter, die mit ihrer Familie in den USA lebt, bevormundete ihre Tochter jahrelang, optimierte deren Leben und half überall, noch bevor sie darum gebeten wurde. Erst als die Tochter zum Studium in eine andere Stadt zog, schaffte es die 22-Jährige, ihre **Mutter in einer E-Mail darum zu bitten, sie selbstständiger werden zu lassen**. »Ich war eine Helikopter-Mutter – bis ich diesen Brief von meiner Tochter bekam«, sagt die Frau heute und bat um Veröffentlichung, damit andere vielleicht daraus lernen könnten. Hier ist ein Auszug:

»Mama,
bitte hör mir gut zu, denn ich werde noch verrückt, weil ich nicht weiß, wie ich es Dir sagen soll, ohne gemein zu klingen oder Deine Gefühle zu verletzen.

Das ist nicht meine Absicht, aber ich möchte auch nichts beschönigen, also sag ich es jetzt: Hör auf, mir zu helfen.

Ich frage Dich fast nie um Hilfe, aber Du machst es einfach. Mein ganzes Leben lang hast Du Dinge für mich getan, bevor ich sie selbst probieren konnte. Als ich hier ans College kam, musste mir meine Mitbewohnerin erst einmal zeigen, wie man Wäsche wäscht. Okay, ich war nicht die Einzige, die das nicht konnte, und ich habe im Keller immer noch ein bisschen Angst, aber trotzdem. Ich mag es, wenn ich Dinge allein hinkriege. Deshalb hasse ich es auch, wenn Du meinen Lebenslauf von Dutzenden von Leuten umschreiben lässt. Ich weiß, dass Du ihn Deinen Kollegen zeigst, weil sie intelligent und toll ausgebildet sind. Aber Mama, das bin ich auch! Ich hatte ein Seminar über Bewerbungsgespräche und Lebensläufe und bekam die Bestnote. Und im Abschlussjahr habe ich den Fortgeschrittenenkurs ›Business Communication Skills‹ belegt und bekam auch die Bestnote. Aber Du glaubst nicht daran, dass ich gut bin. Das behauptest Du zwar dauernd, doch Du stellst alle meine Fähigkeiten infrage und rufst lieber Deine professionellen Freunde an, bevor ich es wenigstens einmal selbst versuchen kann. Vielleicht zweifelst Du auch gar nicht an mir, aber hast so große Angst, ich könnte scheitern, dass Du mir jedes Problem aus dem Weg räumst. Aber ich habe keine Angst zu scheitern. Man muss auch mal scheitern, um erfolgreich sein zu können.

Deshalb werde ich jetzt nicht diese Frau anrufen, die Du mir empfohlen hast. Und das Praktikum ... Ich weiß, es ist eine tolle Chance, aber Du hast das mit M. gedeichselt, also bekomme ich den Praktikumsplatz nicht aufgrund meiner eigenen Leistung, oder?

Bitte denk nicht, Du wärst eine schlechte Mutter. Du bist eine tolle Mutter und ziemlich cool und ich liebe Dich, aber ich wünsche mir, dass Du mit dem Helfen aufhörst. Es reicht, wenn Du einfach da bist, und ich werde kommen und um Hilfe bitten, wenn ich sie brauche, aber zuerst muss ich Dinge allein versuchen. Wenn ich jetzt wie ein schlechter Mensch wirke, tut es mir leid, aber das bin einfach ich, wie ich erwachsen werde, und das ist doch etwas Gutes!

Gute Nacht, ich liebe Dich!«

Schlusswort: Keine Angst!

Wer sich mit Helikopter-Eltern beschäftigt, lernt auch etwas über Angst. Über die Angst, dass dem Kind etwas zustoßen könnte. Und über die Befürchtung, als Eltern Dinge nicht perfekt zu machen und dass das Kind in Folge versagt. Über die Angst vor dem sozialen Hinterherhinken oder gar Abstieg.

In Erziehungsfragen aber raten Psychologen, mutiger zu werden. »Haben Sie keine Angst«, sagt der Psychologe Holger Schlageter, der auch ein Buch über Helikopter-Eltern geschrieben hat. Mütter und Väter wollen demnach heute alles perfekt machen, sie versuchen für ihre Elternleistung die Schulnote 1+ zu bekommen. Das ist anstrengend – für die Eltern, die Kinder und alle anderen Beteiligten. Und: Es ist häufig gar nicht zielführend.

Für Schlageter besteht die wichtigste Elternaufgabe vielmehr lediglich darin, sich auf eine gute Eltern-Kind-Beziehung zu konzentrieren. Das heiße jedoch nicht, alles zu ermöglichen, alles zu kaufen, immer anwesend zu sein, alles aufs Kind auszurichten, es überall hinzufahren. »Überversorgung ist in der Psychologie genauso schlecht wie Vernachlässigung«, sagt Schlageter, »nicht die 1+ sollte deshalb das Ziel sein, sondern die 4+, ein ›Ausreichend plus‹.«

Ähnlich sieht das auch der berühmte dänische Familientherapeut Jesper Juul. Er sagt, dass Kinder, die zu behütet
aufwachsen und allzeit vor Frust, Schmerz und Traurigkeit
bewahrt werden, später keine Empathie und keine Frustrationstoleranz entwickeln können – weil sie diese Gefühle
selbst nicht kennengelernt haben. Diese Kinder geben beim
kleinsten Hindernis auf. Deshalb, so Juul, brauchten Kinder
keinesfalls perfekte Eltern; viel besser sei es, wenn Eltern
alles gerade gut genug machten.

Wir wünschen uns, dass Eltern wieder etwas beherzter
werden – sodass ihre Kinder Mut, Widerstandskraft und
Freiheit nicht nur aus der Pippi-Langstrumpf-Lektüre kennen.

So schrieb uns auch ein Leser: »Danke für Eure Texte
über Helikopter-Eltern, ich liebe sie einfach! Mögen sie als
mahnendes Beispiel für Eltern dienen, die niemals so werden wollen.«

Danksagung

Wir danken den Leserinnen und Lesern von SPIEGEL ON-LINE für zahlreiche E-Mails mit Anekdoten und Kommentaren sowie allen Eltern, Erziehern, Lehrern, Ärzten und Trainern, die uns in persönlichen Gesprächen von ihrem Alltag im Kinder-Kosmos berichtet haben. Außerdem danken wir Stan, Marcin und Adam.

Lena Greiner /
Carola Padtberg

Nenne drei Nadelbäume: Tanne, Fichte, Oberkiefer

Die witzigsten
Schülerantworten

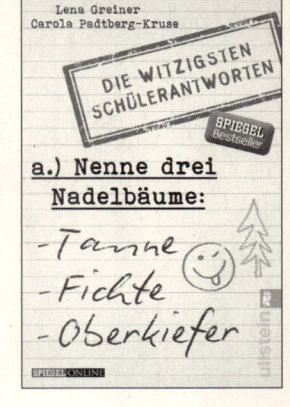

Taschenbuch.
Auch als E-Book erhältlich.
www.ullstein-buchverlage.de

Genial daneben!

Wenn Lothar Matthäus die Bibel übersetzt hat, waren Deutschlands Schüler mal wieder besonders kreativ. SPIEGEL ONLINE hat Lehrer dazu aufgerufen, die skurrilsten Stilblüten und Fehler aus Prüfungen, Klausuren und Unterrichtsstunden zu verraten, und Hunderte von Einsendungen erhalten. Die besten davon sind in diesem Buch versammelt: Witzig, absurd und manchmal zum Verzweifeln – denn wer nichts weiß, kann alles raten.

ullstein

Lena Greiner
Carola Padtberg

Nenne drei Hochkulturen: Römer, Ägypter, Imker
Neue witzige Schülerantworten

Taschenbuch.
Auch als E-Book erhältlich.
www.ullstein-buchverlage.de

Ein urkomisches Zeugnis der schönsten Wissenslücken!

Von »Ludwig Fun Beethoven« bis »Chris die Himmelfahrt«: Deutschlands Schüler setzen mit irren Schreibfehlern und absurden Wissenslücken noch mal einen drauf. Hunderte Lehrer haben erneut Stilblüten und Ausreden aus dem Schulalltag an SPIEGEL ONLINE geschickt. Dieser Band versammelt die lustigsten und schrägsten Einsendungen – abstruse Antworten, faule Ausflüchte und dreiste Notlügen. Und als Bonus in diesem Buch: Die witzigsten Lehrergeschichten und Anekdoten aus dem Schulalltag mit wirren Schülern im Schlafanzug und irren Eltern nachts am Telefon.